모의리

권연경 지음

불휘총서 간행사

숭실대학교 한국기독교문화연구원은 숭실창학의 기독교적 건학 이념 위에서 1967년 설립된 이래 한국의 기독교 문화에 관한 연구를 수행하고 있습니다. 특히 2014년 연구소에서 연구원으로 승격되면서 숭실창학 120주년 기념사업의 일환으로 진행된 뿌리찾기위원회(2013~2017)의 연구성과(30과제)를 2016년부터 불휘총서 시리즈로 30권으로 기획하여 불휘총서 1권『윌리엄 베어드』부터 2018년 불휘총서 19권『방지일과 중국선교』까지 발간하였습니다.

평양에서 시작한 숭실대학의 정신을 설립자 윌리엄 베어드(배위량), 3대 교장 사무엘 마펫(마포삼열), 4대 교장 매큔(윤산온) 평전으로 담고자 했으며, 평양 숭실에서 교수로 활동하거나 북한 지역에서 활동한 선교사 블레어(방위량), 번하이젤(편하설), 엥겔(왕길지), 클라크(곽안련), 베커(백아덕), 휘트모아(위대모), 킨슬러(권세열), 솔토형제(소일도, 소열도), 해밀톤(함일돈), 맹로법(맥머트리)연구를 통해 북한 기독교 연구에 기초자료를 제공하고자 함이었으며, 숭실의 순교자, 숭실의 음악인, 방지일, 평양 숭실의 교과서(『논리략해』, 『인생문제와 그 해결』)를 연구함으로서 평양 숭실의 실체에 더 가까이 다가서고자 함이었습니다.

2018년 5월 숭실대학교 한국기독교문화연구원이 '근대전환공간의 인문학-문화의 메타모포시스'라는 아젠다로 인문한국플러스(HK+) 주관기관으로 선정되어 연구를 진행하고 있으며 불휘총서 시리즈를 승계하여

기독교가 한국문화에 끼친 영향을 오롯이 5권에 담아내고자 합니다.

평양 숭실의 2대 교장 라이너(나도래) 연구를 내놓으신 박삼열 교수님, 5대 교장 마우리(모의리)에 대해 연구를 담아낸 권연경 교수님, 한국전쟁과 숭실 재건과정에서 활약하신 보켈(옥호열) 선교사를 연구하신 배귀희 교수님, 평양 숭실 기독교 정신의 상징인물 가운데 한 분이신 손정도 동문의 평전을 지으신 김홍수 명예교수님(목원대), 평양인이면서 숭실을 사랑한 조만식 선생을 연구하신 윤철홍 교수님께 감사를 드립니다. 또한 불휘총서 시리즈가 진행하는 데 많은 도움을 주신 숭실대학교 부설 한국기독교박물관의 학예팀의 한명근 팀장님과 행정적으로 도움을 주신 한국기독교문화연구원의 서예영 과장님, 학술정보지원팀의 이준학 선생님에게 감사의 말을 전합니다. 불휘총서와 함께 한 오지석 교수님과 출간이 될 수 있도록 간사를 맡아 수고해 주신 마은지 박사님께도 깊은 감사의 마음을 전합니다.

이번 총서에 담은 성과들 또한 한국의 기독교 문화의 뿌리를 찾아가는 데 길라잡이가 될 것입니다. 앞으로도 남은 6권의 시리즈를 출간하여 불휘총서 시리즈 30권을 완간할 예정입니다. 우리 숭실대학교 한국기독교문화연구원은 기독교가 우리 문화 속에 새겨놓은 흔적의 다양성과 풍부함과 숭실의 정체성을 드러내고 함양하는 연구와 비전을 제시해 나갈 것입니다.

불휘총서가 진행될 수 있도록 기획하고 총괄해주신 곽신환 전임 연구원장님과 이 일이 계속될 수 있도록 아낌없이 지원해 주신 황준성 총장님께 깊은 감사를 드립니다.

2020년 6월

숭실대학교 한국기독교문화연구원장

황 민 호 삼가 적음

저자 서문

낯선 곳으로의 여행에는 언제나 두려움과 설렘이 뒤엉킨다. 모우리 박사에 관한 글을 준비하는 과정이 그랬다. 길이 잘 안 보이면 역시 잘못된 선택이었다는 자괴감이 들다가, 잘 숙련된 가이드들의 도움을 받아 다음 걸음을 내딛는다. 이렇게 서툴지만, 그래도 내 근육이 허락하는 만큼 새로운 지역을 탐사하면서 새로운 친구를 만나는 즐거움도 크다. 가끔 잘 풀린다 싶을 때는 '이걸 전공으로 삼았어도 꽤 괜찮았겠다'는 착각마저 들기도 한다.

관계는 상대적이라, 누군가에 대한 우리의 앎은 언제나 근사치다. 다 늙은 나이에 이혼법정을 나서며 '저런 사람인 줄 몰랐다'고 서로 푸념하는 초로의 부부 이야기는 비단 헤어질 때의 일만은 아닐 것이다. 잠시나마 모우리에 관한 글들을 뒤적이면서, '참 진국인데 꽤 오래 무명으로 남아있었구나' 하는 생각이 들었다. 우리가 잘 모르는 부분도 많고, 또 잘못 알고 있는 부분도 있었다. 그러다보니 우리가 아는 것조차 어긋나 보이기도 했다. 물론 나의 눈길로 바라본 것이지만, 많은 이들이 공감할 이야기도 적지 않을 것이다. 다시 외도를 할 가능성은 별로 없지만, 모우리와 보낸 나의 짧은 시간이 그의 그 '다움'을 알리는 데 조금이라도 도움이 되었으면 좋겠다. 이 책을 읽고 '열 받아' 제대로 된 연구를 하는 분이 나온다면, 그게 이 책에 대한 최고의 찬사가 되지 않을까?

진작 나왔어야 할 책이 이제야 모습을 보인다. 작업을 권유해 주신 곽신환 선생님, 그동안 오래 기다리면서 저술과 출판 과정을 지켜주신 오지석 선생님, 그리고 마지막 편집 과정을 도와주신 마은지 선생님께 감사의 마음을 전한다. 직접 도와준 건 없지만, 늘 좋은 동료로 함께 해 주신 학과의 교수님들께도 이 기회를 빌어 감사의 마음을 전한다.

저자가 '비전공자'인 관계로, 처음부터 끝까지 전문가의 손길이 많이 필요했다. 자료 준비를 도와주시고, 귀찮은 질문들에 답을 해 주신 옥성득, 김승태 선생님께 감사드린다. 뿐만 아니라 원고 전체를 꼼꼼하게 읽고 중요한 조언을 해 주신 류대영 선생님께도 특별한 감사의 마음을 전한다. 역량과 여건의 한계로 조언에 제대로 값하지 못한 부분이 많아 송구할 따름이다. 숙련된 기량으로 원고 교정을 도와주신 이은창 목사님께도 감사의 마음을 전한다. 늘 그렇지만 남편과 아빠의 모습을 '쿨한' 모습으로 함께 해 주는 아내와 딸에게도 고마운 마음을 전한다.

2020년 2월 13일

권연경

목차

모의리 연표

1880년 1월 23일	오하이오 맨스필드 Richland, Bellville에서 태어남. 부모 Samuel & Mary Mowry
1899년	Bellville에서 고등학교 졸업, 이후 3년간 교편 생활
1902년	Wooster College 입학 Student Volunteer Movement 활동하며 선교사 자원.
1905년	로이스 토마스(Lois Thomas)와 약혼
1906년	Wooster College 졸업 (생물학 전공)
1907년	로이스 대학 졸업. 이후 2년 동안 교편
1909년	Western Theological Seminary 졸업
1909년	북장로회 선교사로 임명 받고 목사 안수 받음
1909년 9월 14일	Mary Lois Thomas(1880-1975)와 결혼
1909년 10월 2일	부산에 첫 발을 디딤. 평양 지부에 임명
1910년	장대현교회 성가대 조직 지도 (첫 성가대)
1912년 10월 1일	딸 Mary Lucetta 출생 (2004. 2. 23 메릴랜드에서 사망)
1913년	남성 4부 성가대를 처음 조직하고 지도
1917년 3월 11일	아들 David Thomas 태어남
1917-1918년	첫 안식년을 이용하여 우스터대학에서 생물학 석사 공부
1919년 4월 4일	평양 경찰서로 소환, 이후 유치장에 구금
4월 15일	1심 재판
4월 11일	마포삼열 평양 유치장 면회
4월 12일	모우리 부인 면회
4월 14일	마페트는 평양 지방법원에서 재심 열린다는 통보를 받음
4월 19일	일심 선고공판. 6개월 징역형 선고, 마페트가 고용한 변호사가 보석금 100엔 내고 모우리 석방
5월 10일	평양 복심법원에서 항소심 열림
5월 17일	항소심 선고공판. 4개월, 집행유예 2년 선고. 모의리 측 상고
8월 18일	고등법원이 평양복심법원 판결 파기, 경성복심법원으로 환송
10월 29일	경성 대법원 최종심에서 100엔의 벌금형 선고. 모의리 측은 다시 상고
12월 4일	상고기각, 벌금형 최종 확정
1922년 5월 25일	아들 James 출생 (6월 1일 사망)
1923년	〈音樂大海〉(평양예수교서관 발행) 발간 지도
1925년 2월 9일	딸 Miriam 태어남
1935년	모교 우스터 칼리지에서 명예박사 학위 수여
1936년 3월	매큔에 이어 숭실대학 제5대 총장/평양 숭실 마지막 총장 취임
1936년 5월 6일	중화서연합도제직회가 모우리 기념비 제막. 중화군 해암면 삼성리교회에 위치, 한국전쟁 때 철거
1938년 3월 19일	숭실대학 폐교

1940년 11월	부인 로이스와 딸 미리암 마리포사호 타고 미국으로 귀국
1941년 4월	수술을 위해 미국(Wooster)으로 귀국
1941년 여름	수술(인디에나폴리스의 감리교 병원)
1941년 12월- 1942년 8월	오하이오 데이턴(Dayton)에 소재한 Westminster Presbyterian Church 부목사로 시무
1941년 12월 17일	일본의 진주만 공습
1942년	이승만은 〈Japan Inside Out〉에서 모우리 재판을 일제의 가장 악명 높은 재판으로 고발
1943년 1월 - 1946년 8월	웨스트 버지니아주 킹우드 및 테라 알타 지역 교회들에서 봉사
1944년 여름	일리노이주 벨빌 장로교회에서 임시 담임목사로 시무
1946년 8월 -	사우스 찰스턴교회에서 목회
1950년 1월	만 70세가 되면서, 미국장로교선교부 소속 선교사 은퇴 (1941년 이후로는 실제로 미국에서 목회)
1950년 3월 1일	건국훈장 3등 태극장 서훈 (외국인이 받을 수 있는 최고의 훈장)
1951년 1월 - 1957년 7월	오하이오주, Waverly Presbyterian Church 목회
1957년 10월 -	오하이오주, 콜럼버스의 Brookwood Presbyterian Church에서 교육담당 디렉터로 시무
1967년 10월 7일	숭실 개교 70주년 기념 행사 참석 차 한국 방문
1968년 3월 1일	대한민국 건국훈장 국민장 서훈
1971년 9월	오하이로 웨이벌리(Waverly) 이사
1971년 10월 17일	오하이오 웨이벌리(Waverly) 자택에서 사망
1971년 11월 29일	숭실대학교(당시 숭전대학교)에서 추모예배 거행
1975년 6월 26일	부인 로이스 여사 사망(향년 89세)

들어가는 말

모의리(Eli M. Mowry)는 1909년 내한, 선교사역을 시작한 이후 1941년 미국 선교부의 권고로 부득이 한국을 떠날 때까지 32년이라는 긴 세월 동안 숭실대학을 위해 헌신했던, 말 그대로 숭실을 위한 선교사였다. 모든 선교사들의 기본 임무였던 전도와 목회 역시 게을리하지 않았지만, 그의 삶을 움직였던 가장 깊은 열정은 숭실에서의 교수 사역이었다. 특별히 그는 평양 숭실이 신사참배 문제로 극심한 갈등에 휩싸이고 결국 폐교의 과정을 겪던 격동기에 학장의 임무를 수행했던, 숭실대학의 다섯 번째이자 마지막 학장이었다. 모의리는 숭실대학이 세워져 막 걸음마를 시작하던 시절인 1909년 평양에 첫 걸음을 디뎠다. 그리고 1938년 3월 그의 행정적 책임 아래 숭실은 폐교의 절차를 밟고 문을 닫았다. 그야말로 평양 숭실의 역사를 자신의 삶으로 살아낸, 숭실의 산 증인이었던 셈이다.

그의 선교 자체가 평양 숭실의 역사지만, 막상 숭실의 역사에서 그의 이름이 두드러지게 빛나지는 않는다. 숭실과 관계했던 다른 선교사들에 비해, 그의 이름은 상대적으로 낯설다. 심지어 그가 숭실의 마지막 학장이었다는 사실을 아는 사람도 그리 많지 않다. 사실 숭실대학의 설립자로서 뚜렷한 족적을 남겼던 윌리엄 베어드, 혹은 모의리의 선임 학장이면서 신사참배 문제가 불거질 당시 강렬한 개성과 뜨거운 열정으로 존재감을 드러냈던 맥큔 같은 이들과 비교해 보면, 존재감의 무게 차이는 부정하기 어렵다. 방지일의 회고처럼, 윤산온이 흥분시키는 사람이라면, 모의리는 학자의 모습이었다.[1] 하지만 사람들 사이에서 느껴지는 강렬한 존재감이 그 인물의 역사적 비중을 읽어내는 유일한 기준은 아니다. 그가 남긴 선교보고서나 그를 알았던 사람들의 회고나 글들을 보면, 애초에 모의리 목사는 사람들 사이에서 자신의 개성을 드러내며 일하는 그런 인물이 아니었다. 그는 언제나 과묵하게, 하지만 성실하고 철저하게, 주어진 임무에 최선을 다하는 그런 성격의 인물이었다. 90세 무렵의 그를 인터뷰했던 어느 기자의 표현처럼, 그는 "겸손한 사람"이었고, "자신이 이룬 일에 대해 대수롭지 않은 듯 이야기하는" 그런 사람이었다.[2]

그래서인지 모의리에 관한 자료는 상대적으로 많지 않다. 그의 선교사역을 알 수 있는 가장 좋은 자료는 물론 그가 정기적으로 작성하여 선교부로 보냈던 선교보고서다. 하지만 정작 그의 보고서들은 대부분 그가 한 해 한 해 일상적인 임무로 수행했던 소소한 이야기들로 채워져 있다. 물론 선교보고서가 원래 그런 것이기는 하지만, 우리가 그의 '전기'를 작성하려고 할 때 사용할 만한 내용들이 많이 나오지는 않는다. "늘 해 왔던 일을 해 왔다"는 이야기, 그래서 "보고드릴 일들이 많지는 않습니다"(All the rest was just work and there is not much to report about it) 하는 식의 문장들이 빈번하게 등장한다(1915년). 가령, 모의리 부부의 1922년 보고서는 "일상적 일 말고는 다른 일이 거의 없었던 시간이어서 연례보고서를 쓰는 데 시간이나 지면이 별로 필요없다"고 시작한다.

---

1) 설충수 지음/기록, 『방지일과 산동선교 - 구술채록』(2018), 74, 77. 노년의 회고가 종종 그렇듯, 77쪽에 이어지는 회고담에는 역사적으로 정확하지 않은 내용들도 들어 있다.

2) 1970년 2월 14일 자 6면. *Columbus Dispatch*, "Former Missionary Reflect On Long Korean Assignment"

그런데 이 보고서는 그들이 작성했던 수십 건의 연례보고서들 중 상대적으로 긴 편에 속한다. 사실 그의 보고서에는 1919년의 재판처럼 국제적 뉴스거리가 될 정도로 큰 이목을 끌었던 사건에 대해서도 짧은 개인적 소회 말고는 별다른 언급이 없다. 대개 다 아는 이야기일 거라고 전제한 이유도 있겠지만, 자신의 이야기를 길게 늘어놓는 일 자체를 즐기지 않았던 탓이기도 할 것이다. 동료 선교사들 중에는 신학잡지나 다른 간행물에 정기적으로 글을 기고한 이들도 많지만, 모의리의 경우는 임무 수행 차원에서 필요한 경우 외에 달리 기고한 글들도 많지 않다.[3] 물론 충분한 시간을 들인다면, 모의리 선교사 부부의 삶에 관한 상세한 전기를 작성할 수 있을 것이다. 하지만 이 역시 숨은 자료를 찾아내고 정리하는 전문가의 손길과 땀이 요구되는 일로서, 필자와 같은 사실상의 문외한이 할 수 있는 작업은 아니다. 하여 이 책의 의도는 보다 소박하다. 곧 평양의 숭실대학의 이야기와 얽힌 모의리 선교사 부부의 족적을 정리하는 것이다. 물론 그가 선교보고서를 적으면서 종종 "불평"했던(?) 것처럼, 오랜 세월의 성실한 사역에도 불구하고 특별히 적을 만한 사건은 그리 많지 않다. 그렇다고 당시 숭실의 일상을 더듬는 것이 이 책의 의도도 아니다. 그래서 필자는 모의리 선교사의 사역에서 가장 많은 주목을 받는 사건인 3.1운동 관련 재판 부분에 상대적으로 많은 관심을 기울였다. 활용한 자료들 역시 두 사람의 선교보고서나 국사편찬위원회의 한국사데이터베이스와 같이 비교적 손쉽게 구할 수 있는 것들이다. 달리 활용된 자료들은 상당 부분 한국교회 선교 역사의 전문가인 UCLA의 옥성득 교수의 도움을 많이 받아 구한 것들이다. 또한 몇몇 부분에서는 역시 이 분야의 전문가인 김승태 박사와 류대영 박사의 조언을 받았다.

---

3) 당시 한국의 선교사들은 *The Korea Mission Field*라는 잡지를 간행했는데, 여기에 모의리 목사의 글이 네 개, 모의리 여사의 글이 두 개 발견된다.

모의리와 관련된 내용들은 다양한 자료들에서 다양한 방식으로 나타나는데, 비교적 관심이 적어서인지 부정확한 자료들이 적지 않다. 언론 보도야 성격상 엄밀한 정확성을 기대하기 어렵겠지만, 숭실대학에서 발간한 여러 자료들에서도 정확하지 않은 내용들이 반복, 재생되는 경우들이 잦았다. 제한된 범위 내에서 할 수 있는 것들은 바로잡으려 했지만, 본격적인 검증과 교정은 좀 더 전문적인 손길과 더 많은 시간을 필요로 하는 일일 것이다. 모쪼록 이 연구가 보다 제대로 된 숭실의 역사를 기록하게 될 이들에게 약간의 도움이라도 되기를 기대한다.

제1장

숭실 이전, 그리고 이후 모의리[4)]

"슬퍼 떠날 때도, 기뻐 돌아올 때도, 한국의 가을은 아름답기만 하군요!"

상황에 밀려 평양을 떠난 이후, 숭실 70주년 기념식에 참석하기 위해 다시 한국을 찾았을 당시 모의리 박사의 감회다. 아내와 함께 젊은 시절을 송두리째 바치며 사랑했던 나라, 원치 않았지만 상황에 떠밀려 작별을 고해야 했던 나라, 그런 나라를 다시 찾는 노 선교사의 마음이 어떠했을까? 공항에서 아름다운 한국의 가을 하늘을 바라보며, 젊은 시절 애송이 선교사로 처음 한국을 찾았을 때 바라보았던 그 가을 하늘의 기억이 겹쳐질 때, 그때 그 노 선교사의 마음에는 어떤 생각들이 오고갔을까?

---

4) 이 장의 내용은 상당 부분 오하이오 주 콜럼버스에 위치한 브룩우드 장로교회(Brookwood Presbyterian Church)가 1970년 2월 모의리 박사의 90세 기념 행사인 "Dr. Mowry Day"를 위해 준비한 소책자인 "자전적 소묘"(Autobiographic Sketch)를 바탕으로 한 것이다. 어떤 부분은 거의 그대로 옮겼고, 어떤 부분에는 약간의 내용을 덧붙였다. 이 책자는 1969년에 만들어졌고, 일인칭 서술 형태로 작성되었다. 이 장에서 별다른 표기 없이 직접 인용된 부분은 모두 이 "자전적 소묘"에서 나온 것이다.

1. 어린 시절

모의리 선교사 혹은 모의리 박사, 우리말로는 모의리(牟義理)라는 이름으로 불리던 일라이 밀러 모의리(Eli Miller Mowry)는 1880년 1월 23일, 오하이오주 리치랜드 카운티에 속한 먼로 타운십의 변두리에서 태어났다. 원래 열 명의 아이들 중 세 번째였지만, 가족의 첫 아들 사이러스는 태어난 지 네 달 만에 세상을 떠났고, 그래서 모의리의 기억 속에서 그의 가족은 언제나 여섯 아들과 세 딸이 있는, 모두 아홉 명의 자녀를 가진 가정이었다. 그의 아버지는 사무엘 모의리였고, 아버지쪽 조부모는 필립과 엘리자베스로, 오하이오 주 벨빌(Bellville)이라는 도시에서 동쪽으로 약 일 마일 되는 곳에 살았다. 어머니는 메리 밀러로서, 윌리엄 밀러 부부의 딸이었다. 그들은 벨빌에서 2마일 정도 북쪽에서 살았다. 원래 모의리의 부모는 농부였다. 그들은 결혼할 무렵, 아버지의 외삼촌이었던 "일라이 모의리" 소유 농장에서 일종의 소작농으로 결혼생활을 시작했고, 몇 년 후 아버지 쪽 할아버지 집에서 가까운 농장으로 이사를 했다고 한다.

모의리의 학교 생활은 평범했다. 모의리 형제들이 다닌 학교는 집에서 일 마일 반 정도 떨어진, 교실이 하나가 전부인 포리스트 홀 학교(Forest Hall School)였다. 그 후 그의 가족은 벨빌에서 북쪽으로 약 일 마일 떨어진 마을로 이사를 했고, 이때부터 모의리의 아버지는 농사일을 그만 두고, 벨빌에 있는 채석장에서 채석공으로 일하기 시작했다. 모의리를 비롯한 자녀들 역시 벨빌에 있는 학교로 전학했다. 모의리는 1899년 멜빌에서 고등학교를 졸업하였다. "다섯 명의 여학생에 일라이가 유일한 남학생이었던" 작은 반이었다.

모의리는 고등학교 시절, 어느 여름 방학 때 사촌 윌리엄 모의리와 함께 렉싱튼 근처의 그의 농장에서 지냈던 경험을 가장 행복한 기억 중 하나로 떠올린다. 그만큼 평범한 학창시절이었던 셈이다. 그가 "나의 젊은 시절 중에서 가장 의미 있는 경험"으로 회고하는 일 역시 고등학교 시절의 이야기다. 그가 살던 마을 서쪽 변두리에 조셉 맥도널드라는 분이 있었는데, 어느 날 그는 모의리에게 자기들과 함께 지내면서 말과 소들을 돌봐 달라는 부탁을 한다. 이렇게 해서 모의리는 꼬박 일 년 동안 집을 떠나 맥도널드 씨 가족과 함께 지내게 되고, 이를 계기로 그 가족을 따라 장로교회에 출석하게 된다. 맥도널드 씨 가족과 같은 교회에 출석하면서 예배를 마친 후 그들과 함께 가는 게 더 낫겠다고 생각했던 것이다. 모의리 가족은 원래 루터파 교회 소속이었다. 하지만 이 일을 계기로 모의리는 처음 장로교회에 출석하게 되었고, 얼마 뒤에는 아예 그 교회의 등록교인이 되었다. 고등학교 2학년과 3학년 때는 같은 교회 주일학교에서 남자아이들을 가르치기도 했다.

장로교회에서는 아니었지만, 그가 목회자로서의 소명을 처음 갖게 된 것 역시 고등학교 시절이었던 것 같다. 정확히 언제인지는 알 수 없지만, 어느 주일 저녁, 모의리는 루터파 교회에서 예배를 드리던 중 큰 은혜를 경험한다. 그리고 그 예배가 끝난 후, 교회의 목회자로 섬기는 것이 "내 인생을 바칠 가치가 있는" 그런 종류의 일이라는 강력한 느낌에 사로잡힌다. 이후 모의리의 인생 여정은 이 무렵의 경험이 결코 순간의 섣부른 열정이 아니었음을 잘 보여준다.

우리에게는 지극히 사소해 보이지만, 일 년 동안 야채가게에서 일했던 경험을 언급하기도 한다. 그가 인상 깊게 기억하는 장면은 몸이 불편했던 가게 주인인 홀런드 아저씨가 휠체어를 타고 가게 안을 이리저리 돌아다니는 모습이다. 모의리는 이때의 짧은 "알바" 경험을 통해 "정확한 일 처리"의 중요성을 배울 수 있었다고 말한다. 숭실에 온 후 모의리에 대한 사람들의 평가에는 종종 "정확한" 사람, "철저한" 사람과 같은 표현들이 등장하곤 한다. 본래 성품이 그런 탓도 있겠지만, 이때의 경험 또한 그런 꼼꼼함을 더욱 뚜렷하게 만드는 자극이 되었을 것이다. 어쩌면 그가 숭실에 와서 종종 회계 관련 임무를 수행하면서도 어린 시절의 이 경험을 떠올렸을지 모른다.

고등학교를 졸업한 뒤에는 바로 대학에 진학하는 대신, 약 삼 년 동안 학교의 선생으로 교편을 잡았다. 대학에 갈 학비를 마련하기 위해서였다. 졸업 후 첫 해에는 벙커 힐 스쿨(Bunker Hill School)이라는 곳에서 가르쳤는데, 그가 살던 동네에서 동쪽으로 약 20마일 정도 떨어진 쉘비(Shelby)라는 동네 근처였다. 얼마 전까지 그가 다녔던 학교와 마찬가지로 교실이 딱 하나뿐인 작은 학교였다. 그 후 이 년 동안에는 역시 비슷한 규모로, 좀 더 남쪽의 온타리오에 있는 한 학교에서 교편을 잡으면서 약간의 돈을 모을 수 있었다. 하지만 상황이 모의리의 계획대로 돌아가지는 않았다. 오래 몸이 안 좋았던 어머니의 건강이 갑자기 악화되어 장기간 병원에 입원해야 하는 상황이 되었고, 지금까지 모의리가 여러 해 교사생활로 모았던 돈은 고스란히 어머니의 병원비로 들어가고 말았다.

2. 대학시절부터 선교사 파송까지

이처럼 경제적으로 넉넉지 않은 상황에도 불구하고 모의리는 1902년 스물 두 살의 나이로 우스터 칼리지(Wooster College)에 입학했고, 4년 동안의 공부를 무사히 마치고 졸업할 수 있었다. 당시 우스터대학에는 남학생 기숙사가 없었고, 대신 남학생들은 각자 서로 다른 "클럽"(clubs)에 소속되어 있었다. 모의리는 두 번째 학기가 시작될 때부터 한 클럽의 "아빠"(dad) 직책을 맡으면서 졸업할 때까지 숙식 문제를 해결할 수 있었다.[5)]

숭실대학의 입장에서 보자면, 모의리의 대학생활에서 가장 의미심장한

5) 기숙사 운영의 실무를 돕던 일종의 기숙사 조교인 셈이다.

사건은 그가 "해외 선교 학생자원운동"(Student Volunteer Movement for Foreign Mission)에 가입한 일이다.[6] 이 운동은 19세기말 미국의 대각성운동의 분위기 속에 태동된 것으로, 대학생들을 훈련시켜 해외 선교사로 파송하고자 했던 운동이다. 1886년 당시 유명한 전도자였던 드와이트 무디(D. L. Moody)의 인도 아래, 86개 대학에서 온 250여 명의 대학생들이 메사추세츠 헤르몬산학교의 무디수양관에 모여 세계 선교를 위해 헌신하기로 다짐한 것이 이 운동을 태동시킨 계기가 되었다. 이 운동의 슬로건은 "우리 세대에 온 세상의 복음화를!"(The Evangelization of the World in this Generation)이었고, 회장을 맡은 존 모트(John R. Mott)와 로버트 윌더(Robert P. Wilder) 등의 강력한 리더십 아래, 강력한 선교운동으로 성장하였다. 이후 1950년대 말 다른 조직과 합하기 전까지 무려 2만 5백명의 대학생을 해외 선교사로 파송하였다. 모의리와 더불어 숭실의 선교사였던 마펫(Samuel A. Moffett, 마포삼렬) 역시 이 운동을 통해 한국 선교사로 자원한 사람이다. 우스터대학 시절 모의리 역시 "해외로 나가 기독교적 섬김을 실천하기를 원하는 학생들의 모임"인 이 운동에 가입하였고, 이것이 계기가 되어 나중에 실제 한국의 선교사로 나가게 된다.[7]

모의리는 또한 러스킨 클럽(Ruskin Club)이라고 불리던 문학 단체의 일원으로 활동하기도 했다. 대학 3학년 때는 대학의 YMCA의 회장으로 섬기기도 하였는데, 이런 경험이 훗날 평양에서 YMCA를 세워 이사이면서 명예회계로 활동하게 된 것과 관련이 있을지도 모르겠다.

모의리는 대학 4학년이 되던 해, 한 학년 아래였던 로이스 토마스(Lois

6) 모의리는 자신이 '자원 밴드'(Voluntary Band)에 가입했다고 말하는데, 이는 학교 단위의 모임을 가리킨다.

7) SVM 출신 내한 선교사들에 대한 냉정한 평가로는 류대영, 『초기 미국 선교사 연구』(서울: 한국기독교역사연구소, 2001), 137-154. 크게 보아 모의리 역시 그가 속한 집단의 한계로부터 아주 자유롭지는 못했겠지만, 그의 행보가 상대적으로 남달랐다는 평가는 가능할 것이다.

Thomas)와 약혼했다. 두 사람이 함께 해외 선교에 대해 같은 비전을 공유하기 시작한 셈이다. 로이스는 제시 토마스(Jesse Thomas) 부부의 유일한 자녀였다. 로이스의 어머니는 사이먼 켄튼(Simon Kenton, 1755-1836, 유명한 변경개척자의 한 사람)의 후손으로서, 여러 해 동안 우스터 칼리지의 유일한 여자 기숙사 사감으로 일을 했었다.

모의리는 1906년 우스터대학을 졸업하고 생물학 전공으로 문학사(B.A.) 학위를 받았다. 이후 한국에서 선교사역 중 미국으로 돌아와 안식년(1917-1918)을 보낼 때 다시 우스터대학으로 돌아와 대학원 과정을 마치고 생물학 석사 학위를 취득하였다. 자신이 가르쳐야 했던 핵심 과목인 생물학을 보다 잘 가르치기 위한 사역 준비의 일환이었다. 이후 1935년, 한국에서의 선교활동의 공로를 인정받아 모교인 우스터 칼리지로부터 명예박사 학위를 수여받았다(Honorary Doctor of Divinity). 정식 박사가 아니면서도 자주 모의리 박사(Dr. Mowry)로 불렸던 것은 바로 이 명예박사 학위 때문이었다. 그러니까 우스터대학에서 학사, 석사, 그리고 명예박사 학위를 모두 받았던 셈이다.

1906년 대학을 졸업한 모의리는 바로 펜실바니아의 피츠버그에 소재한 웨스턴신학대학원(Western Theological Seminary)에 입학하여 신학 수업을 시작한다.[8] 대학 때와 마찬가지로, 신학대학원 시절에도 두 번째 학기부터 두 교회의 전도사(student pastor)로 봉사하면서 직접 학비를 충당하며 공부를 계속했다.[9] 맥키스포트에 있던 샘슨즈 밀즈 교회(Sampson's Mills Church at

8) 이 학교는 1958년 미국 장로교 교단 통합 과정에 다른 신학교와 통합되어 현재의 Pittsburgh Theological Seminary가 되었다. 복음주의자들 사이에 잘 알려진 신학자인 R. C. Sproul이나, 미국의 인기 아동 프로그램의 "Mr. Rogers"로 잘 알려진 Fred Rogers 목사 등이 이 학교 출신이다. 간혹 그의 이력을 맥코믹신학교로 소개한 언론보도가 있었지만, 이는 사실과 다르다. 베어드나 마펫 등의 유명한 선교사들 다수가 매코믹 출신이어서 생겨난 오해일 것이다.

9) 우리나라에서는 목사가 되기 전 교회에서 사역하는 신학대학원생을 "전도사"라 부르지만, 미국에서는 학생으로 목회자 역할을 수행한다 하여 보통 "student pastor"라 부른다. 영어에는 우리말의 "전도사"에 해당하는 단어가 없고, 간혹 교포교회에서 "전도사님"을 영어 약자로 만들어 JDSM으로 쓰기도 한다.

McKeesport)와 비들링(Beadling)에 있던 선교 교회(mission chapel)이었다. 맥키스포트는 피츠버그에서 동쪽으로 20마일 정도 거리였고, 비들링은 피츠버그의 남쪽 경계에서도 수 마일 더 내려가야 했다. 그렇다 보니 모의리의 주일 시간의 상당 부분은 트롤리를 타고 두 교회로 오가는 데 소요되었다. 먼저 샘슨즈밀즈 교회로 가서 오전 예배를 드리고 그 다음 비들링으로 가서 오후 예배를 드리는 식이었다. 이런 식의 사역이 이후 평양에서의 순회목회를 위한 일종의 예행연습이 되리라는 것은 모의리 자신도 생각지 못했을 것이다. 모의리는 이 기간 동안 두 교회에서 여러 사람들과 깊은 친분을 맺게 되고, 그 관계는 모의리의 생애 전체에 걸쳐 지속된다.

한편 약혼녀 로이스는 1907년 우스터 칼리지를 졸업한 후 모의리가 신학대학원을 마칠 때까지 2년 동안 일리노이 주 아나(Anna)에 위치한 사립학교에서 교편을 잡았다.

모의리가 신학대학원 3학년이 되었을 때, 로이스와 모의리 두 사람은 중국 파송 선교사로 지명된다. 그러다 졸업을 몇 주 앞둔 시점, 모의리는 당시 막 설립된 평양 숭실대학교의 설립자이자 교장인 윌리엄 베어드 박사를 만나게 된다. 숭실로서는 대단히 역사적인 이 만남을 계기로, 모의리는 선교의 목적지를 중국에서 한국, 곧 당시로서는 조선으로 수정한다. 모의리가 교육 선교에 관심이 있다는 이야기를 들은 베어드 박사가 조선의 교육 선교를 위해 헌신하는 게 어떻겠냐고 그를 설득했던 것이다.[10] 선교부는 두 사람의 결정을 허락해 주었고, 이렇게 해서 로이스와 모의리 두 사람은, 모의리 자신의 표현처럼, 아는 것이 거의 없었던 미지의 나라였던 "고요한 아침의 나라"(the Land of Morning Calm) 혹은 "은자의 나라"(Hermit Kingdom)를 평생 섬길 선교지로 선택한다. 이후 모의리는 1909년 신학교를 졸업한 후 장로교 우스터 노회에 속한 플리머스 장로교회(Presbyterian Church at Plymouth)에

10) "자전적 소묘" 외에, Justin Dorfield, *Historical Dictionary of Pyongyang* (New York: Anthem Press, 2013), 148.

서 목사 안수를 받는다.[11] 그해 여름에는 로이스와 함께 파송 선교사를 위한 뉴욕의 컨퍼런스에 참가하였고, 이 기간 동안 한국에서 필요할 가재도구들을 구입하기도 한다. 뉴욕의 컨퍼런스를 다녀온 후 로이스는 당시 몬타나 주의 디어 롯지(Deer Lodge)에 있는 한 대학에서 사감으로 일하고 있던 어머니를 방문하였다.

그 뒤 9월 14일 로이스와 일라이 모의리 두 예비 선교사는 모의리의 가까운 친구이자 신학교 시절 동급생이던 토마스 몽고메리(Thomas Montgomery)의 주례로 결혼식을 올리고 부부가 되었다. 그리고 그다음 날 두 사람은 많은 짐을 이끌고 곧바로 시애틀 행 기차에 올랐다. 거기서 한국으로 가는 배를 타기 위해서였다. 말하자면 한국으로 매우 긴 신혼여행을 떠난 셈이다. 시애틀에서 출발한 배는 일본 요코하마에서 며칠을 머문 뒤 고베에서 항해를 마쳤고, 두 사람은 고베에서 하선하여 기차를 타고 시모노세키로 간 후, 거기서 다시 밤배를 타고 부산으로 갔다. 부산만을 두고 한 말은 아니겠지만, 한국에 대해 그들이 가진 첫 느낌은 "아무 것도 아는 게 없는, 매우 낯선 나라"라는 것이었다.

다음 날 동이 틀 무렵, 배가 항구에 가까워지면서, 두 사람은 처음으로 한국의 풍경과 한국 사람들의 모습을 볼 수 있었다. 흰옷을 입고 부두에서 열심히 일을 하는 사람들, 저 멀리 언덕바지를 부지런히 올라가고 있는 사람들, 이런 사람들의 모습이 그들의 눈에 들어온 첫 장면들이었다고 모의리는 회고한다. 두 사람은 바로 이런 사람들과 더불어 앞으로 30년이 넘는 세월을 함께 살아갈 것이었다. 이렇게 그들은 1909년 10월 2일, 조선의 땅 부산에 첫 발을 내딛었다. 배에서 내린 뒤 두 사람은 먼저 기차 편으로 대구

---

11) Korea Herald(2016년 4월 25일)에 실린 김승태의 글에는 안수와 파송 연도가 1905년으로 잘못 기록되어 있다. "Foreigners Who Loved Korea 15: Mowry, ardent supporter of Korean independence."
http://khnews.kheraldm.com/view.php?ud=20160425000757&md=20160428004220_BL

로 가 하루를 머물면서 그곳의 선교부를 둘러보았다. 그 다음 서울로 가서 며칠 동안 머물면서 선교지 생활에 대한 기본적인 사항들을 숙지했다. 그 후 두 사람은 드디어 서울에서 북쪽으로 165마일 떨어진 그들의 최종 목적지인 평양을 향해 떠났다.

3. 평양에 정착하다

당연한 이야기겠지만, 두 사람의 눈에는 평양이라는 도시 자체가 무척이나 낯설게 다가왔다. 모의리는 그들이 살게 될 집이 "매우 낯선 동네"(very strange surrounding)였다고, 그래서 더욱 "잊을 수 없는, 흥분되는" 곳이었다고 회고한다. 모의리가 기억하는 당시 평양의 모습은 이랬다.

> 비교적 넓은 도로는 겨우 두 개에 불과했다. 하나는 동서로, 다른 하나는 남북으로 달리면서 도시가 크게 네 구역으로 나누어졌다. 그 사이에는 집들 사이로 좁은 길들이 복잡하게 얽혀 들어오고 나가는 모양새였다. 동쪽으로는 큰 대동강, 그리고 서쪽으로는 포동이라는 두 강 사이에 자리한 평양은 기원전 1000년 전으로 거슬러 올라가는, 당시 한반도의 넓은 지역을 차지하고 있던 왕국의 수도였다. 원래 성벽으로 둘러싸인 도성이었지만, 이제는 성벽이 거의 다 허물어지고 겨우 몇 개의 성문만 남아 있었다. 동쪽에 있는 대동문은 보수 상태가 꽤 좋았다. 두 강은 평양 밑에서 합류하여 황해로 흘러갔다. 당시 평양의 주민은 약 5만 명에서 6만 명 사이로서 한국에서 두 번째 혹은 세 번째로 큰 도시였다.

익숙하지 않은 곳이라 낯설지만, 이는 선교의 열정으로 가득 찬 신혼부부들에게는 오히려 설레임에 가까운 낯설음이었을 것이다. 오랜 후 로이스는 한 인터뷰에서 "한국이 마치 내 집처럼 다가왔다"고 회고한다.[12]

두 사람에게는 살 집이 미리 배정되어 있었지만, 실제로 살림을 살 준비가 아직 안 된 상황이었다. 하여 처음 한 달 동안은 베어드 박사 부부의 집에서 거처하면서 필요한 살림살이들을 마련하고 정돈한 후 새 집에 본격적인 살림을 시작한다. 두 사람은 그들을 돕기 위해 보내진 남녀 하인(servant)들의 도움을 받으며 "이 낯선 곳"에서 살아가는 법을 배우기 시작했다. 모의리 자신의 말에 의하면, "여자 하인에게서는 집안의 살림살이를 배우고, 남자 머슴으로부터는 집 바깥의 일을 배우는" 것이었다. 주변의 풍경을 비롯하여 한국의 모든 것이 다 그랬지만, 모의리에게는 그들이 살게 될 집의 구조 역시 매우 낯설게 다가왔다. 한국식으로 된 단층 기와집이었고, 으레 그렇듯 어느 방에서건 육중한 서까래 나무가 다 보였다. 하지만 전형적인 한국식 집과는 다른 점도 있었다. 보통 집들에서 볼 수 있는 작은 방들이 아니라 두 사람이 살기에 편리할 정도의 넓은 방이 있었고, 바닥 역시 한국식 온돌방이 아닌 마루였다. 당시 선교사들 사택은 가족의 거처뿐 아니라 사역에 필요한 공간 및 사역과 관련된 사람들의 숙소 등이 함께 있어 규모가 제법 컸다. 모의리 부부에게 배정된 집에도 모두 열 개의 방이 있어서 많은 손님들이 와도 충분할 정도였다. 이곳에서 선교부 연례 모임을 갖기도 하고, 자주 숭실대학의 교수 및 학생들의 사교적 모임이나 작은 음악회 등을 가지면서 숭실대학 공동체의 유대를 돈독하게 하기도 했다. 그들의 집은 학생들에게는 언제나 열려 있었다. 그래서 그들의 집에는 모의리의 일을 도와주던 이들을 비롯하여 숭실대학과 숭실중학교의 학생들이 자주 와 지냈다. 삼일운동 무렵에는 이로 인해 "범죄자"들을 숨겨준 혐의를 받아 투옥되고 재판을 받는 고생을 하기도 하였다.

12) *Columbus Dispatch*, 1970년 2월 14일 자 인터뷰.

한국 땅을 밟기 전까지 모의리 부부는 한국 사람이라고는 본 적이 없었다. 물론 한국말도 한 마디 알지 못했다. 애초에 중국 선교를 마음에 두고 있던 터라 더 말할 나위도 없었을 것이다. 따라서 다른 대부분 선교사들이 그랬듯, 모의리 부부가 수행해야 했던 선교사역의 첫 과제는, "기초 닦기" 곧 모의리 자신의 표현을 빌면, "말하는 법을 처음부터 새로 배우는 것"이었다. 그들의 첫 한국어 선생은 중년을 살짝 넘긴, 양반 출신의 품위 있는 신사였다. 모의리 부부가 한국말을 전혀 몰랐던 것처럼, 그는 영어를 전혀 할 줄 몰랐다. 모의리는 "한국어 천지인 세상에 우리 몸을 맡기는 것이 어떤 점에서는 이곳에서의 생활을 시작하는 좋은 방식"이었다고 회고한다. 몇 개월 후에는 평양 남쪽 끝에 있는 어느 한국인 가정에 들어가 살게 되었는데, 여기서는 처음부터 끝까지 한국말을 하거나, 아니면 아예 입을 다물고 있어야 했다. 하지만 학교에서의 사역과 먼 거리를 걸어 다녀야 하는 교외지역 교회들 순회 목회 때문에 한국어 공부에 투자할 여력이 많지는 않았고, 이로 인해 기대했던 것만큼 진도가 빨리 나가지는 못했던 것으로 보인다.[13] 로이스의 경우, 베어드 여사의 현명한 도움 덕분에 시간 낭비를 상당히 줄일 수 있었다고 말한다. 어쨌든 모의리는 약 일 년이 지난 뒤부터는 가르치는 일을 조금씩 시도하기 시작했다. 모의리의 첫 역할은 남자 중학교에서 수학을 가르치는 것이었다. 1912년, 그러니까 한국어를 배운지 3년이 끝나갈 무렵 두 사람은 한국어 시험을 통과하였고, 충분한 훈련을 거친 선교사로서 선교부 업무 회의와 연례회의에서 투표할 수 있는 권한을 부여받을 수 있었다.

다른 부분에서 상술하겠지만, 모의리 부부의 주된 역할은 가르치는 일이

---

13) 두 번째 해를 돌아보는 1911년 보고서에도 어학 공부할 "시간이 거의 없었다"(I have had but very little time)고 기록한다. 같은 해 모의리 여사가 따로 쓴 보고서에도 "상대적으로 적은 분량의 시간"(a comparatively small part of the time)이 언어 공부에 투자되었다고 썼다.

었다. 로이스는 선교사 "부인"으로서 가정을 돌보는 막중한 임무 외에도, 성경학교(Bible Institute)와 사경회(Bible conference), 그리고 숭의학교에서 가르쳤다. 모의리는 숭실대학(초기에는 기독연합대학)에서 주로 생물학 관련 과목들 가르치는 일을 맡았다. 생물학 개론, 유전학, 세포학(cytology), 고급생리학, 지리학 등이었다. 전문학교로 개편되어 이과가 없어지면서부터는 기초 생물학 말고는 대부분 영어 등의 비전공 과목을 가르쳐야 하는 상황이 되었다. 그 후 농학과 인가를 받은 뒤 한 이 년 동안은 농학 개론을 가르치기도 했지만, 일제의 간섭으로 인해 이마저 중단해야 했다. 사역 기간 중 약 20여 년 동안은 숭실대학의 학감(dean)의 책임을 맡기도 했다. 잘 알려진 것처럼, 신사참배 갈등으로 폐교 위기로 치달을 무렵인 1936년에는 교장의 책임을 맡아 폐교의 절차를 직접 감당하기도 했다.

모의리는 여러 해 동안 초등학교 과정에 해당하는 도시학교(city schools) 두 곳에서 교장을 맡기도 했다. 한국 교회들이 세운 초등학교들이었는데, 남학교와 여학교 하나씩이었다. 또 자신이 맡았던 남대동과 서중화 두 구역 내의 마을들에 열 네 개의 초등학교에서 교장으로 봉사하기도 했다. 숭실대학이 그의 주 사역지이기는 했지만, 상황이 허락하는 한 필요한 대로 자신이 할 수 있는 일들을 마다하지 않고 했던 셈이다.

큰 무리 없이 32년의 사역을 마무리 지었지만, 간간이 질병으로 고생을 하기도 했다. 부임한 지 그리 오래 되지 않은 때인 1914년(2월 19일 자) 베어드 박사의 보고서에는 미스 스눅(Miss Snook)과 모의리 부인(Mrs. Mowry)이 질병에서 막 회복했다는 이야기와 더불어, "모의리는 폐렴으로 보이는 질병으로 인해 지금 굉장히 위중한 상태"라는 언급이 나온다.[14] 물론 특유의 과묵함 탓인지, 그의 선교보고서에는 "질병으로부터 회복되는 특별한 복"을 누렸다는 것, 그리고 "우리의 생명을 구해주신 분께 대한 감사의 마음으로"

14) 김용진 역, 『윌리엄 베어드의 선교편지』(한국기독교박물관, 2017), 228.

한 해를 돌아본다는 막연한 언급이 전부다. 그의 안부를 궁금해 하는 사람들에게는 보다 상세한 소식이 전달되었는지는 모르지만, 선교편지만을 읽은 이들로서는 오히려 답답한 마음이 들었을 듯하다. 31년 봄에는 동공 수술(antrum operation)을 했고, 덕분에 건강 상태가 훨씬 좋아졌다는 내용이 등장한다. 34년 보고서에는 로이스가 며칠 동안 입원했다는 언급이 나오지만, 여기서도 병을 앓았던 상황에 대한 상세한 설명은 전혀 없고 돌보아 준 병원 의사들에 대한 감사의 언급만 간단히 나온다. 오히려 이 보고서는 "주어진 과업을 수행하는 측면에서는 가장 빈약했지만, 동시에 믿음과 소망, 인내와 겸손을 배우는 데는 가장 풍성한" 한 해였다는 묵상의 언어로 시작한다. 39-40년 보고서에는 모의리의 경우 15년 전 수술했던 부위가 다시 안 좋아져 봄과 가을 두 차례 북경연합의학대학으로 가 입원과 검사를 했지만, 당장 수술하기보다는 좀 더 두고 보는 것이 낫겠다는 의사의 소견에 따라 다시 돌아오기도 했다는 이야기가 나온다. 그 후 계속되는 통증으로 인한 불편함(a continual dead pain of an uncomfortable feeling)이 있기는 했지만, 아주 심하지는 않았고, 적어도 계획한 일들을 방해할 정도는 아니었던 것으로 보인다.

4. 안식년, 그리고 긴 안식년 ...

당시 미국장로교 선교부의 규정에 따르면, 선교지에서 7년을 연속 근무하면 안식년을 가질 수 있었다. 하지만 모의리는 재정적으로 어려움을 겪던 선교부의 요청에 따라, 그리고 학교에서 음악 교육이 중단되는 것을 막기 위해, 첫 안식년을 일 년 미룬 채 8년째인 1917년 봄까지 사역을 했다. 그리고 1917년 여름, 첫 안식년으로 미국에 돌아왔다. 안식년이었지만, 모의리는 이 기간을 이용하여 모교인 우스터 칼리지에서 생물학 석사 과정을 이수했다. 보다 견실한 생물학 교수 역할을 하기 위해서였다. 이 때문에 안식년 기간 내내 가족과 떨어져 지냈고, 로이스는 두 아이들, 그러니까 딸 루세타와 아직 어린 아이였던 데이빗과 함께 캘리포니아 주의 파사데나에 거주하던 친정 부모님과 지냈다. 두 번째 안식년은 1925-1926년에 가졌고, 이때는 가족들이 맨스필드에서 살았다. 세 번째는 1934-1935년 사이 우스터에서 보냈다. 이 무렵 루세타는 펜실베이니아 주의 챔버스버거에 위치한 윌슨 칼리지를 졸업했고, 데이빗은 아버지가 다닌 학교인 우스터 칼리지에 들어갔다. 그리고 당시 여덟 살이던 막내 미리암은 비일 애비뉴 초등학교를 다녔다.

잠깐의 휴식을 위해서가 아니라, 모의리 가족이 한국에서의 사역을 정리하고 아주 한국을 떠난 것은 1940년 가을과 1941년 봄 기간이었다. 간혹 잘못 소개되는 것처럼, 일본에 의해 강제추방된 것이 아니라, 미국 정부의 권고에 의해, 그리고 질병을 치료해야 하는 필요 때문에 평양을 떠난 것이다. 1940년 늦여름 일본과의 전쟁이 거의 기정사실로 되면서, 미국 국무성은 일본, 한국, 중국 및 필리핀에 있는 모든 미국인들에게 안전한 지역으로 이동하라는 지시를 내렸다. 이 방침에 따라 미국장로교 선교부 역시 그해 가을 모든 선교사의 부인과 자녀들에게 한국을 떠나라는 지시를 내렸다. 이런 상황 속에서 로이스와 당시 고등학교 3학년이던 미리암은 1940년 가을에 전쟁을 피해 귀국하는 사람들을 위해 마련된 마리포사호를 타고 먼저 귀국했다. 먼저 기차를 타고 서울 인근 항구인 제물포로 가서, 여객선 편으로 부산항으로 이동한 다음, 마리포사호를 타는 여정이었다. 그런데 상황이 상황인지라 기차역에는 엄청난 인파가 한꺼번에 몰릴 수밖에 없었고, 그래서 미국으로 피난을 가는 사람들조차도 두 개의 짐만 들고 탈 수 있었다. 물론 모의리가 제물포까지 동행하는 것은 아예 허락되지 않았다. 제물포에 내려 배를 타기 전, 일본 경찰은 승객의 모든 짐을 철저히 수색했는데,

흥미롭게도 모의리의 예전 학생 하나가 검색 작업의 조수로 일하다가 로이스를 발견하고 편의를 베풀어 주는 일도 있었다.

모의리 자신은 겨울 내내 한국에 머물러 있었지만, 수술을 받아야 할 상황이 생겨 결국 그 이듬해, 곧 1941년 봄에 미국으로 돌아와야 했다.[15)] 모의리는 당시 본의 아니게 한국을 떠나야 했던 당시의 살벌한 분위기와 처음 한국을 찾았을 때의 설레이던 분위기의 차이를 이렇게 회고한다.

> 우리가 한국을 떠날 때의 느낌은 처음 한국 땅에 들어설 때의 느낌과 얼마나 다른지! 처음 우리는 기독교가 없는 나라에서 긴 세월 기독교적 섬김을 수행할 거라는 행복한 기대감에 젖어 있었다. 하지만 그곳을 떠날 때에는 일본 경찰이 적대적인 나라 사람들에게 당장 무슨 일을 할지 모른다는 불길한 느낌이 지배적이었다. 한국을 떠날 때 우리는 아주 흥분되기도 했고 큰 위압감에 눌려 있기도 했다. 미국과 일본의 사이가 벌어진 상태였기에, 경찰의 감시가 삼엄했다.

일본과 미국의 긴장이 극도에 달했던 상황인지라, 그 당시 한국 사람들은 이유를 불문하고 일체 미국인들과 접촉하는 것이 허락되지 않았다. 따라서 한국에서 30년 혹은 40년을 일하면서 한국 사람들과 친밀한 관계를 맺은 선교사가 한국을 떠날 때에도 한국 사람들이 그들을 마음대로 배웅하기는 어려운 분위기였다. 하지만 그럼에도 불구하고 모의리가 떠날 때는 많은 한국인 친구들이 당국으로부터 허가증을 받아 기차역으로 배웅을 나왔다.

상황이 상황인 만큼, 미국으로 돌아오는 여정 내내 긴장감이 가득했던

15) 김승태는 모의리의 귀국 날짜를 1940년 11월이라 말하지만, 이는 아내와 딸이 귀국한 날짜다. "Foreigners Who Loved Korea." 동일한 오류가 숭실대학 발간 자료들에서도 보인다. 아래 각주 17번 참조.

것으로 보인다. 오던 여정을 거꾸로 돌아, 부산에서 시모노세키로 가는 페리를 탔는데, 항해하는 열두 시간 내내 경찰이 곁을 떠나지 않았고, 모의리가 소지한 짐 속의 물건들도 일일이 검사했다. 고베에서 만난 선교사 맥켄지 양 역시 동일한 어려움을 호소했다. 미국행 배에 탄 뒤에도 일본 경찰은 맥켄지 양의 선실을 샅샅이 뒤졌고, 무슨 일이 생길지 몰라 두려웠던 맥켄지 선교사는 모의리에게 먼발치에서 지켜봐 달라는 부탁을 하기도 했다. 물론 경찰은 아무 것도 찾아내지 못했고, 예정보다 한 시간이나 지체해서야 배가 떠날 수 있었다. 이런 상황이라, 한국을 마지막으로 떠나는 모의리의 심경은 지나온 선교활동과 얽힌 이런저런 상념이 아니라 당장의 상황에 대한 불안감으로 채워졌다.

> 우리가 탄 배는 일본 배였기 때문에, 마지막 요코하마를 떠날 때까지는 정신적인 부담감이 컸다. 일본이 전적으로 통제하고 있는 12마일 해역의 경계를 벗어난 뒤에야 두려움을 떨칠 수 있었다. 로스엔젤레스의 항구에 펄럭이던 성조기를 보면서 자유인들의 땅에 발을 딛었을 때 느꼈던 느낌, 곧 자유를 누릴 수 있다는 사실에 대한 감사의 느낌은 말로는 도저히 표현할 수 없을 것 같다.

한국을 떠나는 안타까움, 그러면서도 일본의 압박으로부터 벗어난다는 안도감이 동시에 교차하는 그런 심정이었던 셈이다.

하지만 모의리는 일본인들과의 관계가 언제나 가시처럼 아프기만 한 것은 아니었다고 회고하면서 다음과 같은 일화를 들려준다.

> 젊은 군인 한 사람과는 아주 친한 친구가 되었다. 여름이면 일본군 중 몇몇은 일요일에 우리 집 잔디밭에서 뒹굴곤 했는데, 그 중 한 사람과 아주 가까운 사이가 된 것이다. 그는 전쟁이 너무 싫다고, 그래서 군 복무 기간

을 마치면 아무도 찾을 수 없는 깊은 산골로 가겠노라고 했다. 몇 달 후 나는 그가 일본 순사가 되었다는 사실을 알게 되었다. 우리가 본국으로 돌아와 데이튼(Dayton)에 살고 있을 때다. 또 한 차례 난민을 실은 배가 뉴욕으로 들어온다는 소식을 들었고, 거기 갔다가 한 가지 재미있는 이야기를 듣게 되었다. 여기서 젊은 중국 선교사이자 내가 어릴 때부터 알고 지내던 아더 로믹 목사를 만났다. 그의 부모 역시 중국의 선교사들이었다. 그는 나에게 고마운 일이 하나 있다고 말했다. 이유는 이랬다. 중국에 있는 일본 순사들은 미국 사람들에 대해 매우 거칠고 격한 태도를 보이는 편인데, 로믹이 살던 도시의 순사는 매우 친절하고 상냥했다고 한다. 왜 그렇게 친절을 베푸는지 이유를 묻자 그 순사의 대답이 이랬다고 한다. 예전 한국에서 군 생활을 할 당시 모의리라는 미국 선교사를 알게 되었는데, 그분이 자기에게 무척 친절하게 대해 주었고, 그래서 다른 미국인들에게 그 친절함을 갚으려고 한다는 것이다.

5. 은퇴 후 미국에서의 활동

1941년 봄, 평양을 떠나 미국으로 돌아온 후 모의리는 여름에 인디아나폴리스에 있는 감리교병원에서 수술을 받았다. 그리고 12월부터 오하이오주 데이튼에 위치한 웨스트민스터교회의 휴 에반스 목사의 초대로 그 교회의 부목사로 사역했다. 그런데 공교롭게도 그 교회에 부임한 첫 주일에 일본이 진주만 공습을 감행했다.[16] 우려했던 대로 미국과 일본이 전면전에 들

16) 진주만 공습은 1941년 12월 7일이다. 이를 계기로 미국은 2차세계대전에 참전하게 된다.

어갔고, 이로써 미국에서의 체류가 정세가 나아질 때까지의 "안식년"이 되기를 바랐던 모의리의 희망은 결국 실현되지 못한 안타까운 바람으로 남고 말았다. 웨스트민스터교회에서의 사역은 그 다음해인 42년 8월에 중단되었다. 그 전 해 받았던 수술이 잘못되어 인디아나폴리스의 감리교 병원에서 재수술을 받아야 했기 때문이다.

태평양전쟁으로 사실상 한국으로서의 귀환이 불가능해지자 모의리 부부는 대신 미국에서 교회사역을 하기로 마음을 먹는다. 하지만 선교부 소속의 선교사 신분을 계속 유지하고 있었기 때문에, 그의 역할은 전담 목회자가 아닌 일종의 "임시목사"(stated supply) 역할이 될 수밖에 없었다. 이듬해인 43년 1월 그들은 웨스트 버지니아 주의 킹우드 및 테라 알타 지역에 있는 교회들을 섬겼다. 그리고 44년 여름에는 일리노이 주 벨빌의 장로교회로 사역지를 옮겼다. 그곳의 담임목사가 군목으로 군복무을 수행해야 했기 때문이다. 이 사역은 1946년 8월, 교회의 담임목사가 제대하여 복귀할 때까지 두 해 가량 계속되었다. 그 후 모의리 부부는 다시 오하이오 주로 돌아와 여러 해 동안 싸우스 찰스턴에 있는 교회에서 섬겼다.

한국을 떠난 이후 모의리 목사의 행보에 약간의 설명이 필요하다. 숭실대학의 출판물을 비롯한 적지 않은 자료에 사실과 다른 설명이 나타나기 때문이다. 가령 『선교자료』 I, II와 『베어드 선교편지』에 동일한 내용으로 거듭 등장하는 모의리 관련 각주에는 "해방 후 내한하여 1949년까지 한국에서의 선교의 사명을 다하였다"는 설명이 나온다.[17] 보다 최근에 출판된 『숭실과 근대음악』 역시 "1940년 강제 추방을 당했으나, 해방 후 재차 내한하여 활동을 하였다"는 설명과 "1949년 한국선교 49년의 생활을 마치고 은퇴하

---

17) 『선교자료 I』, 24, 각주 6; 『선교자료 II』, 47, 각주 39; 『윌리엄 베어드의 선교편지』, 193, 각주 57에 동일한 각주가 그대로 반복, 재생되어 있다. 각주의 설명 전체가 아주 정확하지는 않다. UCLA Online Archive Korean Christianity에도 평양 체류 기간이 1949년까지로 잘못 기재되어 있다.

18) 민경찬, 『숭실과 한국의 근대음악』(서울: 숭실대출판부, 2017), 70.

였"다고 되어 있다.[18] 이보다 먼저 작성된 김승태의 글에도 동일한 내용이 등장한다.[19]

우선 "강제추방"이라는 표현은 정확하지 않다. 위험한 국제 정세 때문에 부득이 평양을 떠난 것은 맞지만, "추방"과는 거리가 멀다. 1940년 가족을 먼저 미국으로 보낸 것은 미국무성의 지시에 의한 것이지, 일본의 추방은 아니었다. 이듬해 모의리 자신이 평양을 떠난 것도 건강상 문제가 보다 직접적인 원인이었다.

보다 심각한 것은 모의리가 해방 후 한국으로 돌아왔다는 잘못된 설명이다. 위에 적은 것처럼, 모의리는 1944년 여름에서 1946년 여름까지 오하이오 주 벨빌에서 임시 담임목사의 역할을 수행하였다. 그 후에도 미국 내 다른 지역에서 목회 사역을 이어갔다. 그러니까 해방 후 내한하여 한국에서 선교 사역을 재개하였다는 설명은 전혀 사실이 아니다. 모의리의 회고 속에서도 40년과 41년 그의 가족과 그가 평양을 떠난 것이 "한국을 아주(permanently) 떠난" 것으로 기록되어 있다. 해방 후 다시 와 선교 사역을 수행했다면 사용하지 않았을 표현이다. 1954년 삼일절 기념과 관련하여 한국으로 보낸 한 편지에도 "이차세계대전이 끝났을 때" 곧 한국이 일제로부터 해방되었을 때, "한국으로 돌아갈 수 없어서 늘 아쉬웠습니다" 하는 말이 나온다. 해방 후 다시 한국으로 왔다는 설명을 정면으로 반박하는 모의리 본인의 진술이다.[20] 대한민국이 훈장을 수여하였던 1950년 3월 당시, 지역 신문은 모의리를 자신의 말과 같이 "사우스 찰스턴(South Charleston) 교회의 목사"로 소개한다. 당시 한국 정부에서 내린 서훈 관련하여 장면 대한민국

---

19) 김승태, "Mowry." 1971년 10월 28일 미국장로교 선교부 극동지역 총무 써버(Newton Thurber) 명의로 은퇴한 한국 선교사들 앞으로 보낸 부고에도 "그는 한국에서 40년 동안 섬기다가 1950년 1월에 은퇴하였다"는 잘못된 내용이 나온다. 북장로교 소속 선교사 은퇴는 1950년이 맞지만, 평양을 떠난 것은 1941년이다.

20) "It has been a great disappointment to me that we were unable to return to Korea at the close of World War II."

대사와 주고받았던 서신들도 같은 지역의 주소에서 발송되었다. 이 역시 46년 이후 사우스 찰스턴에서 목회를 하였다는 그의 기억이 정확하다는 것을 방증한다. 따라서 모의리 소천 이후 숭실대학에서 드려진 추모예배 순서지의 약력에 적힌 것처럼, 41년 (미국으로) "귀국하여 62년까지 미국에서 목회하시다 정년 은퇴하심"이 정확하다.

1950년 모의리 부부는 70세가 되면서 미국장로교선교부 소속 선교사로의 역할을 마감하고 은퇴한다. 모의리는 다소 농담조로 "선교부가 우리를 은퇴시켰다"고 표현한다. 해외 선교사로서의 역할이야 41년 평양을 떠날 때 사실상 끝난 것이지만, 공식적으로 은퇴할 때까지 선교사의 신분을 간직한 채 교회를 섬겼던 셈이다. 다소 역설적이지만, 모의리 부부에게는 선교사로서의 은퇴가 휴식 기간의 시작이 아니라, 본격적인 목회 사역의 시작이었다. 은퇴 후 두 사람은 1951년 1월부터 1957년 7월까지 오하이오 주 웨이벌리에 위치한 웨이벌리 제일장로교회(First Presbyterian Church of Waverly, Ohio)에서 담임목회자로 섬겼다. 세워진 지는 꽤 오래 되었지만, 아직 전임 목회자가 없던 교회의 첫 전임 목사로 부임한 것이다. 이곳에서의 목회는 무난했던 것으로 보인다. 사역 중 교회 인근 지역이 원자력 발전소 부지가 되면서 많은 사람들이 이주해 왔고, 따라서 교인의 수도 많이 늘어났다. 덩달아 모의리의 목회 역시 매우 분주한 것이 되었다. 교회의 간략한 역사에 보면, 약 50여 년에 걸쳐 다섯 명의 목회자의 섬김과 더불어 안정된 시간을 보냈다고 되어 있는데, 그 첫 번째 목사가 평양에서 선교사역을 하다 "강제 출국을 당한" 모의리 목사 부부였다.[21)]

1957년 10월, 모의리 목사 부부는 다시 한 번 "은퇴"하고, 콜럼버스

21) 이 글은 다음 사이트에서 볼 수 있다. 모의리 관련 사항은 7-9쪽에 나온다. https://firstpresbyterianwaverly.com/wp-content/uploads/2018/08/FPCChurch-History2012.pdf. 물론 "강제출국을 당한"이라는 묘사는 정확하지 않다. 언론보도들을 보면, 모의리 본인의 기억 역시 종종 이런 대중적 이미지에 영향을 받은 흔적들이 보인다.

에 새로 마련한 거처로 이사한다. 하지만 여기서도 그냥 쉬는 삶은 아니었다. 1958년 1월 빠른 성장을 거듭하고 있던 브룩우드교회(Brookwood Presbyterian Church in Columbia, Ohio)가 교회 교육을 맡아줄 디렉터로 일해 줄 것을 요청했기 때문이다. 800명의 임원, 교사 및 학생들로 이루어진 매우 큰 규모의 교회학교였다. 이 사역은 약 4년 동안 계속되었고, 이후 82세가 되던 1962년에서야 모의리 자신이 말하는 "완전한 은퇴"(complete retirement)를 할 수 있었다. 물론 은퇴 후에도 이 교회와의 관계는 지속되었고, 모의리는 이 교회에서 섬기고 또 계속 교제할 수 있었다는 사실에 대해 특별한 감사의 마음을 갖고 있었다.

1940년과 1941년 한국을 떠났던 모의리 부부가 다시금 한국을 찾은 것은 1967년 숭실대학교 개교 70주년 행사 때였다. 이 방문을 계기로 많은 언론들이 모의리와 숭실 및 그의 독립운동 관련 이력에 관한 기사를 실었다. 하지만, 이 책 여러 곳에서 지적한 것처럼, 아쉽게도 극적 상상력을 발휘한 이들 기사들은 사실과 다른 내용들로 가득하다. 이 방문에 즈음하여, 경희대학교에서는 기독교와 고등교육의 전파 및 한국의 해방이라는 명분에 대한 헌신을 치하하는 취지로 모의리 박사에게 학교가 주는 최고의 메달을 수여하기도 했다.[22)]

잘 알려진 대로 모의리는 대한민국 정부로부터 두 차례 서훈을 받았다. 1950년 삼일절을 기념하여 이승만 정부로부터 3등 건국훈장 태극장을 받았는데, 상장에는 "한국의 자유와 독립을 위하야 의리상 친구로 희생적 공헌이 만핫슴으로 민국정부에서" 훈장을 수여한다고 되어 있다. 이후 숭실대학 70주년을 기념하여 한국을 방문한 이듬해인 1968년 삼일절에는 박정

---

22) "In acknowledgment of his outstanding contribution to the development of human society through his devotion to the propagation of Christianity and to the promotion of higher education of Korea and with an intention of honoring his profound influence exercised in the cause of liberation of the Republic of Korea."

희 정부로부터 건국훈장 국민장을 받았다. 이 때의 명분 역시 "대한민국의 자주독립에 물심양면으로 적극 지원"했다는 것으로, 첫 번째 서훈의 것과 별로 다르지 않다. 모의리가 한국을 사랑하고 한국을 위해 많은 노력을 기울였다는 사실을 부정할 사람은 없을 것이다. 하지만 세기의 재판의 당사자가 되었다는 사실을 제외하면, 그가 독립운동에 직접 참여하거나 명시적으로 이를 도운 적은 없다는 점에서, 그의 훈장 서훈은 다소 역설적이다. 실제 구금되고 재판을 겪었다는 역사적 사실, 그리고 이를 토대로 생겨난 독립투사적 이미지가 이런 결정에 영향을 끼친 것일 지도 모른다. "자전적 소묘"에서 모의리는 첫 훈장을 받을 당시를 매우 즐거운 기억으로 떠올린다.

> 그 후 1950년, 워싱턴(Washington, D. C.)에서 매우 아름다운 꽃 한 송이가 피어났다. 숭실대학의 졸업생이기도 한 한국대사관의 제일영사가 편지하기를, 한국 정부와 이승만 대통령이 삼일절에 나에게 훈장을 수여하기로 했으므로, 워싱턴으로 와 훈장을 수령해 달라는 것이었다. 같은 훈장을 받은 사람이 나 말고도 열 사람이 더 있었지만, 그 중 선교사는 나뿐이었다. 다른 사람들은 모두 일제 강점기 때 한국의 해방을 위해 일했던 미국의 한 기관과 관련된 사람들이었다. 나는 당시 여전히 건축 중이었던 대사관저에서 하루를 묵는 영예를 누리기도 했다.

모의리 부부는 은퇴 이후에도 콜럼버스의 자택에서 한동안 머물다가, 1971년 9월 예전 7년 동안 담임목사로 섬기며 살았던 동네인 웨이벌리로 돌아오고,[23] 모의리 목사는 그로부터 한 달여 지난 후인 10월 17일 눈을 감

23) 모의리가 "남은 생애를 오하이오 주의 콜럼부스에서 보냈다"는 김승태의 설명은 아주 정확한 것은 아닌 셈이다. 모의리 부부는 목회 사역을 하는 동안 여러 곳을 옮겨 다녔다.

24) 『평양숭실대학 역사자료집』 5-6권으로, 숭실대학 관련 선교보고서들을 엮어 놓은 『선교자료』 I권과 II권에 달린 두 개의 동일한 각주에는 모의리의 사망 시기

았다.[24] 따라서 엄밀하게 말하자면 그가 마지막을 맞이한 곳은 간혹 제시되는 것처럼 오하이오 주 콜럼부스가 아니라 같은 주의 웨이벌리다. 한국에서는 1971년 11월 29일 숭실대학(당시 숭전대학)에서 모의리 박사의 추모 예배가 거행되었다.

모의리가 가장 마지막으로 남긴 글 중 하나는 숭실에서의 선교사역 시절 가장 가까운 동역자와 친구였던 마포삼열(Samuel Austin Moffet)의 아들이자, 당시 서울 장신대에서 교편을 잡고 있던 사무엘(Samuel Hugh Moffet)에게 보낸 편지다.[25] 1971년 10월 10일, 그러니까 작고하기 꼭 일주일 전 타자로 쳐서 보낸 편지다. 최근 예전에 살던 동네로 이사한 일에 관한 이야기, 길선주의 아들이자 그가 숨겨주었다고 옥고를 치르게 된 학생의 하나인 길진경이 아버지에 관한 일을 조사하는 과정에서 그에게 사진을 부탁했던 이야기, 역시 길진경이 부탁한 장대현교회(Central Church)의 첫 성가대원 명단에 관한 이야기(편지와 함께 손으로 작성한 명단이 첨부되어 있다.), 그리고 아들 데이빗의 이혼과 "다음 토요일"에 있게 될 그의 재혼 결혼식에 참석할 예정이라는 이야기가 담겨 있다. 물론 이 계획은 실행되지 못했다. 이 마지막 편지 중에는 오타가 매우 많다. 시력이 너무 나빠져 오타를 잡아낼 수 없으니 이해해 달라는 말과 더불어, "그러니 네가 알아서 읽어주기를 바란다"(So I let you worry through them)는 추신이 붙어 있다.

가 1970년으로, 출국 연도가 1940년으로 잘못 나온다. 위 각주 17을 보라. 이 기간 모의리는 미국에서 목회를 하였다.

25) 아버지와는 가운데 이름(middle name)이 다르다. 한국이름은 마삼락(馬三樂)이다. 마포삼열의 셋째 아들로, 1916년 평양에서 태어나 성장했고, 휘튼대학과 프린스턴을 거쳐 예일대에서 박사학위를 받은 후, 중국과 한국의 장신대학교에서 교회사를 가르쳤다.

6. 사람들에 대한 아름다운 추억

숭실의 졸업생들이 모의리를 "인간애"를 품은 사람으로 기억하는 것처럼, 모의리에게도 선교사로서의 시절 중 가장 소중한 기억은 그가 섬겼던 한국 사람들이었다. 그는 "한국 사람들로 말하자면, 그들이야말로 내 기억이라는 정원의 꽃들이다" 하고 회고한다. 그리고는 이런 기억들 중 몇 대목을 소개한다. "자전적 소묘"에서 그가 소개하는 몇몇 따스한 기억들을 들어보자.

> 나의 사역이 끝나갈 무렵, 무척이나 아름다웠던 성탄절 날, 토요일 저녁에 눈이 내렸다. 대동강 위의 섬에 자리한, 읍내에서 약 5마일 정도 되는 한 교회에서 낮 예배를 인도해 달라는 전갈이 왔다.[26] 이 소식을 들은 그 옆 섬의 교회에서도 저녁 예배 인도를 부탁해 왔다. 나는 걸어 첫 번째 교회로 갔고, 오후에 두 번째 교회로 갔다. 남녀 혼성 성가대가 있던 바로 그 교회였다. 예배와 모임은 매우 즐거웠다. 집회를 마친 뒤 교인들은 거기서 자고 가라고 계속 만류했지만, 나도 고집을 부려 기어이 집을 향해 나섰다. 내 고집이 이긴 셈이지만, 교인들은 처음엔 강가까지, 그러다 아예 육지까지 함께 걸어 나왔고, 그제야 손을 흔들며 하직 인사를 했다. 다음 날 오후에는 교인들 중 할머니 두 분과 청년 한 명이 10마일 길을 걸어 우리 집까지 찾아와 내가 무사히 집에 돌아왔다는 사실을 확인하고 돌아갔다. 이런 친절함을 어떻게 잊을 수 있을까?
>
> 세 번째 안식년을 갖기 전, 나는 마을의 교회들을 차례대로 돌아보고 있었다. 길에서 한 일 마일 남짓 떨어진 한 교회에서 내가 그 교회랑 가장 가

26) 이 교회는 문발교회로, 그의 선교보고서에 자주 이름이 등장한다.

까이 있는 길을 지나 집으로 돌아간다는 사실을 알고서 교인들이 거의 전부 다 나와 우리가 오기를 기다렸다. 우리와 하직 인사를 나누고 또 선물로 사과 한 상자를 안겨주었다. 사과 맛도 좋았지만, 그들의 사랑은 훨씬 더 맛이 좋았다.

한국 사람들은 부모의 환갑이 되면 매우 성대한 잔치를 벌인다. 특별히 아버지의 환갑 때 더 그렇다. 내가 환갑이 될 무렵, 모든 미국 사람들은 경찰의 요주의인물 명단에 이름이 올라 있었고, 그래서 한국 사람들은 우리들 누구의 집에도 마음대로 찾아올 수 없었다. 하지만 그들은 경찰의 허락을 받아 계속해서 우리 집을 들락거렸다. 그 중 대학생들 몇 명과 외곽의 교회 사람들 몇 명이 경찰의 허가를 받아 내 생일 잔치를 해 주겠다고 했다. 잔치는 큰 교회인 제일(중앙)교회에서 열렸다. 손님이 너무 많이 오면 곤란하니까 겨우 200여 명에게만 초대장을 보냈다. 이 또한 진솔한 사랑을 느낄 수 있었던 또 한 번의 시간이었다. 자개로 된 물건들, 청동 제품들을 비롯해서 많은 선물들도 받았다. 잔치가 열린 것이 1940년 여름이었는데, 난민 신세로 귀국하는 바람에 그 선물들을 다 갖고 올 수 없었던 것이 얼마나 마음이 아렸는지 모른다. 나는 그걸 모두 대학 문학과의 학장(Dean)에게 갖고 가서 우리가 돌아올 때까지 맡아달라고 부탁했다.[27] 우리가 돌아오지 못하면 모두 그의 차지가 될 것이다. 물론 결국에는 모두 그의 차지가 되었다. 하지만 이차대전이 발발하고 공산군이 평양에 들어와 북에서 남쪽으로 피난을 갈 때, 그 역시 그 모두를 다 잃고 말았을 것이다. 이렇게 나는 마지막으로 한국을 떠나 일본의 증기선을 타고 태평양을 건너, 1941년 부활절을 바라보는 토요일 로스엔젤레스에 다시 발을 디뎠다.

27) 폐교 당시의 문학과장이라면 우호익을 가리킨다.

중화군에 있던 여러 교회는 큰 편에 속했던 한 교회의 마당에 약 12피트 쯤 되는 기념 오벨리스크를 세웠다. 앞면에는 영어로 이렇게 적혀 있다. "To the Honorable E. M. Mowry In Testimony Of His Mission Service To The Koreans." 내가 안식년으로 와 있을 동안, 일본 경찰이 그걸 허물어 버렸지만 한국 사람들이 그걸 다시 세웠다는 이야기를 들었다. 아마 그 기념비는 공산당에 의해 다시 허물어졌을 것이다.

평생 모의리의 곁을 지키며 그의 사역에 함께 했던 부인 로이스 여사는 남편을 보낸 지 4년 뒤인 1975년 6월 26일에 89세로 작고하였다. 로이스의 사역에 관한 이야기는 모의리의 목회 사역을 살피는 3장에서 간략하게 소개하였다.

7. 모의리의 자녀들

모의리는 첫째 딸 루세타(Lucetta, 1912-2004), 둘째 아들 데이빗(David, 1917-1992), 그리고 셋째 미리암(Miriam, 1925-2019), 이렇게 세 명의 자녀를 두었다. 데이빗 이후 1922년에 아들 제임스(James)가 태어났지만, 출생 후 보름 남짓 만에 사망하였다.[28] 세 자녀는 모두 평양에서 태어났다. 루세타와 데이빗은 평양에 있는 선교사 자녀들을 위한 외국인학교(Foreign School)에서 고등학교 과정을 마쳤고, 학교를 다니던 중 어머니와 더불어 평양을 떠나야 했던 막내 미리암은 42년에 콜럼부스의 노스고등학교(North High School)를 졸업하였다.

28) Justin Cornfield, *Hisotrical Dicitionary of Pyongyang* (London: Anthem Press, 2013), 148. 선교보고서든 자전적 회고든, 모의리 자신의 글 속에는 이 사실이 어디에도 나타나지 않는다.

루세타는 1934년 윌슨 칼리지를 마치고 나중에 맥코믹(McCormick) 신학교와 합병된 기독교 교육대학을 거쳐, 예일대 신학대학원에서 신학사(B.D., 40년)와 박사학위(신약성서와 셈족어 전공, 46년)를 받았다.[29] 그 후 42년부터 웰슬리대학에서 가르치다 1981년 은퇴하였다.

성서학자로서 루세타는 사해문서와 고고학뿐 아니라 불교나 힌두교 등의 동양종교에도 많은 관심을 가졌다. 아마 평양에서 활동한 선교사의 딸로서의 경험과 무관치 않을 것이다. 그녀의 성서학 분야 저서 중 하나인 『사해문서와 초기 교회』는 출판 당시 매우 좋은 평가를 받았다.[30] 또한 안식년 중 미국의 고대 근동학 고고학 탐사팀과 함께 했던 리비아의 톨멜타 지역 고고학 탐사에서는 탁월한 잠수 실력을 발휘하여 바다 속에 잠긴 2세기 로마제국 시대의 벽을 발굴해 내기도 했다. 이는 아버지 모의리의 회고 속에서도 자랑스런 기억으로 남아 있다. 그녀의 이력에 흥미로운 사실이 또 하나 있다. 1974년도에는 미국교회협의회(National Council of Churches)에서 주도하는 성서 개정표준역(Revised Standard Version)의 개정작업에 최초의 여성 멤버로 참여했던 일이다. 여기서 그녀는 요한복음과 요한서신의 주요 부분 번역에 기여하였고, 더 나아가 1989년 번역본(New Revised Standard Version)이 출판되기까지 최종편집인의 한 사람으로도 활동하였다.[31]

아들 데이빗은 아버지와 같은 학교인 우스터대학에서 화학을 전공하였고, 이후 41년 오하이오 주립대학에서 박사학위를 받았다. 이후 41년 화학 기반 회사인 몬산토사에 입사하여 미국 소재 연구소에서 R&D 담당자로 일을 하

29) 모의리는 "자전적 소묘"에서 루세타가 1940년에 박사학위를 받았다고 말하지만, 이 때 받은 학위는 신학사(Bachelor of Divinity)다.

30) *The Dead Sea Scrolls and the Early Church* (Chicago: University of Chicago Press, 1962).

31) 유대교를 포함한 다양한 교파가 함께 참여하여 만든 미국판 에큐메니칼 성경번역이며, 그 모토는 "가능한 한 문자적으로, 필요한 만큼 자유롭게"(As literal as possible, as free as necessary) 이었다. 매우 수준이 높고 격조 있는 번역으로, 미국의 중도, 주류 교회들에서 널리 활용된다.

였고, 64년 일본으로 파견되어 73년까지 근무하였다. 이후 83년 은퇴할 때까지 미국 상무부 관련 연구소 등에서 일을 하였다. 모의리의 마지막 편지에서도 언급된 것처럼, 첫 번째 아내 제인 캐슬(Jane Cassel)과는 68년 일본 체류와 관련된 갈등으로 이혼하였고, 이후 71년 도로시 로빈(Dorothy Robin)과 재혼하였다. 92년 그가 다니던 매릴랜드 주 세인트 마이클스의 그리스도 교회(Christ Church)에서 열린 장례예배에서는 마삼락 박사가 추도사를 읽기도 하였다.

미리암 역시 46년 우스터 칼리지를 졸업한 후 3년여 이란의 테헤란에서 교편을 잡았고, 그 후 국방부에 들어가 군장교의 비서로 일본에 파견된다. 역시 일본으로 파견되었던 마빈 스타인(Marvin H. Stein)을 만나 결혼한 후, 본국 근무와 세계 각국의 파견 근무를 반복하다, 메릴랜드 주의 베데스다에 정착하였으며, 불과 얼마 전인 2019년 4월 15일에 94세의 일기로 소천하였다.

제2장

숭실대학 교수 사역

1. 숭실의 교수

선교사로서, 전도와 목회 사역에도 심혈을 기울였지만, 사실 모의리가 개인적으로 가장 큰 보람을 느꼈던 부분은 학교에서의 교수 사역이었다. 당시 한국 상황에서 청년들에게 수준 높은 교육이 필요하다는 사실을 절감하면서 그런 소명감은 더 커졌다. 본격적인 교수 사역을 시작하고 쓴 첫 보고서에 드러난 감회는 아마 그의 선교 사역 전체에 걸쳐 별로 달라지지 않은 것으로 보인다.

> 올해 큰 의미를 부여할 만한 일들은 별로 할 수 없었지만, 제가 했던 일들은 제게 더없는 즐거움이었습니다. 그리고 앞으로 관심이 깊어지고 삶의 상황이 보다 즐거운 것이 되어준다면, 이보다 더 나은 사역지를 바랄 수는 없을 것 같습니다. 저의 유일한 바람이라면 교실 안에서나 교실 밖에서 우리 학생들과 어떤 식으로 만나든, 저의 행동거지가 그들을 우리의 구세주이신 주님께로 더 가까이 이끄는 것이 되었으면 하는 것입니다.[32)]

애초에 평양지역의 교육선교사로 파송된 만큼, 모의리는 도착하자 마자 곧바로 숭실대학의 교수로 이름을 올렸다.[33] 모의리는 자기와 부인 로이스의 교수 사역을 이렇게 소개한다.

> 우리의 주된 역할은 가르치는 일이었다. 로이스는 성경학교(Bible Institute)와 사경회(Bible conference), 그리고 여러 여자고등학교에서 가르쳤다. 내는 숭실대학(기독연합대학)에서 주로 생물학 관련 과목들 가르치는 일을 맡았다. 생물학 개론, 유전학, 세포학(cytology), 고급생리학, 지리학 등이었고, 한 이 년 동안은 농학 개론을 가르치기도 했다. 그 뒤 한 20여 년 동안 숭실대학의 학감(dean)으로 있었고, 1936년에는 교장의 책임을 맡게 되었다.[34]

이처럼 처음부터 모의리에게 맡겨진 주 역할은 자연과학 교실의 주임교수였고, 그 분야의 조교로는 베어드 여사가 배정되었다. 그가 강의한 자연과학 과목에는 지질학, 식물학, 동물학, 생물학 등이 포함되었다.[35] 물론 아직 제대로 된 학사 행정 체계가 잡히기 전이라, 다른 과목들을 강의해야 할 경우도 많았다. 가령, 베어드 여사를 대신하여 생리학이나 식물학을 가르치기도 했고, 초기에는 종종 영어 강의를 맡기도 했다. 특히 담당 교수가 없었던 음악("창가") 교육에 상당한 노력을 들이기도 하였다.[36] 더불어 숭실중학과 대학 이사회의 회계 업무 또한 빌링

---

32) 1911년 개인 선교보고서. 1913년, 1915년도의 보고서에도 숭실대학 관련 사역이 "가장 즐거운" 일이었다는 말이 등장한다.

33) 1909년 한국선교부의 연례보고서 "가을 학기" 교수 명단에 처음으로 모의리의 이름이 등장한다. 『선교자료 II』, 49. 2018년 10월에 출간된 『사진과 연표로 보는 평양 숭실대학』 27쪽에는 1909년도 내용이 1908년도 사항으로 잘못 기재되어 있다. 1908년도는 모의리가 한국에 도착하기 전이다.

34) "자전적 소묘."

35) 1910년과 1911년 요람을 소개하는 『숭실대학교 100년사 – 평양숭실편』, 149-150.

36) 1920년 요람에는 그가 맡은 과목으로 "동, 식물학, 영어"와 더불어 "창가"가 더해

스에서 모의리에게로 이양되어, 1910-11년도 이사회 회계보고는 모의리의 이름으로 제출되었다.[37] 맡겨진 두 구역의 교회들을 돌보는 사역에 많은 시간과 노력이 들어갔고, 대학 외에 다른 숭실 학교들을 위해서도 적지 않은 땀을 흘렸지만, 모의리에게 가장 중요한 사역지는 여전히 숭실대학이었다. 첫 안식년 직전 기록된 1917년 보고서에는 "저의 힘은 대부분 대학 안에서, 그리고 대학을 위한 일에 사용되었습니다"라고 적었는데, 이는 단지 그 한 해만의 이야기는 아니었다. 1920년에는 숭실중학의 교장 역할을 내려놓으면서 대학에 보다 집중할 수 있었다. 물론 학교와 교회 두 사역이 다 많은 시간과 땀을 요구하는 것이라, 자연 일정상 충돌이 없을 수 없었다. 그런데 모의리의 경우 고민은 늘 대학에서의 역할을 당연한 것으로 전제하고, 그래서 시골교회 사역을 현재 방식으로는 유지하기 어려울 것 같다는 쪽으로 흘렀다(가령 1922년 보고서).

2. 숭실을 사랑했던 모의리

숭실대학을 생각하며 한국에 왔고, 여기서 학생을 가르치는 것이 자기 선교 사역의 중심이라고 생각했던 만큼, 다른 많은 선교사들과 마찬가지로 모의리 역시 숭실대학을 향한 깊은 애착을 갖고 있었다. 특히

져 있다. 『숭실대학교 100년사』, 151. 이후 152쪽 교수 명단에는 모의리가 누락되어 있는데, 실수인 것으로 보인다. 1917년 숭실대학 학장이던 라이너가 장로교 해외선교부의 브라운 목사에게 보낸 편지에는 숭실대학 교수진을 열거하면서 모의리의 역할을 이렇게 기술하였다. "모의리: 숭실대학 교수; 평안안남 순회 전도여행 책임자; 1명의 목사, 4명의 조수, 1명의 서적 판매상과 연합 사역; 평양시립소학교(700명의 학생들) 교장직 수행; 성경 훈련반 사역." 1929-30년의 보고서도 유사하다. "모의리 목사 (Rev. Eli M. Mowry) (1909), 학부장 겸 교수; 교사, 숭실중학; 복음전도 순회방문. 모의리 여사 (1909), 신학원 및 신학반 교사."

37) 『선교자료 I』, 37. 회계 임무는 첫 안식년을 떠난 1917년 여름까지 계속되었다.

서양 선교사들에 의한 기독교 전파 자체를 달가워하지 않던 일제 치하에서, 선교적 목적으로 고등교육을 실시하는 숭실의 선교사들 역시 갈수록 악화되는 분위기에 민감할 수밖에 없었다. 적대적 환경 속에서의 선교적 교육이라는 역설적 상황 속에서 숭실의 선교사들 역시 선교적 차원의 신학적 순수성과 교육적 차원의 현실적 고려 사이에서 갈등하는 상황에 내몰리게 되었다. 1938년의 폐교 이야기에서 확인하듯, 일제 강점기와 그 시기가 겹치는 평양 숭실의 역사도 그런 갈등의 연속이었다. 하지만 모의리는 불리한 여건 속에서도 숭실을 보다 수준 높은 교육 기관으로 만들려는 희망을 품었고, 또 이런 조건을 만들기 위해 나름의 노력을 기울였다. 1921년도 선교보고서의 한 대목이다.

> 제가 우리 대학 앞에 놓인 기회라 생각하는 것에 관해 말씀드리고 싶습니다. 우리 모두가 바라마지 않았던 기회가 생각보다 훨씬 빨리 찾아온 것 같습니다. 우리 중 어떤 이들은 앞으로 2년이 더 지나면 학교에 다니는 학생이 약 150명이 될 수도 있다는 것이었습니다. 이 숫자는 내년이면 채워지고도 남게 됩니다. 만약 우리가 그들을 다 받아들일 수만 있다면 말입니다. 그리고 그 다음 해엔 200명이 넘을 것입니다. 또한 그 다음 해 전국의 모든 중학교에서 수많은 졸업생이 배출되는 때가 되면 우리 학교의 학생이 300명이 넘을 수도 있다는 것이 확실합니다. 우리가 그들을 다 수용할 수 있다면 말입니다. 우리가 150명보다 훨씬 더 많은 학생들을 수용하기 위해서는 또 하나의 건물이 필요하고, 이 건물은 올 여름으로부터 일 년 내에는 세워져야 합니다.

1922년 일제 총독부가 조선에서의 교육을 위한 "신교육령"을 발표할 무렵, 그의 보고서에는 이로 인해 숭실의 위상이 타격을 입지 않을까 하는 깊은 염려가 드러난다. 1915년 전문학교 관련 규칙이 제정된 이

後, 많은 학교들은 총독부의 인가를 거쳐 전문학교가 되었다. 이와는 달리 숭실은 구한말 정부에서 대학으로 인가를 받은 후, 1912년의 사립학교규칙에 의해 인가를 받았음에도 불구하고, "조선교육령에 대학에 관한 규정이 없다는 이유로" 정작 전문학교 인가를 받지 못하고 있었다. 특히 교육령 변경과 더불어 당시 등록된 학교인 조선신학교로 학생 일부가 옮겨 가기도 했다. 모의리는 이런 상황에 깊은 우려를 표하면서 "필요한 상황과 조건"을 면밀히 검토하여 실제 숭실의 역량에 걸맞은 "인정"을 받아내어야 하고, 그것이 "우리가 학생들을 위해 마땅히 해야 할 일"이라고 역설한다. 그는 당시 숭실이 다른 학교보다 더 훌륭한 교육의 질을 보여주고 있다는 사실에 깊은 자부심을 가졌다. 또한 그 기준을 계속 유지하고 또 더 낫게 만들기 위해 노력하면서, 그에 어울리는 "물리적 여건"을 갖출 필요가 있다는 사실도 강조한다.[38)]

학생들을 먼저 생각하고, 그들을 가르치는 교육의 질과 지속성을 가장 먼저 생각하는 그의 입장이 가장 선명하게 드러난 것은 물론 신사참배로 인한 갈등 상황, 그리고 결국 폐교로 이어진 긴 논란의 와중에서다. 신사참배 불가론을 고수하던 대다수의 선교사 교수들 및 다수의 학생들의 입장과는 달리, 모의리는 일제의 요구를 어느 정도 수용하더라도 학교 교육은 지속되어야 한다는 선명한 폐교불가론 입장을 견지하였다. 또한 실제 폐교가 이루어지기 직전까지도 학교를 살리기 위한 노력을 아끼지 않았고, 심지어 선교부와 별개로 사적인 후원을 통해서라도 학교를 지속시킬 방안을 고민하기까지 하였다. 물론 그의 의도나 노력과는 달리, 숭실대학은 결국 폐교되었고, 숭실의 마지막 교장으로서 모의리는 직접 그 과정을 처리하여야 했다. 하지만 이런 힘겨운 과

38) 숭실은 1925년 4월 1일부로 전문학교 인가를 받았다. 관련내용은 『숭실대학교 100년사』, 274-282.

정은 역설적으로 학교와 학생을 향한 모의리의 열정을 드러내는 과정이기도 했던 셈이다. 물론 학교가 실제 문을 닫을 때까지 정상적으로 학교를 운영하고 수업을 진행하려는 노력은 계속되었다. 1937년 숭실 교장 역할을 수행할 당시 보고서의 한 대목이다.

> 숭실대학은 여러 해에 걸쳐 어려운 시기를 한 번 더 통과하였고, 이 같은 일은 너무 힘들고 낙심스러워 상세하게 보고할 필요도 없을 것 같습니다. 그러나 비록 외부적 상황은 어려웠다 하더라도 교실에서의 수업은 꽤 성공적인 한 해였습니다.[39)]

외부적 상황이 아무리 혼란스럽더라도 학생을 가르치는 기본적인 책임에 충실하고자 했던 그의 태도가 묻어나는 보고서인 셈이다. 실제 그의 개인보고서에는 그처럼 진이 빠지는 상황에서도 "며칠 만 빼고 매일매일 주어진 일상의 임무에 충실할 수 있어서" 감사하다는 말이 나온다. 숭실이 막 문을 닫은 뒤 작성된 1937-38년의 평양선교지부 보고서는 숭실대학에 관해 이렇게 기록한다.

> 이토록 애정어린 교육 기관의 폐쇄 보도는 다른 곳에서 나타납니다. 학장인 모의리 박사(Dr. Mowry)의 충실한 감독 하에 1938년 3월에 학교가 문을 닫을 때까지 평상시와 마찬가지로 교육 사역은 진행되었습니다.[40)]

---

39) 1937년 숭실대학 보고서, 『선교자료 II』, 161.
40) 1937-38년 평양선교지부 보고서, 『선교자료 I』, 234.

3. 성실한 교수 모의리

학교 교육에 남다른 애정을 가졌던 만큼, 교수로서 모의리의 행보는 성실함 그 자체였다. 모의리가 학교의 교수로서 최선을 다했다는 평가에는 아무런 이견이 없는 것 같다. 맥큔의 선교보고서에는 다음과 같은 내용이 나온다.

> 조만간 나는 맥머트리와 모의리에 대한 읽을 가치가 있는 책을 기술하려 합니다. 그들은 매일, 여름, 겨울, 봄, 가을, 눈이 오나 비가 오나 꾸준히 일하였으며, 하나님께서 섬김에로 부르신 이들, 선교사들을 보는 이들, 가난한 한국인들을 위해서 항상 열심히 사역하신 점에서 학생, 교사, 그리고 한국인 모두가 인정하는 대들보 같은 인물입니다.[41)]

책을 쓰겠다는 마음을 먹을 정도라면, 마음 없는 공치사는 아닐 것이다. 맥큔은 모의리와 맥머트리 두 사람의 변덕스럽지 않은 꾸준함과 맡은 일을 대하는 열성을 언급하면서, 이 두 사람은 대들보 같은 인물이라 칭찬한다. 모의리 부부가 작성한 선교보고서나 숭실에서 그로부터 배웠던 졸업생들의 회고담은 이런 평가가 빗나간 것이 아님을 보여준다. 강렬한 개성을 드러내며 뚜렷한 족적을 남기는 그런 성품이라기보다는, 무엇이든 자신에게 주어진 일은 조용하면서도 매우 철저하게 수행하려고 노력하는 그런 사람이었다.

모의리에게 맡겨진 주된 과목은 생물이었으며, 필요에 따라 지질학, 동물학, 농학 및 영어 등의 과목을 가르치기도 했다. 학생들을 좀 더

41) 1932년 6월 18일 자, 맥큔 교장의 평양 숭실중학 연례보고서. 이원, 『맹로법』, 141에서 재인용.

잘 가르치기 위해, 그는 첫 안식년(17-18년) 동안 가족과 떨어져 우스터 대학에서 생물학 석사 과정을 이수했다. 당시 우리나라는 대학 교육 자체가 연륜이 짧은지라 제대로 된 우리말 교재가 있을 리 만무했다. 하여 선교사들은 영어 교재를 우리말로 번역하는 등, 자신이 가르치는 분야에 필요한 교재를 마련하는 일에도 많은 관심을 기울였다. 모의리 역시 마찬가지였다. 1914년에 그는 베어드 여사와 함께 고든(Gordon)의 『동물 생활』(Animal Life)이라는 책을 번역하기도 하고, 베일리(Bailey)의 『농사의 원리』(Principles of Agriculture)를 거의 전부 번역하기도 하였다. 1923년에도 번디(Bundy)의 『해부와 생리학』(Anatomy and Physiology)를 번역하여 수업시간에 활용하였다.

수업을 대하는 그의 태도 역시 매우 철저하였다는 것이 그에게서 배운 졸업생들의 공통된 증언이다. 방지일 목사의 회고다.

> 진실무망(眞實無妄)하셔서 걸음조차도 그 성격대로 앞만 보고 걸으며 곧게 그 보법(步法)도 보폭(步幅)이 그렇게 넓을 수 없다. 나는 그에게 생물학, 미분학을 배웠다. 생물학 학점은 엄격했다. 아메바를 물 웅덩이에서 건져다가 600배 현미경으로 그 분열 생식을 보며 그림으로 그린다. 생물학 학점에 시험도 시험이지만, 그 그림이 29점이나 된다. 이 그림도 다 그려내야 한다. 그는 엄격하신 분으로 보아주는 것은 없다. 철저하게 가르친다.[42]

학생들에게만 엄격한 것이 아니라, 자신이 맡은 수업을 준비하는 데도 또한 철저했다.

---

42) 『평양숭실 회고록』, 115.

> 이 모의리 목사 방에 들면 그 진지한 연구로 언제나 현미경이 놓여있어 수시로 보고 쓰고 그 강의 준비하는 것이 보인다.[43]

수업시간을 언제나 철저히 지켰고, 학생들에게도 그렇게 하도록 요구했다. 늦게 들어오는 학생에게는 얼굴이 붉어지면서까지 화를 내곤 해서 학생들이 좀처럼 지각을 하지 않았다.

이런 엄격함 배후에는 수준 높은 교육의 중요성에 대한 모의리의 신념과 자부심이 자리하고 있다. 모의리가 기독교 교육의 선교적 역할에 관해 기고한 글에서 한 말이다.

> 이들 학교가 기독교 선교에 끼친 직접적인 영향을 살펴보기 앞서, 아주 간략히 하지만 매우 힘주어 다음 사실을 강조하고자 합니다. 곧 이들 학교가 교육을 위한 기관인 만큼 교회 사역을 위한 이들의 공헌은 무엇보다 높은 교육 수준을 동반해야 한다는 것입니다. 이 부분에서의 실패는 다른 모든 부분에서의 실패를 의미합니다. 비록 이 나라의 정치나 민족정서와 같은 조건으로 인해 높은 수준의 교육 사업을 지속하는 것이 힘들어 질 수도 있습니다. 또 정부 관리나 다른 많은 이들이 정부 규정에 따라 운영되지 않는 학교를 경멸의 눈초리로 보는 경향이 있기도 합니다. 그러나 우리가 언제나 높은 수준의 교육을 수행해 왔다는 사실에 대한 자부심은 결코 근거 없는 것이 아닙니다. 우리 학교들을 다른 학교들과 비교하면서 우리가 이룬 성과에 대해 우쭐하는 것은 현명한 태도가 아닐 것입니다. 하지만 사실 오늘에 이르기까지 학교를 책임져 온 이들은 기독교 교육 기관이라 불리기에 아무런 손색이 없을 정도로 소중한 결과를 일구어 놓았습니다.[44]

---

43) 『평양숭실 회고록』, 116. 이 역시 방지일의 회고다.

이처럼 모의리는 학교를 선교의 수단으로 생각했던 다수 선교사들과는 달리, 학교에서의 교육 그 자체를 의미있는 것으로 여겼다.[45] 물론 학교에서의 교육이 궁극적으로 "교회 사역을 위한" 것이라는 사실을 부정하지는 않았지만, 이것이 "높은 교육 수준"을 동반해야 한다는 신념은 매우 분명했다. 그리고 실제 학교를 위한 그의 섬김 역시 많은 부분이 교육의 수준을 높이기 위한 노력이었다.

4. 학생과 함께 했던 선생 모의리

특유의 엄격함 때문에 모의리는 학생들로부터 "앵그리 교수"라는 별명을 얻기도 했다. 짓궂은 학생들이 늘 그러듯, 당시 학생들은 모의리를 두고 아리랑 곡조에 맞추어 "앵그리 앵그리요 앵그리 고개를 ..." 하며 부르곤 했다고 회고한다. 하지만 학생들은 그의 철저함과 엄격함이 인간적인 냉정함과는 거리가 멀다는 것을 잘 알았다. 졸업생들의 회고가 집단적 기억의 왜곡이 아니라면, 모의리는 학생들을 향한 각별한 애정의 소유자였던 것 같다. 학생들은 모의리가 학생 하나하나를 대하는 인자한 모습에서 깊은 감명을 받았다. 방지일 목사는 "그의 앵그리는 사랑의 분노임을 알아 학생들은 그를 존경하였다"고 기억한다. 그리고

---

44) "The Contribution of Educational Work for Young Men to the Christian Movement," *The Korea Mission Field* (1934년 8월), 165.

45) 물론 학교교육에 대한 이런 태도의 차이 배후에는 보다 근본적인 신학적 차이가 자리한다. 유대영의 논문들에서 볼 수 있는 것처럼, 모의리의 입장은 자신을 숭실로 불러들인 베어드(Baird)의 입장과는 대조적이고, 대구 경신학교의 교장이었던 쿤스(E. Koons)의 입장과 매우 비슷하다. 류대영, 『한국 기독교 역사의 재검토』 (서울: 한국기독교역사연구소, 2019), 307-87. 이 부분에 대해서는 5장을 참조하라.

그 예의 하나로 이런 이야기를 들려준다. 어느 학생이 상복까지 입고 와서 친상을 당했다고 거짓말을 하고 부의금을 받아갔다. 하지만 얼마 있다 다시 와서 돈이 꼭 필요해서 그랬노라고 울며 용서를 빌었다. 그 때 모의리는 약간의 돈을 더 주면서 딱한 사정이 있었던 것이니 괜찮다고 하며 그 학생을 용서해 주었다. 1967년 내한 당시 학교신문 기사에서 우호익 역시 모의리 박사의 앵그리는 "앵그리 자체를 위한 앵그리가 아니고 인간애의 한 다른 표현으로서의 앵그리"였다고, 이제는 대신 "러브 박사"로 부르고 싶다는 회고를 남기기도 했다. 그는 모의리가 불같이 화를 낼 때조차도 절대 학생들이나 아이들에게 반말을 쓰지 않았던 것을 인상 깊게 기억한다.[46] 같은 지면에서 김성식은 모의리가 "애정의 인간"이었고, "인간애에 넘쳐 흘렀던 분"이라는 것이 그에게 배웠던 동문들의 "일치된 인상"이라고 말한다.

> 많은 미국 선교사들이 이 땅에 오고갔고, 더러는 이 땅에 영원히 묻히기도 하셨지요. 그러나 모 목사님과 같이 저희 젊은 학도들의 가슴속에 사랑의 씨를 뿌리고 가신 분은 그리 많지 못하지요. M선교사님은 높은 자리에 앉아 저희들을 어린애 다루듯이 하셨고, R선생과 같은 분은 저희 틈새에 끼어 가르치시긴 하셨으나 항상 거리를 두고 지내셨던 것이며, 또 다른 한 분은 저희들의 손도 잡는 척, 뒷잔등도 툭툭 쳐주시는 듯 하며 그저 정치적으로 슬적슬적 지나가신 분도 있었습니다. 그러나 여기에 모 목사님은 저희들을 진정으로 사랑하셨습니다. 그의 사랑은 일시적인 사랑이 아니고 인간애의 심연에서 흘러나오는 사랑이었습니다.[47]

문명의 나라 미국에서 "가난하고, 더럽고, 냄새나고, 개화되지 못한"

---

46) 「숭대시보」 1967년 10월 10일.
47) 「숭대시보」 1967년 10월 10일.

사람들의 나라에 와 기독교를 전파하는 선교사들로서는 몸에 밴 우월의식과 거기서 자연스레 흘러나오는 차별의식을 극복하는 것이 마냥 쉽지는 않았을 것이다. 사실 초기 선교를 일종의 시혜(施惠)로 생각했던 선교사들의 상당수는 자기들만의 성을 구축하고서, 한국 사람들과의 이런 거리를 극복하지 못하거나, 또 굳이 그러려는 시도조차 하지 않았다.[48] 하지만 동문들의 회고가 애써 예의를 갖추려고 만들어 낸 공치사가 아니라면, 모의리는 이런 면에서 서양 선교사로서의 편견을 상당 부분 극복한 것으로 보인다. 졸업생들의 마음속에서 가장 허물없이 학생들과 함께 했던 선생으로 기억되고 있기 때문이다.

삼일운동 이후, 주모자 혐의를 받던 학생들을 숨겨주었다는 죄목으로 재판을 받았을 때에도 모의리는 자신의 선택을 후회하지 않았다. 구체적인 혐의를 받고 있는 "범죄자"를 숨겨준 것은 아니라는 주장을 펴기는 했지만, 제자요 친구로서 자신이 해야 할 일을 했다는 생각에는 변함이 없었다. 재판 관련 대목에서 인용되겠지만, 당시 선교보고서에서 그는 자신의 행동이 "자신과 같은 성격을 가진 사람"으로서는 할 수 있는 최선이었고, 그래서 학생들이 훌륭한 사람들로 성장해 가는 과정에서 또다시 그런 일을 겪어야 한다고 해도 마다하지 않겠다는 심경을 토로한다. 미국 선교사로서 본국 선교부가 설정한 울타리를 무시할 수는 없었지만, 그 한계 내에서 숭실의 학생들을 섬기는 선생으로서의 역할을 다하고자 했고, 그의 이런 태도는 처음부터 끝까지 그의 교수 사역에서 드러나는 가장 인상적인 모습 중 하나였던 것이다.

모의리의 이런 태도는 가르치는 선생으로 그가 가진 철학과 무관치

48) 류대영, 『초기 미국 선교사 연구』, 특히 제1장. "근본적으로 선교사들의 작업은 이방인들 속에서 그들과 함께 일하는 것이 아니라 그들 위에서 그들을 위하여 일하는 것이었다"는 사실은 "그러나 선교사들은 당시 미국 사회의 구성원들 중에서 가장 '이방'에 대해서 열려 있는 사람들이었다"는 사실과 묘하게 얽힌다(137쪽).

않아 보인다. 앞서 언급한 한 기고문에서 모의리는 학생과의 친밀한 관계의 중요성을 이렇게 이야기한다.

> [교수가 학생에게 끼칠 수 있는] 이런 영향과 영감은 오랜 기간 선생과 학생 사이에 일상적인 접촉이 없었다면 가능하지 않았을 것입니다. 그리스도인 교사는 하나님의 말씀에 대한 흔들리지 않는 신앙 면에서, 그리고 보다 폭넓은 교육과 이해를 가진 사람으로서, 아직 정신적 성취가 무르익지 않아서 여러 질문과 의심이 생겨날 수 있는 학생들에게 언제나 조용한 증인으로 존재합니다.[49]

반면 그의 선교보고서에는 다소 치기어린 투정처럼 들릴 정도로, 과도한 업무량에 대한 토로가 자주 나타난다. 가령 20년의 보고서 중의 한 대목이다.

> 지난 한 해는 다른 해와 별다를 것이 없습니다. 일이 다소 많았다는 점을 빼면 말입니다. 바쁘다는 건 좋은 일이지만, 일의 분량이 과도할 때는 피곤해지기 마련입니다. 내년에는 제가 해야 할 일의 분량에 어느 정도 변화가 있었으면 하는 바람입니다.

이어 배우고자 하는 학생들의 열정이 커서 대학에서의 사역이 보람찬 것이었다는 사실과 학생수가 늘어나면서 중학교에서의 일 역시 흥미로웠다는 사실을 언급한 후, “하지만 다른 해야 할 일이 너무 많아 한 사람이 감당하기에는 일의 부담이 너무 크다”고 하소연한다. 하지만 중학교의 교장이 그 점에 대해 상세한 보고를 할 것이기에 “그 부분에

---

49) “Contribution,” 167.

대해서는 더 이상 언급하지 않겠다"고 마무리한다.

구체적인 상황은 알 수 없지만, 당시 이사회는 모의리의 사역이 대학에 집중되는 것이 더 낫겠다는 결정을 내렸고, 1921년 3월 이후 모의리는 숭실중학 교장의 책임을 내려놓게 되었다.[50] 자신의 선교보고서에서 관련 사실을 보고하면서 모의리는 한국과 같은 상황에서 중학교를 운영하는 것이 얼마나 어려운지는 직접 해 보지 않은 사람은 모른다고, 하지만 학교를 망치지만 않는다면 모든 선교사가 한두 해 정도 그 일에 몸 담아 보는 것을 추천한다고 너스레를 떨기도 한다.

구체적 상황이 어떻게 달라지던, 안타깝게도 일을 줄여달라는 바람이 현실로 이루어지는 경우는 별로 없다. 숭실대학에서 모의리의 시간 부담은 갈수록 더 커졌다. 23년 가을과 겨울 학기에는 주 19시간 강의에 4시간의 실험 시간이 더해지고, 나머지 비는 시간은 고스란히 학장(dean)으로서의 책임 수행에 들어갔다. 하지만 이것은 그나마 나았다. 이어지는 24년 봄학기에는 처음으로 발생학(embryology)과 식물 생리학을 강의하면서, 주 15시간 강의와 10시간의 실험 시간을 맡았다. 물론 남는 시간 모두 학장으로의 책임 수행하는데 소요되었다. 더욱이 이때는 근로 장학생(work students)에 대한 책임도 맡아, 일을 계획하고 일자리 주선하는 데 많은 시간을 보냈고, 특히 "형편이 어려워 찾아오는 학생들을 가볍게 돌려보낼 수가 없어서" 이로 인해 신경이 많이 쓰일 수밖에 없었다. 여기에 더하여 도서관과 대학 기숙사 책임자 역할이 있었다. 그리고 이 모든 것들은 모의리의 "한 해를 매우 바쁜 시간으로 만들어 주었다."(1923-24년 보고서). 1927년에는 맡고 있던 학장의 역할을 한국인이 맡는 것이 더 낫다고 주장하며 두 차례 그만두게 해 달라고 요청했지만 대학 이사회는 이를 허락하지 않았다.[51] 이런 분위기는 그

50) 1921년 4월 26일 자, 번하이슬 학장 대행 발신, 브라운 박사 수신 편지; 매일신보 3월 18일 자, 『자료집 I: 학사일반』, 205.

가 숭실에서 사역을 그만둘 때까지 달라지지 않았다.

5. 전문학교로 개편, 학과 폐지

과도한 업무도 업무지만, 모의리를 힘들게 했던 것 중 하나는 자신이 맡은 핵심 과목이 없어지거나 축소된 일이다. 1925년 숭실대학은 일제 정부의 방침에 따라 전문학교 체제로 개편되면서 문과만 인가를 받아, 이과는 없어지게 되었다. 따라서 모의리가 강의하던 생물 분야는 기초적인 생물학 개론 외에는 달리 강의할 기회가 없었다. 대신 그에게는 다른 과목, 특별히 영어 관련 과목이 상당 부분 배정되었다. 25-26년 안식년 후, 한 해를 마치고 나서 작성한 보고서에 그는 이렇게 말한다.

> 저는 간혹 차라리 제가 더 자신이 있는 특별한 과목들을 더 많이 가르쳤으면 하는 마음이 들곤 하지만, 현재로서는 일학년 과정에 배정된 개론 과정인 생물학 과목이 전부인지라, 영어를 아주 많이 가르쳐야 하는 상황에 익숙해지려고 노력 중입니다. 학생들의 수준이 몇 년 전보다는 훨씬 더 나아져 이 과목도 더 재미가 있습니다.[52]

그 다음해 보고서에도 작년에 주 15시간 강의에 실험실 3시간이던 것이 그해 18시간 강의에 실험실 5시간으로 늘어났다고 언급하면서,

---

51) 가령 1929년 보고서. 물론 이런 상황은 모의리만의 것이 아니라, 숭실에 몸담은 모든 선교사들의 부담이기도 했다. 가령 베어드 선교사의 편지들은 감당하기 쉽지 않은 과도한 업무가 오히려 일상이었음을 잘 보여준다.

52) 1927년 선교보고서. 이 뒤에는 또 과도한 업무에 관한 모의리 특유의 "불평"이 나온다.

"이 시간의 대부분은 영어였습니다" 하고 덧붙인다. 농과가 새로 인가를 받으면서 생긴 변화도 모의리에게는 결코 달가운 것이 아니었다

> 1930-31년 동안에는 문학과의 영어와 일학년 생물 외에도 농학부에서 생물학과 식물생리학을 가르쳤습니다. 하지만 올 봄 농학과가 새로이 인가를 받으면서 정부는 제가 농학과의 생물과 식물생리학에서 손을 떼도록 하는 것이 최선이라는 결정을 내렸습니다. 이렇게 해서 저의 주당 26시간 강의는 문학과에서의 생물 3시간과 5시간의 실험실 시간을 제외하면 전부 영어 과목이었습니다. 제가 이런 상황을 좋아하는지 아닌지는 저도 잘 모르겠습니다.[53]

강요된 영어교수로서의 역할이 본래 생물학 전공인 모의리 자신으로서는 최선의 상황이 아니었겠지만, 훗날 우리의 입장에서는 흥미롭게 상상해 볼 만한 장면도 있다. 당시 숭실에서 공부하고 이후 서울의 숭실에서 국문학을 가르쳤던 시인 김현승이 모의리의 영어 수업을 들었다는 대목이 그렇다. 평양숭실 회고록에는 이런 내용이 나온다.

> 그리고 김현승 형은 그 당시 전문학교 1, 2학년만하여도 그저 우리말의 시를 읽고 쓰는 것이 아니라 깊이 있는 문학공부를 하기 위해서 외국 작품을 읽기에 열중하였고 특히 영어 문학을 원어로 읽는데, 모의리 선교사가 강의하는 에드거 알렌 포우(Edgar Allen Poe)의 작품 등을 사전과 씨름을 해가며 밤을 새우고 읽고 번역하고 있는 것을 곁에서 보고 있었다.[54]

---

53) 1931년 선교보고서.

순전한 상상이지만, 이렇게 작품과 씨름하며 깊은 밤을 보내고 새벽 교실을 나서서, 새벽이 부르는 소리를 따라 들판으로 나갔을지도 모르는 일이다.[55]

6. 음악교수 모의리

숭실대학 교수로서 모의리의 이름이 가장 자주 거론되는 영역 중 하나는 음악교육이다. 모의리는 음악 전공자가 아니었다. 모의리 자신도 음악 전문가가 아닌 자신의 입장을 늘 의식하고 있었다. 당시 선교사들을 위한 간행물이었던 「코리아 미션 필드」(*The Korea Mission Field*)에 교회음악에 관해 기고했던 글은 이렇게 시작한다.

> 이 주제에 관해 내 이름으로 글을 쓰는 데 대한 저의 유일한 변명은 원고 청탁을 받았고 이 청탁을 거절하지 말라는 요구를 받았다는 것입니다. 제가 교회 음악에 간여하고 있다는 사실 자체가 다른 이들은 다른 일들로 너무 바쁘다는 사실, 그래서 교회음악 분야가 응당 받아야 할 관심을 제대로 받지 못하고 있었다는 사실을 잘 보여줍니다. 제가 보기에, 음악은 섬길 만한 가치가 매우 큰 분야입니다. 하지만 다른 사람들이 대부분 너무 많은 임무들로 바빠 몇몇 성경반 같은 곳 말고는 음악을 가르칠 시간이 거의 없는 형편이라, 저도 모르게, 그리고 할 수 없이,

---

54) 황성수(黃聖秀), "숭실과 문예활동," 『평양 숭실 회고록』, 65.

55) 김현승이 아는 교실은 당연히 숭실의 교실이었을 것이고, 『새벽은 당신을 부르고 있습니다』와 『새벽교실』을 발표한 것이 각각 1934년과 1936년이니 그리 터무니없는 상상은 아닐 수도 있다.

이 분야로 흘러들어오게 되었습니다. 제가 여기서 하려고 하는 다른 대부분의 일처럼 거의 준비가 되지 않은 분야인데도 말입니다.[56)]

지나치게 겸손해 보이는 자신의 표현을 그대로 쓰자면, 그는 “어떤 것이든 음악이라는 이름이 붙은 것은 그저 앉아 들으면서 그 천상의 메시지가 내 영혼에 말을 걸도록 할 실력도 없는” 사람이다.[57)] 하지만, 서양 음악 자체가 아직 낯선 한국의 선교 환경에서는 불가피한 일이었을 것이다. 이런 필요 속에서, 모의리 부부는 자신의 역량 내에서 “많은 시간과 노력을 들여” 음악교육 수준의 향상에 힘을 쏟았다. “첫 두 해, 아직 한국말을 배우던 시기에 열흘에 걸쳐 진행된 한 사경회에서 찬송 노래 부르는 법을 가르치라는 부탁으로 시작되었던 ”부수적 임무“가 모의리의 사역 내내 그의 깊은 관심을 사로잡은 핵심 사역 중 하나가 되었던 것이다. 적어도 그 역할을 대신할 사람이 생기기 이전인 사역의 초반에는 그랬다. 사실 모의리는 숭실대학의 음악교육이 중단되는 상황을 막기 위해 예정된 첫 번째 안식년을 한 해 미루기도 하였다.[58)] 물론 실질적으로는 풍금(오르간)을 연주할 줄 알았던 부인 로이스의 역할이 절대적이었음은 굳이 말할 필요도 없다.

자세한 사항은 확인하기 쉽지 않지만, 모의리는 자신의 음악적 소양이 허락하는 한 다양한 분야의 음악을 소개하는 데 신경을 썼던 것으로 보인다. 박윤근의 회고에 의하면, “숭실대학 초창기의 음악교육이라는 것은 음악에 대해 잘 모르는 모의리 목사가 단지 열정 하나로 자기 부인의 도움을 받아서 본인의 집에 학생들을 모아 합창단을 하면서 시

---

56) “Korean Church Music,” *The Korea Mission Field* 11/4 (1915), 107.

57) 1919년 선교보고서.

58) 『선교자료 II』 78. 모의리는 1909년 내한하여 1917년 여름부터 1918년 여름까지 첫 안식년을 가졌다.

작된 것"이라고 한다.[59)]

사실 이런 식으로 미미하게 시작했지만, 1913년 모의리가 주도하여 만든 대학합창단(College Glee Club)의 순회공연은 당시 상당한 관심의 대상이었다. 가령 1917년 1월 모의리는 22명의 학생과 교사로 구성된 남성합창단과 함께 서울(경성), 군산, 광주, 목포, 전주, 대구, 마산, 선천 등 전국을 돌며 순회연주회를 가졌고, 이 공연은 대중들과 언론에 상당히 깊은 인상을 남겼다. 1월 4일, 서울의 종로 중앙기독교청년회관에서 열린 음악회에는 5-600명의 청중이 모인 가운데 독창과 합창 및 피아노 연주 등이 이루어졌다.[60)] 또한 모의리는 1916년에 학생들의 악단을 조직하기도 하였는데, 이 '음악대' 역시 전국 일대를 순회하며 전도여행을 하기도 하였다.

숭실중학과 숭실전문에서 공부했던 김세형(27년 졸업)은 숭실대학에서 모의리가 했던 일을 이렇게 요약한다.

> 마우리 박사는 교회 내 찬양대 합창의 실력을 높였고, 다음으로 숭실대학에 남성합창대를 조직하였던 것이다. 그러므로 숭대의 합창대는 실력도 아주 높아서 상당히 어려운 곡도 잘 부를 수가 있었다. 숭대합창대에서는 외국의 좋은 합창곡을 많이 번역하여 부르고 또 외국 곡에 우리말 가사도 많이 부쳐 불렀다. 그래서 지금도 그 당시에 사용하던 합창곡을 그대로 쓰는 것을 볼 수가 있다. 숭실대의 합창대를 조직한 후에 마우리 박사는 밴드부를 조직하였다. 서울에 이왕직밴드가 있었지만, 학교의 밴드로는 처음이었다. 밴드부를 조직함으로써 목관

59) 『평양숭실 회고록』, 246.

60) 『선교자료 II』, 178. 『사진과 연표』, 54-55. 회고담에서 박윤근은 이 순회공연을 1913년이라 말하는데, 기억의 착오로 보인다. 매일신보 등 당시 언론 기사에도 관련 내용들이 나타난다.

악기와 금관악기의 발전을 가져왔다. 동시에 현악기 중에서도 그 당시에는 바이올린 악기가 많이 진보하여 자연히 관현악단의 조직까지로도 발전하였다.[61)]

숭실에서 모의리의 음악 교육은 초기 10년 무렵으로 한정된다. 선교보고서에 의하면, 1916년부터는 박윤근(Mr. Bak)에 의해 음악 영역의 부담이 상당 부분 줄어들었고, 모의리가 안식년을 떠난 이후부터는 대학에서나 교회에서 수준이 요구되는 음악 분야 교육은 전적으로 그의 책임이 되었다고 한다. 하지만 그렇다고 음악교육에 대한 관심 자체를 내려놓은 것은 아니다. 이 보고서는 이렇게 이어진다.

바라기는 분명 교회 음악에 관심을 가진 하나의 공동체로서 우리의 도움으로 한국의 젊은이들이 시작했던 이 일에 대한 관심을 잃지 않았으면 합니다. 칭찬받아 마땅한 그들의 노력에 대한 한 마디의 격려는 그들이 열정을 이어가는 데 큰 힘이 될 것입니다. 그들이 음악공부를 지속할 수 있을 수준에 이르기까지 그 열정을 지켜가는 것이 얼마나 힘든 일이었는지는 직접 몸을 담아본 몇몇 사람 아니면 알기 어려울 것입니다.[62)]

물론 모의리는 비전공자인 만큼, 그리고 한국 사람들이 아직 서양음악에 낯선 상황인 만큼, 아쉬움이 없지는 않았다. 특히 미국에서 온 방문객들이 보기에 한국 청중들의 노래 실력은 “노래인지 소음인지” 구분

61) 김세형, “韓國에서 西洋音樂의 藝術化發展과 마우리 博士.” 「예술원보」 제11호(1972), 18. 이 부분은 민경찬, 『숭실과 한국의 근대음악』, 35에서 재인용. 4쪽으로 된 김세형의 글에도 삼일운동이나 수감생활 관련해서는 정확하지 않은 정보가 나타난다.

62) 1917년 선교보고서.

하기 어려울 정도로 형편없는 것이었다. 하지만 모의리는 그런 서구인의 비판에 대해 아직 서양식 음악 자체가 서툰 한국 사람들의 입장을 두둔하면서, "모두가 노래 부르기를 좋아한다는 사실, 거기에 희망이 보인다"고 목소리를 높인다. 숭실대생들의 사부중창을 듣고서 "노래 부를 줄 아는 사람은 하나뿐이고, 나머지는 그냥 입을 다물고 있는 것이 그나마 들어줄 만 하겠다"는 평을 하거나, 서른 명이 부르는 합창을 듣고서는 "멀리 도망가는 게 제일 나을 법한" 수준이라는 혹평을 늘어놓기도 했지만, 그건 그런 음악을 어려서부터 몸에 익힌 사람들의 기준이라는 사실을 잘 알았다. 오히려 처음 서양의 찬송과 음악을 접하는 한국 사람들에게는 그런 음악을 배우고 듣는 것 자체가 지대한 관심사였다. 모의리는 이런 관심을 중요하게 생각했다. 모의리는 처음 합창단을 조직할 무렵의 분위기를 이렇게 기록한다.

> 그게 그들에게는 그처럼 형편없는 소리였을지 모르지만, 음악회가 열린다는 소식이 있을 때마다 어렵지 않게 비교적 큰 규모의 청중을 모을 수 있었습니다. 작년 평양에서는 세 번의 연주회를 열었는데, 사람들이 너무 많이 와 준비한 프로그램을 제대로 진행하기 어려울 정도였습니다. 작년부터는 남성합창단을 구성하였고, 내일 대학 졸업식 예행연습과 더불어 두 번째 연주회를 할 계획입니다. 우리는 같은 공연을 두 차례 하기로 했습니다. 한 번은 오후에 여성들을 위해서, 그리고 한 번은 저녁에 남성들을 위해서입니다. 입장료가 있는 연주회는 입장권을 구하려는 사람들로 하루 종일 난리가 났었습니다.[63]

물론 음악을 제대로 공부하려는 입장에서는 더욱 아쉬움이 컸을 것

---

63) "Korean Church Music," 109.

이다.[64] 그럼에도 불구하고 당시 숭실을 다녔던 학생들은 모의리가 음악 교육의 토대를 놓았다고 모두 입을 모은다. 물론 비전공자인 모의리의 역할은 거기까지다. 1921년에는 모의리에게서 배웠던 박윤근이 모의리의 모교이기도 한 우스터대학에서 화학과 음악을 공부하고 돌아와 숭실에서 음악 교수로 활동하였다.[65] 물론 박윤근은 자신 역시 음악을 제대로 공부한 것이 아니어서 그 역할에 한계가 많았다고 토로한다. 그러다 그 무렵 평양에 온 솔타우(T. Stanley Soltau) 선교사(1921년 내한) 부인이 피아노를 가르치고, 루츠(Dexter N. Lutz) 선교사(1921년 내한) 부인이 성악을 가르치면서 전반적인 수준이 한결 향상되었고, 이후 1929년 피아노 전공자인 말스베리(Dwight R. Malsbary, 우리말 이름은 마두원/馬斗元)가 음악 담당 교수로 부임하면서 보다 진일보된 음악 교육이 이루어졌다. 그에게서 배웠던 작곡가 김동진은 "당시 숭실대학의 합창단과 밴드의 수준이 상당히 높아 서울에서도 큰 인기를 끌었다"고 회고한다.[66]

숭실의 교수로서 모의리의 행보는 달리 기록할 이야기가 별로 없을 정도로 지극히 평범하다. 하지만 때로 역사적 상황은 우리의 평범함을 시험하며 다가오고, 이런 시련의 과정에 흔들리지 않는 견고한 평범함은 결코 평범하지 않은 밝음으로 빛나곤 한다. 뒤에서 우리가 다루게 될 보다 "극적인" 이야기들이 바로 그런 이야기들이다. 터무니없이 돌아가는 역사의 소용돌이 속에서, 자신의 일상과 그 일상을 지탱하는 가치에 충실하고자 했던 한 신앙인과 교사의 이야기인 셈이다. 그의 이력을 더듬으면서 "큰 바위 얼굴" 이야기를 떠올리는 것이 결코 이상한 일은 아닐 것이다.

---

64) 박태준은 이렇게 회고한다. "그 때 음악선생은 모의리[모의리] 목사였는데, 음악전공 선생은 아니었다. 그 때 음악전문 선생은 없었다. 만일 당시에 음악전공 선생이 있었다면 좀 더 좋은 기회가 있었을 것으로 생각된다." 『평양숭실 회고록』, 89.

65) 『평양숭실 회고록』(118, 241쪽)에는 "워싱턴 대학"이라고 되어 있는데, 녹취 과정의 실수로 보인다.

66) 『평양숭실 회고록』, 251.

제3장

전도자와 목사로서의 모의리

이 책의 목적은 숭실대학의 교수로서 모의리의 삶을 더듬어 보는 것이지만, 그는 한 사람의 교수이기에 앞서 한 사람의 선교사였다. 복음을 모르는 곳에 복음을 전하겠다는 열정을 품은 선교사로서 평양에 왔고, 여기서 그가 수행한 온갖 일들은 모두 복음을 전하겠다는 근본적인 열정의 표현이었다. 기독교적 고등교육 기관으로서의 숭실을 향한 남다른 열정과 자부심 역시 복음전파라는 보다 큰 명분의 부분집합으로 이해되었다. 그런 점에서 목회자로서 모의리의 모습을 잠시 살펴보는 것도 그의 사역을 보다 전반적으로 이해하는 데 필요할 것이다.

1. 순회전도자 모의리

당시 장로교 선교부의 방침은 모든 선교사들은 일정한 정도의 전도 및 목회 사역을 감당해야 한다는 것이었다. 이 원칙은 복음전도뿐 아니라 교육, 의료, 기술이나 특수 사역자 분야의 선교사들에게도 마찬가지로 적용되었다. 1917년 당시 숭실대학 학장이던 라이너가 장로교 해외

선교부의 브라운 목사에게 보낸 편지에 숭실대학 교수진을 열거하면서 모의리의 역할을 이렇게 기술하였다.

> 모의리: 숭실대학 교수; 평안안남 순회 전도여행 책임자; 1명의 목사, 4명의 조수, 1명의 서적 판매상과 연합 사역; 평양시립소학교(700명의 학생들) 교장직 수행; 성경 훈련반 사역

1929-30년의 보고서에도 모의리는 "학부장 겸 교수"와 "숭실중학" 교사로, 그리고 "복음전도 순회방문" 담당자로 소개되어 있고, 부인인 로이스는 "신학원 및 신학반 교사"로 소개되었다. 숭실에서 가르치는 사역과 더불어 순회 목회 사역은 모의리를 비롯한 대부분 교수 선교사들의 두 가지 핵심 사역 중의 하나였다.

순회 전도 및 목회자로서 모의리에게 배정된 지역은 평양 남쪽의 대동강 주변 지역으로, 남대동 및 서중화 두 구역으로 나누어져 있었다.[67] 사역 시작 당시 이 구역 내에는 모두 160개 정도의 마을이 있었다. 보고서 속에 나타나는 교회 숫자는 다소 분명치 않다. 모의리의 "자전적 소묘"에는 남대동 지역에 일곱 개, 서중화 지역에 여섯 개로 도합 13개라고 되어 있지만, 1911년도 보고서에는 "구역 내에는 22개의 교회가 있고, 모든 교회를 두세 번씩 방문하였다"고 되어 있다. 1919년도 보고서에는 "제가 한국에 왔을 때부터 맡아왔던 14개의 시골 교회들"이라는 말도 나온다. 그리고 "자신이 한국을 떠나기 전까지 모두 11개의 교회를 새로 세웠다"고 회고했다.

"순회 전도여행 책임자"라는 표현이 말해주듯, 목사 선교사로서 모의

67) 모의리 부부의 선교보고서에서 남대동은 종종 "평양 구역"으로, 서중화는 그냥 중화로 불리곤 한다.

리의 기본 임무는 이들 교회를 순회하며 말씀을 전하고 필요한 목회적 책임을 수행하는 것이었다. 학교 교수로서의 사역이 있었기 때문에, 평상시 이들 교회를 방문하는 일은 주말이나 방학 때 주로 이루어졌다. 한 명의 목사가 있기는 했지만, 나머지 교회들은 "조사들"(helpers)이 돌보고 있어서, 그 역할에 제한이 많을 수밖에 없었다. 따라서 모의리와 같은 목회자 선교사들의 책임은 다양한 맥락에서 설교를 하고 복음을 전하는 것 외에도, 안수 받은 목회자만이 할 수 있는 역할을 담당하는 것이었다. 세례나 교회 등록을 준비하기 위해 교리문답을 진행하거나, 성찬과 세례를 집례하거나, 각 교회의 행정적인 업무들을 감독하는 일이었다.

모의리의 지도 아래 함께 교회를 섬겼던 방지일 목사는 자신이 경험했던 모의리의 사역에 대해 다음과 같은 회고담을 들려준다.

> 주중에는 학교 교수로 전임이되 주일에는 그의 맡은 구역이 대중시찰이다. 대동강변 일부와 중화(中和) 일부의 시찰구역 20여 교회를 그는 열심히 돌아본다. 교역자 없는 교회엔 교역자를 주일 차로 데려다 주고 데려오매 숭실대 학생으로는 교회학교를 하게 하여 차에는 언제나 만원으로 주일이면 자기 시찰은 언제나 돌아본다. 진실한 전도자라고 정평이 있다. 그 수십 교회를 제직은 물론 교회까지 친밀하게 돌보는 선한 목자였다. 나도 그 시찰 안에 개척전도를 했던 고로 그와의 접촉은 학교에선 교수로, 주일이면 교회에서 때때로 만나는 분이라 학교 전임이면서도 교회를 그렇게 돌보는 이는 없다고 할만 했다. 모든 교회에서도 자기들의 목자로 알아주었다.[68)]

---

68) 방지일, 『야사(野史)도 정사(正史)로』 (2001), 65-66. 설충수 기록/지음, 『방지일과 산동선교 - 구술채록』(2018), 24쪽에서 재인용.

2. 도보여행과 자동차

당시 평양은 이제 복음이 막 전해지기 시작하는 선교 개척지였으므로, 당연히 안수를 받은 목사가 얼마 되지 않았다. 이런 상황에서 넓은 지역에 퍼져있는 교회들을 돌본다는 것은 결코 쉬운 일이 아니었다. 모의리가 맡았던 두 개의 구역 역시 결코 좁은 지역이 아닌 만큼, 다녀야 할 길이 멀었다. 모의리 자신이 회고하는 대로, 가장 가까운 교회가 집에서 3마일 정도였고, 가장 먼 곳은 무려 25마일이었다. 당시로서는 당연한 일이었겠지만, 교회를 순회하는 여정의 대부분은 걸어서 다녀야 하는 곳들이었다. 한동안 자전거를 이용하기도 했지만, 길 자체가 제대로 정비되어 있지 않았던 당시에는 그것 역시 만만치 않은 도전이었다.

> 걷고 또 걸었다. 시내엔 전차가 없었다. 우리가 맡은 구역은 세월이 꽤 흐른 뒤에도 마찬가지였다. 외지의 마을들 역시 걸어서 가야 했다. 아니면 나귀를 타거나, 자전거를 탈 수도 있었지만, 이런 것을 타고 논 사이의 좁은 논두렁길을 지나가는 건 여간 어려운 일이 아니었다. 오랜 동안 이런 식으로 외지의 동네들을 다녔다. 먼 곳은 심지어 이십오 마일(약 40킬로, 100리)이나 떨어진 동네들이었다.[69]

이렇게 걸으며 사역하다가, 자동차가 생겼을 때의 기쁨은 이루 말할 수 없었을 것이다.[70] 당시를 회고하면서 그는 "처음엔 포드의 T 모델이

69) "자전적 소묘."
70) 모의리의 회고 속에서는 처음 자동차를 탄 것이 1927년이지만, 매년 작성한 선교보고서에 의하면 1929년도부터 자동차를 이용한 것으로 나온다. 1929-1930년 선교보고서.

다가 A 모델로 올라갔고, 나중에는 라파예트(Lafayette)를 타는 영예를 누렸다"고 너스레를 떤다. 물론 자동차가 생겼다고 문제가 간단해지는 것은 아니다. 당시 평양과 주변 지역의 길 사정이 좋았을 리 없기 때문이다. 길이 잘 나 있는 곳에서도 기껏해야 시속 15마일 내지 25마일 이상으로는 달릴 수 없었다. 맡은 두 구역 중 남대동 구역에서는 길이 "출구 없는 막다른 길"로 이어져서 갔던 길을 다시 돌아와야 했다고 한다. 평양에서 더 떨어진 중화 지역에서는 길이 한 편로 죽 내려갔다가 다른 편으로는 빙 돌아오게 되어 있었다. 당시로서는 당연한 일이었겠지만, 그가 다녀야 했던 시골 지역에서 큰길과 가까워 차로 바로 닿을 수 있는 교회는 거의 없었다. 그런 경우는 대개 차를 길가에 세워두고, 걸어서 교회로 가야 했다. 심지어 큰길에서 일 마일 이상을 걸어가야 하는 곳도 있었다. 이처럼 차를 탄다고 해서 이동이 마냥 수월한 것은 아니었지만, "그래도 걷는 것보다는 훨씬 나았다." 기름 값 역시 무시할 수 없었던 것 같다. 특히 미국의 대공황 이후 선교비 역시 긴축이 불가피했던 시절 이후에는 더욱 그랬다. 로이스의 선교보고서 속에도 기름값을 절약하기 위해 버스정류소에서 5마일 이내의 교회는 걸어서 다녔다는 기록이 나온다. 많은 길을 걸어야 하는 일이다 보니, 날씨의 영향도 만만치 않았다. 어떤 때에는 애초에 맡은 교회들을 두 번씩 방문하기로 계획했었지만, 비가 너무 많이 와 실제로는 두 번째 방문을 제대로 할 수 없는 경우도 있었다. 평양 주변 지역의 추운 날씨도 방문 사역의 큰 변수였음은 말할 나위도 없다.

당연한 말이지만, 자동차가 생기면서부터, 사역 패턴에도 상당한 변화가 생겼다. 애초에는 학교에서 교수 사역을 감당해야 하는 관계로, 맡은 구역의 변두리 교회 방문은 매 주일, 그것도 하루 안에 다녀올 수 있는 가까운 교회로만 국한되었다.[71] 멀리 있는 교회들은 성탄절 휴가나 짧은 봄 방학, 그리고 봄 학기 이후의 방학 때나 방문할 수 있었다.

모의리는 처음부터 이런 어정쩡한 사역 구조에 대한 좌절감이 컸다. 사역을 시작한 지 얼마 되지 않는 1911년 보고서에서부터 모의리는 교회 돌보는 사역을 "아주 다른 사람에게 넘기던지 아니면 제대로 돌볼 수 있는 수준으로 나누어야 할 필요에 대해 선교지부의 관심을 촉구한다"고 토로한다. 게을러서가 아니라, 맡은 22개 교회를 모두 두세 번씩 방문했던 사람의 입장에서 하는 말이었다. 선교사 모두에게 해당되는 말이긴 하지만, 학교와 순회 목회 두 가지를 함께 하는 일은 쉬운 일이 아니다. 건강과 관련된 이유도 있지만, 모의리에게도 이런 이중적 사역에 대한 부담은 매우 컸다. 초기뿐 아니라 거의 20년 가까이 사역을 해 온 마당에 순회 목회 관련 일을 그만두어야겠다고 생각하고 그 역할을 사임하려고 "노력한" 적도 있지만, 그때마다 결론은 번번이 순회 목회자 사역을 "계속하는 데 동의하는" 것이었다.[72]

다른 선교사들도 마찬가지이지만, 모의리의 경우에도 자동차는 이런 패턴을 상당 부분 바꾸어 놓았다. 매 주일의 경우, 혼자만 걸어 이동하는 것이 아니라, 두어 명의 한국인 설교자들과 함께 다니면서 몇몇 교회에서 설교를 하게 할 수도 있었다. 주중에도 저녁에는 필요한 대로 자주 교회들을 방문할 수 있었고, 이런저런 교회에서 열리는 저녁 전도 집회에 설교자들을 데리고 갈 수도 있었다. 숭실대학이 폐교하기 직전인 37년도 보고서에는 시골교회 섬기는 일이 "대단히 관심이 많이 가는 사역의 한 부분"이라고 말하면서, "매우 큰 도움"이 되고 있는 자동차를 두고 특별한 감사의 마음을 표현한다.[73]

이렇게 1941년 한국을 떠나기 전까지, 모의리는 자신이 맡았던 두 개

71) 가까운 교회들이란 "30리 이내"의 교회들이었다.

72) 1927년 선교보고서.

73) 선교 이야기에서 이동 수단 이야기는 별로 중요하지 않을 수도 있지만, 모의리 자신의 선교 회고 속에서는 꽤 비중 있게 다루어졌다. 당시 선교의 한 단면을 본다는 점에서 비교적 길게 소개하였다.

의 구역에 열한 개의 교회를 더 세웠다고 회고한다. 복음의 불모지에 새로이 복음을 전파하는 선교사였던 만큼, 실제 선교보고서의 시골교회 목회 관련 내용에는 새로 생긴 교회나 기도처, 새로 짓거나 증축된 예배당에 관한 이야기가 상당 부분을 차지한다. 맡은 구역 자체가 변두리 지역인지라, 대부분의 교회들은 작은 규모였지만, 어떤 교회들은 교인 수가 이백이나 삼백 명이 되기도 했다. 새로운 교회를 세우려는 노력의 배후에는 교회 가느라 일 마일 이상을 걸어가야 하는 일이 없도록 해야겠다는 생각이 자리하고 있었다. 생소한 문화에서 복음을 전하고 교회를 세우는 일이 쉽지는 않지만, 모의리는 자신의 목회가 꽤 순조롭게 진행된다고 느낄 때가 많았고, 그에 따르는 가시적 결과도 있었다. 선교가 중반에서 후반으로 넘어가는 31년 보고서에는 이런 말이 나온다.

> 선교지 분할 합의 상 감리교에 속한 다른 한 마을에 사역이 열린다면, 제가 맡은 구역은 모두 교회로 다 채워진 셈입니다.[74)]

물론 복음을 전하는 일에 정해진 목표가 있을 수 없다. 특히 생활 환경이 급속도로 달라지는 상황이라면 더욱 그럴 것이다. 선교가 막바지를 향해 가던 1937년 보고서에는 "3년 전에는 더 이상 교회가 필요 없다고 생각했던 곳을 다시 보니 두 개의 교회가 필요하게 되었다"는 말이 나온다. 옥수수 공장 아래 새로운 마을이 생겨나기 시작했기 때문이다. 이들을 위한 사역에 협조해 준 이들에게 감사하면서 이렇게 말을 이어간다.

---

74) 1931년 모의리 선교보고서. 비교할 것은 아니겠지만, 모의리의 이런 말은 로마서에서 자신의 선교 전반기를 회고하는 이야기를 떠올리게 한다. "이렇게 하여 나는 예루살렘에서부터 일루리곤에 이르기까지 그리스도의 복음으로 가득 채웠습니다"(롬 15:19).

저는 이 사역이 지지부진하지 않고 복음을 전파하는 일에 더욱 성장하기를, 그리하여 모든 마을에 이웃에게 복음을 전하는 중심지 역할을 해 줄 가정들이 몇몇씩 생겨나기를 희망합니다. 시골에서의 이 사역은 지극히 흥미로운 제 사역의 한 부분입니다.

3. 시골교회(country churches) 목사

선교보고서에 나타난 목회 이야기는 당시 평양 주변의 농촌 지역에서 복음을 전하며 교회를 돌보는 목사들이 할 만한 그런 일상적인 이야기들로 가득하다. 자연 수가 많지 않았던 목사들과 조사들의 이런저런 동정에 관한 이야기들이 자주 등장한다. 요즈음의 전도사에 해당하는 조사들이 신학교를 졸업하고 목사 안수를 받아 전임 목회자로 교회를 맡게 되고, 그래서 자신이 이들 교회에 자주 방문할 필요는 없을 것 같다는 이야기가 나오는가 하면, 어느 목사의 경우 교회가 월급을 제대로 지급하지 않아 사임할 생각을 하는 중이라는 안타까운 소식과 더불어 그가 가고 나면 그 일을 누가 대신 해 줄 것인가에 대한 염려가 나오기도 한다(1921년 보고서). 여 전도사 하나가 새로 일하기 시작하면서 50여 명의 교인들이 모이게 되었고, 그 수가 늘어나 곧 새로운 모임 처소가 마련될 것 같다는 식의 이야기도 있다. 또 이와 비슷한 곳이 다른 곳에도 있어서, 이 두 곳이 조직 교회로 성장한다면, 구역 내에 모두 16개의 교회가 될 것 같다는 흐뭇한 기대가 표현되기도 한다(1923-24년 보고서). 특별히 모의리는 자신이 맡은 지역에서 각 교회들이 그들을 섬기는 조사들의 월급을 올리도록 만드는 데 많은 애를 썼다(1921년 보고서). 하지만 그게 제일 어려운 일 중 하나라고 하소연하는 것을 보면 이 부분에서 실제 성과는 그리 크지 않았던 것으로 보인다(1915년 보고서). 같은 노회에 속한 지역 교회들이 개 교회가 노회와 총회에 내야 할 부담금 때문에 출석 인원을 축소하여 보고하는 "아주 나쁜 습관"을 언급하면서, 자신이 맡은 구역의 평균 출석이 보고된 수치가 보여주는 것만큼 "최상"은 아닐 거라는 넋두리를 늘어놓기도 한다(1938년 보고서). 또한 농업에 종사하는 신자들이 "안식일"을 지키기 위해 나름의 희생을 감수하려 한다는 이야기나, 안식일 성수를 고수하기 위해 신자들끼리 품앗이를 하기로 했다는 식의 이야기들도 엿보인다.[75)]

선교보고서인 만큼, 그의 보고서에는 실제 목회의 성과에 관한 이야기들이 주를 이룬다. 전형적인 보고의 내용은 이런 식이다.

> 지난 한 해동안 저는 모든 교회들을 세 번씩, 그리고 어떤 교회들은 네 번씩 방문하였습니다. 다음은 특히 주목할 만한 통계수치들 중 얼마입니다.
>
> 지난해 가입한 교리문답 학습자 92명
> 전체 교리문답 학습자 148명
> 지난해 세례를 받은 성인 62명
> 세례를 받은 성인 교인 715명
> 지난해 세례를 받은 어린이들 30명
> 세례를 받은 어린이 교인 84명
> 지난해 자격이 징계를 받은 사람들 30명
> 지난해 징계가 해제된 사람들 6명

75) 당시 평양 주재 선교사들은 대개 보수적 배경을 가진 이들로, 주일성수 같은 문제에 매우 민감하였다.

지난해 출교된 사람들 12명

각종 헌금의 총 액수 71420.575원[76]

물론 성장이 간단한 일은 아니다. 선교사로서 "지속적으로 성장하는" 교회가 되려면 매년 출석 교인수가 늘어나야 한다는 강박관념이 없을 수 없지만, 현실적으로 "이건 성취하기가 여간 어려운 목표가 아니라"는 토로가 나오기도 한다(1935-36년 보고서). 성장에 관한 기쁜 보고가 있는가 하면, 뒤처지는 교회에 대한 안타까움이 나오기도 하고, 분열에 대한 슬픈 소식이 있는가 하면, 화해와 치유에 관한 안도의 한숨이 나오기도 한다. 상황은 다르지만, 지금도 숱한 목회자들이 겪는 목회적 일상들이다.

선교사로서 모의리가 흘림 땀의 대부분은 보다 직접적인 의미에서 복음을 전하는 사역이었지만, 보다 폭넓은 의미의 사역도 시도했던 것으로 보인다. 워낙 간략하여 자세한 사항은 알 수 없지만, 모의리 자신의 회고 속에는 보다 "사회적인" 차원의 노력이 있었음을 보여주는 대목이 나타난다.

우리는 두 개의 마을을 일종의 모범사례로 만들기 위해 특별한 노력을 기울였다. 자주 사람들을 모아 농사나 건강, 위생 및 사회개혁 등에 관해 토론하도록 했고, 특별히 재능이 있는 사람들을 골라 토론을 이끌도록 했다. 몇 해 동안 내가 맡지 않은 다른 구역의 여섯 개의 교회들을 맡아 섬기기도 했다.[77]

---

76) 1914년 연례보고서.
77) "자전적 소묘." 선교보고서에도 관련 내용이 간혹 등장한다.

가정 전체를 교회로 이끌고자 하는 전도 운동의 일환이기는 했지만, "기독교 가정 주간"이라는 프로그램을 통해 보다 넓은 대중과 접촉하려고 시도하기도 했다. 이 주간 동안 매일 특별 강사를 선정하여, 전도와 관련된 내용뿐 아니라 가정에서의 훈육, 건강, 행복, 재정 등에 관한 내용을 가르치고, 마지막으로 주일에 전 가족을 교회로 초청해 오는 식이었다.[78)]

4. 선교의 장애물들

모의리가 사역했던 시기는 일제의 통치 아래 있던 때였으므로, 정치적으로 혼란스러울 수밖에 없었다. 이런 상황은 불가불 교회의 형편에도 많은 영향을 미쳤다. 가령 삼일운동 이후 1921년 보고서에 의하면, 맡은 교회 중 하나인 각금교회의 조사와 장로 및 다른 세 사람이 체포되었으며, 다른 교회에서도 두 사람이 체포되었는데, 일부는 훈방되었지만 모두 풀려날지는 모르겠다고 염려하는 대목이 나온다. 삼일운동이 있었고, 또 모의리 자신도 투옥과 재판의 고초를 겪었던 1919년의 보고는 더 적나라하다.

> 세 교회에 독립운동의 여파가 컸습니다. 거의 중단 없이 모임을 가지긴 했지만, 출석은 매우 저조해 고작 5-10명밖에 모이지 않을 때도 있었습니다. 한 구역의 일부는 조사가 세상을 떠나는 바람에 피해가 이

---

78) 1934년 연례보고서. 가정의 재정 운용에 관한 토요일 강의의 강사는 조만식이었다.

만저만이 아닙니다. 신학교 학생으로서 매우 훌륭한 교회 사역자였습니다. 제 구역을 섬기는 유일한 목사는 3주 동안 경찰서에 구금되어 있다가 풀려났습니다. 조사들 중 한 명은 지금 두 달 반째 감옥에 있습니다. 저는 모든 교회들을 한 번씩 돌아보았고, 봄에 다시 모든 교회를 방문하려고 계획했었지만, 독립운동 때문에 그렇게 하지 못했습니다.

특유의 냉정함이 묻어나지만, 행간의 상황을 짐작하기는 어렵지 않다. 특히 이 보고서가 1919년 여름, 그러니까 자신이 체포, 구금되었다가 보석으로 풀려난 이후, 하지만 여전히 재판이 진행 중인 상황에 기록되었다는 사실을 생각하면 더욱 그렇다. 학교 운영자의 입장에서도 그렇지만, 교회를 개척하고 돌보는 선교사요 목회자의 입장에서도 독립운동에 대한 태도는 다소 양가적이었던 것으로 보인다. 자신의 나라를 빼앗긴 입장에서, 독립운동의 정당성과 불가피성을 인정하면서도 현실적으로 그것이 교회 공동체 유지에 부정적으로 작용하는 데 대한 안타까움 역시 분명하다.

물론 기독교와 무관한 문화적 전통을 이어 온 나라에서 기독교라는 생소한 종교를 전파하는 어려움 역시 자주 나타난다.

"가령, 최근 급성장한 한 교회가 장로를 선출했지만, 그의 아내가 수 년 동안 신자이기는 해도 아직 세례를 받지 않았다는 이유로 노회의 허락을 받지 못했다."

더 흥미로운 대목도 있다.

한 작은 교회에는 특히나 어려운 시험거리가 있었습니다. 그 교회에는 세 명의 집사와 한 명의 지도자가 있습니다. 언젠가 집사 중 하나는 첩을 들였고, 또 하나는 술장사를 시작했습니다. 또 최근 다른 교회에서 집사 하나가 교회의 규칙을 깨고 이방인 아내를 맞이하여 이방인 방식으로 결혼을 했습니다. 이런 일들을 보면 슬픈 마음이 듭니다만, 그들이 그런 시험을 이겨낼 수 있는 더 큰 능력을 얻도록 계속 밀고 나가야 하겠습니다.[79]

당시의 환경 자체가 선교의 장애물로 인식되기도 한다. 이는 어린이 전도 측면에서 더욱 그렇다. 어린이 사역이 제대로 성장하지 못하고 있으며, 특히 여름에는 겨울 만큼의 출석률을 유지하는 것이 불가능하다는 사실을 이야기하면서 모의리는 당시 한국 사회의 독특한 형편을 원인으로 꼽는다. 불신자 가정 출신의 아이들은 많은 경우 주일마다 소를 먹이거나 다른 일을 해야 하기 때문이라는 것이다. 여기에 "이런 사역에 깊이 몸담아 본 사람이 아니라면 이런 사회 속에서 하나님 나라의 일을 세워가는 것이 얼마나 어려운지 모를 것"이라는 넋두리가 이어진다.[80]

당시 사회 전체가 넉넉지 못했던 만큼, 예상치 못한 재해로 격한 어려움을 겪는 이야기도 등장한다. 동네 전체가 너무 큰 피해를 입어, 먹을 것이 조금이라도 있는 사람은 집에 있을 수도 없었다. 아무 것도 없는 사람들이 끊임없이 찾아와 아이들 먹을 거라도 좀 달라고 간청을 했기 때문이다. 어쨌든 홍수 때문에 집과 모든 것을 잃은 몇 가족이 타지로 이사를 가면서 교회가 어려운 상황에 놓였고, 급기야 모의리 자신이 목사와 조사 중 한 사람의 월급을 직접 마련해야 하는 상황이 되었다. 하지만 이런 슬픈 소식도 한두 달 이후 출석이 회복되고 교회가 안

79) 1913년 선교보고서.
80) 1935-36 선교보고서.

정되어 갔다는 희망찬 분위기로 막을 내린다.

이처럼 모의리의 목회 이야기는 당시 조선 사회에서 복음을 전하는 선교사라면 의례 겪을 만한 그런 이야기들로 채워져 있다. 안식년이 되어 일 년 동안 평양을 떠나게 되면 자신이 맡아 해 오던 사역을 누가 맡아 할 것인가에 대한 현실적인 염려를 표현하기도 하고(1923-24년 보고서), 안식교인의 활동이나 신비주의 운동의 여파에 대해 걱정하기도 하며, 클리블랜드의 올드스톤(Oldstone)교회에서 선물해 준 라디오가 동네 사람들에게 큰 호기심 거리가 되고, 이것이 전도에 큰 도움이 되고 있다는 이야기나 역시 선물로 받은 축음기가 시골교회 목회에 큰 도움이 된다는 이야기들도 등장한다(1929년 보고서).

모의리가 학교에서 학생들을 존중하고 사랑했던 교수로 기억되었던 것처럼, 목회자로서도 좋은 인상을 남겼던 것으로 보인다. 과도한 업무량 때문에 여러 번 시골교회 순회전도 사역을 그만두려 했지만, 결국 모의리는 이 일을 포기하지 못했다. 오히려 숭실의 세 학교가 폐교하면서 그의 선교 막바지를 채운 것은 시골에서의 목회활동이었다. 힘겨운 사역이었던 만큼, 소중한 기억으로 남았을 것이다. 제1장 말미에 인용한 이야기들이 잘 보여주는 것처럼, 실제 모의리는 학교뿐 아니라 목회를 통해 맺게 된 한국 사람들과의 따스한 관계가 자기 사역의 가장 소중한 부분이라고 이야기한다.

5. 교회음악과 모의리

자신이 맡았던 지역을 돌보는 일 외에도, 모의리는 장대현교회를 비롯하여 당시 평양의 중심 역할을 하던 교회들에서도 다양한 역할을 감당하였다. 가장 대표적 교회인 장대현교회는 평양 선교의 개척자라 할 수 있는 마포삼열에 의해 1892년 설립되었다. 1896년에 300명 규모의 예배당을 마련하였고, 처음엔 동네 이름을 따라 널다리교회로 불리다가 1900년부터 장대현교회로 이름을 바꾸었다. 1905년에는 교회가 분립되어 사창골교회가 세워지고, 이어 1906년에 산정현교회가 설립되었다. 모의리의 글에서도 그런 것처럼, 영문 문서에서 장대현교회는 주로 중앙교회(Central Church)라는 이름으로 불렸다. 잘 알려진 것처럼, 이 교회는 1907년 평양대부흥운동의 중심지 역할을 하였다.

모의리는 이들 교회의 필요를 따라 다양한 영역에서 교회를 섬겼다. 한때는 장대현교회의 주일 오후 어린이 예배를 맡기도 했다. 물론 가장 잘 알려진 것은 장대현교회 성가대 조직과 관련된 역할일 것이다. 당시 한국교회에는 아직 예배를 섬기는 교회 내 성가대라는 개념이 없었다. 이는 당시 교인 수가 이미 1,400명이 넘었던 장대현교회 역시 마찬가지였다. 바로 이 교회에서 모의리가 처음으로 성가대를 조직하였다. 물론 당시 조선의 문화적 정서 상, 어떤 식으로든 남녀가 섞이는 것이 허용되지 않았다. 따라서 부득불 성가대는 13세에서 30세 사이의 남성들만으로 이루어진 성가대가 될 수밖에 없었다. 아직 변성기를 지나지 않은 소년들이 여성 파트를 맡는 방식이었다.[81] 길진경에게 보낸 편지에서 모의리는 이렇게 말한다.

> 내가 바라기는, 그 교회의 성가대 조직에 관한 더 정확한 기억을 할 수 있는 것입니다. 나에게 주어진 임무는 교회의 일을 돕는 것이었는데, 특히 젊은이들을 위해 뭔가 하는 것이었습니다. 나는 어떻게 하면 음

81) 모의리가 마삼락에게 보낸 한 편지 속에는 길진경의 부탁으로 당시 성가대 대원의 명단을 적은 메모가 동봉되어 있다. 이 명단은 길진경의 아버지 길선주 목사의 일기에 적힌 명단과 약간의 차이를 보인다. (사진 자료 11).

악을 더 개선할 수 있을까 하는 강한 소원을 가졌습니다. 나의 음악적 능력은 매우 제한된 것이었지만 나의 아내와 나는 성가대의 탄생에 있는 힘을 다 했습니다. 나의 아내는 성가대를 위해 접을 수 있는 조그마한 풍금을 연주했습니다. 성가대는 남성으로 밖에 할 수 없었습니다. 왜냐하면 당시의 관습이 혼성 성가대를 만드는 것을 허락하지 않았기 때문입니다. 시작한 시기는 1913년 또는 1914년으로 생각됩니다. 내가 틀릴 수 있겠지만, 나는 이 성가대가 한국 최초의 것이라고 생각했습니다. 그것은 4성부로 노래하는 최초의 시도였습니다. 4성부로 부르는 것이 단지 노래만을 부르는 교인들을 위해서는 좋은 노래 부르기 방법이 아닐 것이라는 생각을 가끔 했습니다. 그러나 이 성가대는 한국 전체를 통해 예배의 아주 좋은 부분으로 발전하는 출발점이 되었습니다.[82)]

같은 편지에서 실제 오후예배에서 성가대와 더불어 예배를 드렸던 첫 시도에 관해 회고하는 부분도 있는데, 남녀의 구별이 철저했던 당시의 분위기를 엿볼 수 있어 무척 흥미롭다.

나는 우리가 특별히 선택한 곡들을 오후예배에서 노래했던 첫 시도를

82) 길진경, 『영계 길선주』 (서울: 종로서적, 1980), 220-221. 교회음악사 측면에서, 최초의 성가대인 장대현교회 성가대의 출범 연도는 정확하게 특정할 수 없는 셈이다. 이덕주, "평양 장대현교회 역사와 부흥운동": "장대현교회 성가대는 1914년 숭실전문학교 교수 모의리(Mowry)가 조직하여 지휘하기 시작했는데 이듬해 모의리가 미국에서 2층 풍금(二層風琴, 파이프오르간)을 가져와 설치하고 연주하기 시작했다." (여기서 모의리가 풍금을 갖고 온 것은 "이듬해"가 아니라 안식년을 다녀온 1918년이다). 홍정수는 교회가 모의리에게 이 일을 맡긴 것이 1913년이었다는 길진경의 증언을 언급한다. 홍정수, "한국교회 성가대의 초기 역사," 『교회와 신학』 26 (1994), 532-553. 모의리는 자신이 남긴 마지막 편지에서 길진경의 이런 문의에 관해 언급하면서, 최초의 성가대 명단을 적어 보내기도 하였다. 실제 모의리의 1913년 선교보고서에 장대현교회 당회의 부탁으로 주일과 수요일 음악예배를 인도했던 이야기가 나오는데, 이것이 만약 성가대 조직과 관련된 언급이라면 길진경의 증언대로 1913년이 정확하다고 할 수 있다.

아직도 뚜렷이 기억하고 있습니다. 그 집회에서 성가대가 강대상(講臺床)이 있는 강단 위에서 노래하는 것을 동의 받는 데에 어려움이 있었습니다. 그러나 성가대가 노래 부른 후에 곧장 남자들 좌석 쪽으로 간다는 조건하에 동의 되었습니다. 나 역시 성가대가 강단 앞의 낮은 단과 긴 의자에 앉기를 원했는데, 마지막에 그렇게 동의되었습니다. 그러나 남녀 좌석 사이의 칸막이를 충분히 높이 올려서, 성가대원들이 여자 쪽을 내려다 볼 수 없도록 했습니다.[83]

모의리의 제자인 작곡가 김세형의 전언과는 달리, 자전적 회고에서 모의리 자신은 "성가대의 수준은 꽤 높았다"고 기억한다.[84] 아마 처음에는 다분히 엉성한 수준에서 시작했다가 시간이 지날수록 제대로 된 사부합창을 할 수 있게 되었을 것이다. 사실 성가대가 본격적으로 활기를 띠기 시작한 것은 박윤근이 모의리의 모교인 우스터대학에서 화학과 더불어 음악을 공부하고 돌아오면서부터다. 모의리가 직접 작성한 명단에는 지휘자로 되어 있고, 길진경의 책에는 반주로 되어 있는 것을 보면, 두 가지 다를 겸했던 것으로 보인다. 물론 악보를 준비하는 작업도 상당한 노력이 필요했다. "우리는 찬송가를 번역하고, 종종 남성 음역에 맞게 곡조를 조절하기도 하고, 모든 성가대 음악을 등사해야만 했다"고 회고하면서, 그래서 "수년이 지난 후에는 특별한 음악을 등사한 우리의 책이 상당한 분량으로 불어났다"고 말하기도 한다.[85] 모의

83) 길진경, 『영계 길선주』, 221.

84) 김세형, "韓國에서 西洋音樂의 藝術化發展과 마우리 博士" 「예술원보」 제11호 (1972), 17-18.

85) "자전적 소묘."

86) 모의리가 장대현교회에 한국 최초로 "파이프오르간"을 설치했다는 설명이 여러 자료들에 나타난다. 『숭대학보』 1967년 10월 10일 자; 1971년 10월 29일 모의리 박사 추모 예배 순서지의 "공적"란; 김승태, "Mowry." 하지만 이 설명에는 다소 오해의 소지가 있다. 모의리가 갖고 온 것은 "발로 밟는 건반이 있고, 손으로 타는 두 줄 건반이 겸한 것으로 펌프가 있어 사람의 손으로 작동하게 된" 일종의 풍금으로, 교

리가 안식년을 끝내고 한국으로 돌아오면서 갖고 온 2단 건반의 오르간("an Estey two manual with foot pedals organ") 역시 성가대의 정착에 큰 기여를 하였다.[86)]

모의리가 시작한 성가대 조직 노력은 큰 진전을 보이며 금방 주변의 교회로 퍼져나갔다. 자신이 맡아 섬기던 부락교회들 중에서 네다섯 교회가 특별한 관심을 보였다. 모의리는 이들 교회에서 음악에 특별한 재능을 가진 청년들을 자신의 집으로 데려와 모의리 여사에게 풍금을 배우도록 하였고,[87)] 이들 젊은이들이 반주자 역할을 비롯해 열심히 노력하면서 부락교회들에도 성가대가 조직되기 시작하였다. 심지어 모의리가 맡은 교회 중 하나로 대동강의 섬에 위치한 문발교회에서는 용감하게도 당시의 통념을 깨고 남녀 각각 8명으로 구성된 혼성 성가대를 출범시키기도 하였다. 젊은이들에게 음악 교육을 시켰다는 언급이 선교 보고서에 계속 등장하는 것을 보면, 이런 노력은 사역 기간 내내 지속되었던 것으로 보인다. 모의리 여사의 한국 체류 마지막 해인 40년 8월 말에 작성된 보고서에 이런 내용이 등장한다.

> 그 프로그램을 통해 생겨난 세 번째 결과는 교회의 음악 수준을 향상시키려는 것이었습니다. 지난 세 달여 동안 평양 시내에서 18마일 이내에 있는 네 교회의 청년 여덟 명이 두 주에 한 번씩 저희 집으로 와서 미국에서 음악원을 졸업한 박원정으로부터 오르간 연주와 약간의 성악 레슨을 받고 있습니다.[88)] 성가대가 있는 교회들에서는 이들이 성

회 벽에 설치하는 "파이프 오르간"과는 전혀 다르다. 길진경, 『길선주』, 222. 한국 최초의 파이프오르간은 1918년 감리교 정동제일교회에 설치된 것으로 알려져 있다.

87) 모의리 여사의 11년 보고서에도 주일 아침이면 다섯 명 혹은 세 명의 사창골 소년들에게 풍금을 가르치곤 했다고 기록되어 있다. 사창골교회는 1905년 장대현교회에서 분립된 교회다.

88) 1926년 숭실전문학교 문과 제4회 졸업생. 미국 신시내티 음대와 시카고의 아메리칸 음대 대학원을 졸업했다. 해방 이후에는 이화여대 음대교수를 역임하였다.

가대의 지휘자 역할을 하고 있습니다. 현재 맡은 구역 내에는 성가대가 조직된 교회가 다섯 개 있습니다. 몇 교회는 지휘할 사람만 있다면 성가대를 만들 생각을 갖고 있습니다. 지난 겨울 박원정 씨가 그 중 한 교회에서 음악교실을 개최했고, 그 결과 성가대가 조직되기도 하였습니다. 이 수업에 참여했던 이들 중 서너 명은 상당한 가능성을 보여 주었는데, 충분히 배운 후에는 기꺼이 다른 교회들을 도우려 하고 있습니다. 여름에는 보다 멀리 떨어진 두 교회에서 두 주간의 음악교실을 가지려고 합니다. 현재는 두 사람이 구역 내에서 가장 먼 이 지역에 속한 네 교회에서 오르간 교습을 해 주고 있습니다.[89)]

서양음악의 불모지여서 가능한 일이었겠지만, 모의리가 한국의 교회음악과 서양음악 발전에 끼친 공적을 부정하는 사람은 없다. 제대로 된 성가대를 최초로 조직하기도 했고, 한국교회의 성가대와 더불어 4성 찬양을 최초로 시도한 사람이기도 했다. 더불어 사역 기간 내내 교회 음악의 수준과 범위를 넓히기 위해 많은 노력을 기울였다. 안익태와 같은 출중한 음악가가 공부할 수 있도록 자극을 주고 실질적인 도움을 주기도 했다. 물론 박윤근 같은 사람에게서 확인할 수 있는 것처럼, 숭실대학의 음악 교육에도 큰 역할을 했다.[90)] 그런 점에서 음악 전공자도

89) 1939-40년 로이스 모의리 선교보고서.

90) 1914년 숭실대학을 졸업하고 숭실중학에서 가르치기 시작한 박윤근은 졸업 전 해인 1913년부터 모의리 여사에게 풍금을 배웠다. 이를 계기로 모의리는 당시 학장 역할을 하던 라이너에게 추천하여 그의 미국 유학을 주선한다. 또한 안식년으로 나가 있을 당시 우스터대학에 박윤근과 함께 있으면서 음악 외에도 화학 전공을 권유하면서 그의 유학 멘토 역할을 자청하였다. 박윤근은 1921년 귀국하여 모교에서 교편을 잡으면서 음악교육 방면에서 그 다음 세대를 위한 다리를 놓았다. 당시 지속적으로 발전하던 음악교육 수준에 대해 그는 이렇게 회고한다. "진보한 사람들은 그렇게 가르쳐서 꽤 무던해지니, 처음에 말한 것과 같이 아무 것도 변변히 배우지 못한 나는 음악계에서 차차 달팽이가 집 속으로 기어들어가듯이 기어들어가야 되었단 말이오." 이 말 다음에는 박윤근 자신과는 달리 제대로 공부하고 돌아와 한국음악계를 발전시킨 숭실 출신 음악가들의 이름이 언급된다. 『평양숭실 회고록』, 244.

아니었던 모의리가 "한국 교회 음악의 아버지"로 불린다는 사실은 그리 이상하지 않다. 한 음악사가는 모의리에 대해 이렇게 기록한다.

> 그는 신의 사자(使者)인 동시에 음악의 사자(使者)였다. 그에게 있어서 음악이란 곧 전도의 한 방법이었고, 음악 즉 신앙 행위 이외에 다른 무엇이 아니었다. 그것은 오늘 세계의 문제아 Olivie Messiaen에게 있어서 음악(작곡)이 곧 신앙 행위인 것과 다를 바 없다. 하물며 그가 음악가도 아닌 일개 목사(선교사)였다는 사실을 전제할 때, 그가 한국 서양음악사에 남긴 노고와 공적은 찬란한 빛을 받아 마땅하다.[91]

모의리 자신도 이 사실을 즐거운 당혹감으로 회고하면서, 당시의 경험을 두고 이렇게 말한다.

> 이상하기는 하지만, 지금도 "한국 교회음악의 아버지"로 내 이름이 거론되곤 한다. 사실 음악을 전공한 적이 없는 사람인데 말이다. 선교사들이란 자격이 되든 안 되든, 해야겠다고 느끼는 일이면 무엇이든 하려고 애를 썼던 사람들이다. 그런 점에서는 최근의 선교사들이 더 현명한 것인지도 모르겠다.[92]

---

91) 이유선, 『한국양악백년사』(서울: 음악춘추사, 1985), 139.
92) "자전적 소묘." 물론 이런 역사적 평가의 상당 부분은 부인 로이스의 몫이다.

6. 선교사 로이스 모의리

대부분의 지면이 남편에게 할애되었지만, 사실 선교사로서 모의리의 부인 로이스가 보여준 헌신은 결코 남편에 뒤지지 않는다. 남편과 더불어 선교사로 헌신하여 한국에 온 로이스의 삶 역시 분주한 여느 선교사의 삶과 다를 바 없었다. 물론 당시 결혼하여 가정을 꾸린 "선교사의 아내"들이 그랬던 것처럼, 로이스 역시 선교사로서 자신의 임무는 자기 나름의 선교 영역을 확보하는 것이 아니라, 선교사 남편을 비롯한 가정 전체가 가장 효과적인 선교사 가정으로 기능할 수 있도록 필요한 역할을 감당하는 것이라 여겼다. 말하자면 선교사의 아내로서 내조하는 것이 자신의 일차적 선교라 생각했던 것이다.

물론 로이스 자신의 말처럼, 남편을 내조하고 가정을 돌보는 일상적인 일들은 선교보고서에 담을 수 있는 거창한 이야깃거리들이 아니다. 하지만 그렇다고 무시할 수 있는 일도 아니다. 로이스는 그 점에서 자신의 일에 큰 자부심과 책임을 느꼈다. 그녀가 작성한 1924년의 보고서는 상황의 필요에 따라 가정 밖에서 자신이 가르쳤던 여러 과정들이나 맡아야 했던 역할들을 간단히 열거한 뒤 이런 말과 함께 마무리된다.

> 비록 집 밖에서의 일을 적었지만, 여전히 저는 집에서의 일을 저의 주된 임무로 여깁니다. 비록 이런 임무들을 보고서에 담기는 쉽지 않은 것이 사실입니다만.

로이스 자신이 기록한 보고서에는 거의 빠지지 않고 등장하는 이런 수사적 변명(?)은 사역의 거의 막바지라 할 수 있는 1938년의 보고서에도 여전히 비슷한 모습으로 반복된다. 여기에서는 그게 가장 최선의 선교라는 보다 선명한 명분이 제시되기도 한다.

> 이미 오래 전부터 저는 제가 시간을 가장 잘 보내는 방법은 제 나름으로 어떤 공헌을 하는 것이라기보다는 다른 식구들이 더 잘 활동할 수 있도록 돕는 것이라는 생각을 하고 있습니다. 그렇게 생각한 이유는 자명한 것이긴 하지만, 여기 일일이 적기에는 적합하지 않는 것 같습니다.

당시 대부분 선교사의 아내가 그러하듯, 실제 로이스의 사역 역시 대부분 남편의 사역을 축으로 하여 이루어졌다. 하지만 "주부 선교사"로서 로이스가 보여주는 이런 조심스런 겸허함을 너무 문자적으로 이해해서는 곤란하다. 내조가 우선이라는 원칙은 사실이지만, "집 밖"에서의 활동 역시 결코 적지 않았다. 실제 로이스가 가르치는 데 할애한 시간은 적지 않았다. 1938년 보고서에는 외국인학교, 성경학교, 그리고 시골교회의 성경공부반 등에서의 수업 일수가 모두 156일이라고 말한다. 가정이 자신의 주 임무라고 말하기 바로 전에 적은 내용이다. 남녀 구별이 엄격했던 시절이었지만 여성 신자들의 열성은 지금과 별로 다르지 않았던 상황이었음을 생각하면, 로이스를 비롯한 "아내들"의 역할이 얼마나 요긴한 것이었는지는 상상하기 어렵지 않다.

가르치는 선교사로서 로이스의 역할은 숭의학교(Women's Academy), 시골 교회들에서 열리는 성경공부반(country classes)과 이를 계획하고 준비하기 위한 사역자반(Workers classes), 여자성경학교(Women's Bible Institute), 고등성경반(Higher Bible School), 외국인학교(Foreigners School) 등으로 다양했고, 평양 시내의 사창골교회나 명촌교회 같은 개별 교회에서 고정적으로 가르치는 역할을 맡기도 했다. 또 간간이 토요일 오후 교사들 반에서 가르치기도 했다.

이 중 로이스가 가장 많은 노력을 쏟았던 것은 시골 교회의 여신도들을 위한 성경공부반과 이를 가르치는 사람들과 더불어 교육을 계획하고 준비하기 위한 사역자반의 모임이었다. 실제 로이스의 보고서에서 가장 자주 언급되는 부분이기도 하다. 대개 여름에 계획했던 것에 비해서는 실제 개설된 반의 수가 더 적었다는 식의 보고가 일반적이지만, 로이스는 이 사역에 많은 노력을 쏟았고, 이 사역을 하는 중에 특별히 한국 여성 사역자들의 헌신된 모습에 무척 깊은 감명을 받았다. 그래서인지 로이스가 작성한 보고서에는 한국 여성들의 신앙적 열정에 대한 언급이 매우 빈번하게 나타난다.

시골 교회들을 섬기는 일뿐 아니라, 숭실 학교들의 사역에서나 다른 영역에서도 매우 다양한 역할을 수행하였다. 물론 특정한 자리에 임명받은 것이 아닌 로이스의 경우, 숭의학교(Women's Academy) 등에서 이런저런 사정으로 비는 자리를 메우거나, 단기적으로 필요한 역할을 수행하는 것이 통상적이었다. 물론 안식년으로 떠나는 이들이 있었던 만큼, 대리 교사의 역할이 일 년 내내 계속되는 경우도 적지 않았다. 가령 1924년의 보고서 내용은 이렇다.

> 버트 양이 아픈 동안 가을 학기를 가르쳤던 것 말고도, 여학교(Girl's Academy)에서 한 시간을 가르쳤습니다. 그리고 거기 필요한 다른 일들을 처리하느라 하루에 한 시간 내지 네 시간 정도 할애하였습니다. 사역자반(Workers Class) 수업 중에는 모의리 씨가 맡은 시골 지역의 교회들에서 가을과 겨울에 열리게 될 여성들을 위한 과정에 대한 준비가 이루어졌습니다. 이 수업들 중 두 개는 저도 직접 참여하였습니다. 성경학교(Bible Institute)에 연이어 있는 봄 강좌에서 가르치는 특권을 누리기도 했습니다. 성탄절 이후, 윈(Winn) 부인[93] 대신 외국인학교에서

93) 로저 윈(Roger Earl Winn) 선교사의 부인인 캐서린(Catherine Lewis)을 말한다. 이 부부는 모의리 부부와 같은 해인 1909년 내한하여 1922년 윈 선교사가 이질로 소천

성경 가르치는 일을 맡아 하고 있습니다. 지난 세 달 동안에는 서성리 교회의 여자 주일학교에서 가르치고 있는데, 여기서 볼 수 있는 한국 사역자들 열정은 모든 그리스도인들의 귀감이라 할 수 있습니다.

그렇다고 로이스의 역할이 편안한 곳에서 가르치는 역할이었다고 오해하면 곤란하다. 때로 그녀의 보고서 내용은 남편의 목회 보고서와 거의 흡사하다. 그녀가 기록한 1937-38년도 보고서의 일부다.

명촌교회(Myongchon Church)에서의 사역은 여전히 의욕을 불러일으키는데, 주일학교에 출석하는 여성들은 보통 130명 정도입니다. 신년 특별 전도집회에서는 나오다 떨어져나갔던 교인들이나 새 신자를 70여 명이나 얻는 성과가 있었습니다. 도시 외곽에 있는 교회들의 구성 수준이 일정하지 않기 때문에 이 숫자 전부가 제대로 된 결과라 말할 수는 없지만, 교회의 사역자들의 열심과 지치지 않는 노력은 분명히 알 수 있습니다. 이들이 특별히 기뻐하는 것은 약 오 년 전 소위 성결운동 혹은 신비주의 운동 때문에 교회에서 떨어져 나갔다가 지금은 그 수가 계속 줄어들고 있는 그룹에서 두 가정이 다시 교회로 돌아온 것입니다.[94] 그 당시 저는 한겨울 난방이 제대로 되지 않은 교회에서 한기에 너무 오래 노출된 나머지 생긴 발의 동상으로 그 자리에 참석하지 못했지만, 2월 이후부터는 보다 규칙적으로 참여하고 있습니다.

할 때까지 경북 안동에서 사역하였다. 남편 사후 캐서린 선교사는 평양선교부로 소속을 옮겨 1926년까지 주로 평양고등성경학교에서 가르치는 일을 계속하였다. 그 후 선교사 직분을 사임하고 미국으로 돌아가 1953년에 별세하였다.

94) 여기 언급된 신비주의 운동은 명촌교회와 산정현교회에서 집회를 하기도 했던 이용도 목사 일파의 신비주의적 부흥운동을 가리킨다. 1932년 평양노회는 이들의 강신극 등을 문제 삼아 이들과의 교류를 금하는 결정을 내렸다. 이 운동에 대한 다소 호의적인 기술로는 이영헌, 『한국기독교사』(서울: 컨콜디아사, 1978), 178-192.

특히 마지막 대목의 발 동상 이야기는 북쪽 평양에서 먼 거리를 이동하며 교회를 돌보고 가르치는 사역의 실상을 느끼게 해 준다. 더욱이 남자 선교사들과는 달리, 여성으로 겪는 어려움 역시 무시하기 어렵다.

> 안 그래도 만원이었던 버스인데, 이동하는 사람이 더 많아지면서, 교회 가는 일이 더 이상 수월하지 않습니다. 하지만 손에 들고 있는 몇몇 소책자들이 훌륭한 충격흡수 수단이 된다는 것을 발견했습니다. 다음에 내려서 갈아타는 시간을 어떻게 활용할지 기도하는 마음으로 준비하다 보면, 매너보다는 옷차림이 더 훌륭한 남자들이 거칠게 밀고 들어오는 것도 별로 개의치 않게 됩니다. 어쩌면 대중들이 바쁜 발걸음 속에 사라져 버릴 수 있는 많은 기회들을 보다 잘 활용할 수 있게 해 주는 소책자들이 얼마나 고마운지 모르겠습니다.

"매너보다는 옷차림이 더 훌륭한 남자들"이라고 점잖은 말로 표현했지만, 복잡한 대중교통 속에서 여성이 겪곤 하는 괴로움은 그 당시에도 별로 다르지 않았던 것으로 보인다. 하지만 이런 불쾌하고 고통스런 경험에도 불구하고, 한국의 영혼들을 향한 그녀의 너그러운 태도는 한결같았다. 위에 인용한 이야기가 나오는 그 선교보고서의 마지막은 이렇게 끝이 난다.

> "지금까지 지내 온 것 주의 크신 은혜라" 하는 것이 지난 한 해 이루어진 모든 일들에 대한 설명이 될 것입니다. 또한 다가올 시간에 대한 용기와 희망의 이유이기도 합니다. 이곳에서의 스물아홉 번째 해를 마무리하면서 특별히 기록하고 싶은 말은 그 이유 때문에, 오로지 그 이유만으로, 우리가 함께 할 수 있음을 무엇보다 영예롭게 여기는 그 섬김을 위해 기쁨으로 수고할 수 있었다는 것입니다. 바로 한국 선교를 위

한 섬김, 그리고 특별히 평양선교부에 속한 한인과 외국인 사역자들과 함께하는 섬김입니다.

제4장
삼일운동과 투옥 및 재판

1. 독립운동과 모의리: 역사적 사실과 상상력 사이

일제 치하의 독립운동에 대한 선교사들의 태도는 모호하다. 대부분은 일제의 식민통치를 호의적으로 생각했거나 자신의 선교활동과는 무관한 것으로 생각했다. 실제 미국 북장로교 해외선교부의 방침은 철저한 정치적 중립이었고, 거의 모든 선교사들은 이 방침을 충실하게 따랐다. 사실상 당시 선교사들에게 치외법권이 적용되지 않았고, 따라서 원칙적으로 일본의 사법권 아래 놓여있었다.[95] 이런 정황 역시 선교사들의 행보를 신중하게 만드는 데 일조했을 것이다. 모의리의 행보 역시 이런 전반적 경향에서 벗어나지 않는다. 물론 총독부의 입장에서 미국이나 영국과 같은 강대국의 선교사들 및 선교학교들은 여간 난처한 문제가 아니었을 것이다. 독립운동과 관련된 모의리의 입장이나 그에 대한 언론 및 여러 자료들의 묘사 역시 이런 미묘한 상황을 그 나름으로 드러낸다. 이런 상황적 모호함이 모의리의 행적과 관련한 여러 오해를

95) 김승태, “105인 사건과 선교사들의 대응,” 14-17; 류대영, 『한국기독교의 역사』(서울: 한국기독교역사연구소, 2018), 153-154.

낳는 원인이 되기도 했다. 특히 모의리에 관한 언론의 기사들은 역사적 사실보다는 극적인 효과를 노린 창작에 가까운 경우가 많다.

몇 가지 예를 들어 보자. 1967년 10월, 숭실대학 70주년 기념식을 계기로 모의리 부부가 한국을 다시 찾았을 때 한국의 여러 언론들이 관련된 기사를 게재하며 모의리에 관한 소식을 전했다. 이 보도들에는 종종 "'마우리' 박사만큼 우리의 독립운동을 몸소 적극적으로 도운 이는 그리 흔하지 않다"는 취지의 진술이 나타난다. "거사"가 그의 서재에서 계획되었고, 이로 인해 "어려운 감옥살이를 6개월이나" 하였으며, 이런 이유로 1949년에 독립유공자로 표창을 받았다는 것이다.[96] 다른 언론 기사에는 소설적 풍미가 더 진하게 드러난다. 같은 해 10월 8일 자 한국일보에 의하면, 모의리는 "35년간" 한국에서 일을 했고, 그 후 "25년" 만에 한국을 다시 찾았다. 그는 "메코믹 신학교"를 나오고, "명예박사 학위를 갖춘 28살된 청년"으로 한국에 왔다. "숭실을 총독부의 인가를 얻어 한국최초의 대학으로 만든" 사람이 모의리다. 그는 "1920년 12월 압록강 철교 준공식에 참석하는 데라우치 일본총독을 암살키 위한 계획에 참여했다는 이유로 일제의 감시대상이 되었고 ... 3.1운동 때는 '미국인의 집을 침해할 수 없다'는 치외법권을 이용, 일경에 쫓기는 안익태 씨 등의 제자들을 집에 숨겼다가 6개월의 옥고를 치러야 했다." 더욱이 "옥에 갇힌 박사는 우리 독립투사와 똑같은 대우를 요구하며 푸른 수의를 입고 비밀을 지키며 심한 고문에도 끝내 입을 열지 않았다"는 감동적인 일화도 전해준다. 그 후 그는 "2년 앞서 귀국한 부인을 따라" 미국으로 돌아갔다. 같은 기사는 "자기가 조국에 바친 것이 있다면 그건 '인간애에서 우러난 조그마한 양심에 불과했다'고 겸손하게 말하며 결코 공적을 자랑하려 들지 않았다"고 소개한다. 이 기사에 소개된 내용은 거의 전부가 사실에서 벗

96) 동아일보, 1967년 10월 7일 자.

어난 상상력의 산물이다. 적어도 독립운동에 관한 한, 모의리에게는 애초에 그 정도로 자랑할 공적이 존재하지 않았다.

또 하나의 예를 보자. 10월 7일 자 경향신문에는 모의리가 "자유사상을 고취하고 항일독립운동에 직접 가담하다 수난당한 사람"으로 그려진다. "메코믹 신학대학"을 나왔고, "3.1운동 때는 독립지사들을 위험을 무릅쓰고 도와주었을 뿐 아니라 평양시가의 독립만세 거사를 그의 자택에서 꾸미도록 장소를 제공해 주었으며, 안익태 씨 등 일경에 쫓기는 제자들을 자기집에 은닉, 보호해 주다가 탄로되어 반년간 투옥당했다"는 설명이 나온다. 또한 "1920년 겨울에는 압록강 철교 준공식에 참석하기 위해 행차하는 데라우치 총독을 암살음모했다는 혐의로 오랫동안 영어의 몸이 되어 푸른 수의에 용수를 쓰고 감옥과 법정을 드나들며 옥고를 치렀다"는, 연도조차 맞지 않는 소설 같은 이야기가 등장한다.

흥미롭게도 당시 『숭대학보』에도 거의 비슷한 내용들이 반복된다. 모의리처럼 "우리 청년들에게 자유사상을 고취하고 우리의 독립운동을 몸소 적극적으로 돕다가 수난당한 이는 거의 없다"는 말로 시작하여, "1907년 우스터대학 생물학과를 나왔"으며, 이후 "매코믹 신학대학에서 신학박사 학위를 얻었다"는 엉터리 소개가 이어진다. 그 후 설명에서는 안익태라는 이름이 생략되었고, 105인 사건의 연도가 1911년으로 정확히 기재된 것 외에는 경향신문과 사실상 같은 내용의 근거 없는 이야기들이 언급된다.[97)]

영자신문인 코리아 헤럴드(10월 8일 자) 역시 별반 다르지 않다. 그는 1943년 일제에 의해 "추방"되었고, 독립운동하는 학생들을 숨겨주느라 "여러 차례 옥살이를 한" 것으로 나온다. "1920년"에는 다른 한국인들과 105인 사건의 음모를 꾸몄다는 이유로 "6개월 동안 투옥되었다"

97) 1967년 10월 10일 자.

는 말도 등장한다. 물론 모두 사실과 다른 이야기들이다. 그 외 대구일보(10월 18일 자)에는 독립운동에 가담했다는 죄목으로 평양감옥에서 6개월간 옥고를 치렀다는 이야기와 함께, 마 박사가 "신사참배에 불응하여, 일본인이 숭실전문에 모셔둔 가미다나(귀신 모시는 단)를 일본인들 몰래 새벽에 불태워버린 의지의 투사"라는 놀랄 만한 이야기가 나온다. 물론 이는 다분히 소극적인 성격의 소유자인 모의리의 모습과 전혀 어울리지 않는 이야기다. 특히 신사참배로 인한 갈등 당시 모의리는 신사참배를 수용하더라도 학교는 살려야 한다는 입장이었던 것을 생각하면 실소를 금할 수 없는 이야기인 셈이다.

이러한 "소문"들 덕분에, 모의리는 내한 선교사들 중 한국의 독립운동에 가장 깊이 관여한 인물로 알려져 있다. 위에서 예를 든 대중적 이미지에 의하면, 모의리는 독립운동을 적극 지지한 이유로 외국 선교사로는 유일하게 구금되고 재판을 받았으며, 이후 그 공로를 인정받아 대한민국 정부로부터 두 차례 서훈을 받기도 하였다. 이런 이미지 속에는 부분적인 사실과 거기서 출발했지만 사실적 근거가 없는 상상력의 결과물들이 뒤섞여 있다.[98] 하여 모의리에 관한 자료들에는 이 부분에 관하여 잘못된 정보들이 적지 않게 유통된다. 이는 사실만큼이나 대중적 상상력에 호소하는 언론의 보도들뿐 아니라 학술적인 자료들에서도 발견된다. 안타깝게도 숭실에서 출판된 자료들 역시 이런 오류들로부터 자유롭지 않다. 아마 이런 상황은 숭실의 역사 속에서도 모의리가 상대적으로 덜 알려진 인물이라는 사실과 무관치 않을 것이다. 사

98) 2009년 9월 19일 자 「한국장로신문」은 김형남에 관한 기사 중 모의리에 대해 언급하면서 (1930년에 광주에서 시작되어 전국적으로 퍼졌던) "광주 학생사건 때는 일제에 의해 죄수복에 용수를 쓰고 평양시가로 끌려 다니는 수모를 당하였다"는 설명을 덧붙인다. 물론 이는 전혀 사실과 다르다. 용수를 쓴 것은 일심 재판 후 다시 유치장으로 돌아갈 때였고, 사진 자료에서 확인할 수 있는 것처럼 이때 입은 옷은 죄수복이 아니라 (낡아보이기는 하지만) 구두에 넥타이까지 맨 양복이었다.

실 숭실에서 나온 자료의 경우에도 모의리에 관한 언급은 다른 사건이나 사람들에 관한 설명 속에서 각주 형태로 등장하는 경우가 대부분이다. 하여 그에 대한 치밀한 검증 대신 기존에 만들어진 자료들을 참고하며 간단한 설명을 더하게 되었을 것이다. 실제 많은 경우 각주들이 기존의 정보를 그대로 활용하고 있다는 사실이 이를 방증한다.

모의리에 관한 자료는 그리 많지 않다. 하여 그에 관한 설명들 중 사실관계를 확실히 밝힐 수 있는 것도 있고 사실을 알 수 없는 경우도 있다. 특히 달리 사료에 근거하지 않은 개인적 회고의 경우는 더욱 그렇다. 여기서 우리는 한국의 독립운동과 관련하여 모의리가 어떤 자리에 섰는지를 살펴보려고 한다. 주어진 자료들을 통해 최대한 사실관계를 분명히 하려 했지만, 한문을 자유롭게 해독하지 못하고, 일본어 자료 역시 읽을 수 없는 비전공자의 입장이라, 어느 정도 한계가 있을 수밖에 없었다.

1) 105인 사건과 모의리

모의리의 내한 이후, 가장 먼저 발생한 사건은 1911년 일제가 기독교 민족지도자들을 제거하기 위해 날조한 105인 음모사건이다. 또한 일제는 이 사건을 선교사들과 연루시킴으로써 선교사들이 한국인들의 민족운동에 영향을 미치지 못하도록 만들고자 했다. 사건과 관련하여 모의리의 이름이 등장하는 사실상 유일한 자료는 당시 사건 날조를 주도했던 구니토모 시게아키 경부의 회고록에서다. 이 책의 "서양인 선교사"라는 항목에서 이 "흉모에 간여한 미국인" 이름을 열거하면서, 평양에서 활동하던 다른 선교사 22명의 이름과 더불어 "모리이"의 이름을 언급한다(경성의 미국인으로는 감리교의 해리스와 장로교의 언드우드가 거론되었다).[99] 실제 구체적인 역할을 담당한 이들을 거론한 것이 아니라(어차피 날조된 사건이라 24명에게 적당한 역할을 맡기는 것도 어려웠겠지만), 그저 웬만한 이들의 이름은 다 갖다 붙인 것으로 보인다. 그러니까 여기에 모의리의 이름이 언급되었다 해도 큰 의미가 없는 셈이다.

물론 실제 사건의 기소 단계에서는 그 중 선천 선교지부 소속 선교사들을 중심으로 한 19명의 선교사 이름만 남고 모의리는 빠진다. 그리고 최종 기소의견서에는 모두 6명의 선교사가 "적극적으로 총독암살을 사주하고 협조한" 것으로 적시되었다. 그 중 맥큔과 관련한 기소 내용은 매우 상세하다. 언제 어떻게 한국인 주모자들과 수없이 만나 다양한 말로 격려하고 심지어 성경을 인용하여 그들을 부추겼다는 내용과 더불어 암살을 교사하면서 그들에게 권총("단총")을 건네주었다는 내용까지 등장한다. 또한 이들 6명의 선교사들은 다른 6명의 선교사들과 접촉하여 음모에 가담하였다고 주장하면서 그 이름과 혐의를 제시하지만, 여기에도 모의리의 이름은 발견되지 않는다. 반면 마펫과 그래함 리(Graham Lee) 두 선교사는 거사에 사용될 "단총 140여 자루를 은닉하기까지 하였다"고 적시되었다.[100] 이렇게 보면, 105인 음모사건과 모의리는 사실상 아무런 관련이 없다고 할 수 있다. 이후 재판과정에서도 변호를 비롯하여 사태의 추이에 적극적으로 참여했던 마펫이나 맥큔 같은 이들과 달리, 모의리의 움직임은 달리 관찰되지 않는다. 물론 모의리 자신의 "회고"는 다소 다를 수 있다. 67년 내한 당시 한 언론의 인터뷰 기사에는 맥큔이 기독교인들에게 권총을 대어 주었다는 혐의와 더불어 "제가 암살음모를 뒷받침해 주었다고 엉뚱한 생떼를 썼습니다. 많은 협박이 있었지만 굽히지 않았지요" 하는 대목이 나온다.[101] 실제 그랬을 가능성을

99) 김승태 "105인 사건과 선교사의 대응" 『한국기독교와 역사』 36 (2012), 11.

100) 『한민족독립운동사자료집 4 (105인사건심문조서 II)』 (국사편찬위원회, 1987), 181; 김승태, "105인 사건," 15 재인용.

101) 대한일보, 1967년 10월 7일 자. 동일 기사에 그가 일체 봉급을 받지 않았다거나, 귀국할 때 여비를 빌어갔다는 말처럼 전혀 사실과 다른 이야기들이 등장하고, 독립운동 관련 대목에서 "사랑하는 제자들이 조국을 찾겠다고 발버둥치는데 스승인 제가 어떻게 묵묵히 있을 수가 있겠습니까?" 하는, 사실과 다분히 어긋나는 회고성 발언이 나오는 것을 보면 기사 전체가 사실보다는 드라마에 가까워 보인다.

배제할 수는 없지만, 당시 기록에 나타난 정황과는 잘 어울리지 않는다. 기사 속에 사실과 다른 내용이 적지 않게 나오는 것을 보면, 이 대목 역시 직접 인용의 형식을 입힌, 기자의 상상력이 아닌가 싶다.

2) 삼일운동과 모의리

삼일운동과 모의리의 관계 역시 사실에 기초한 정확한 그림보다는 사실과 무관하게 대중들의 애국적 상상력에 호소하는 자극적 묘사가 지배적이다. 가령 다음의 묘사를 보자.

> 그는 억압받는 우리 민족과 고통을 같이하여 옥고를 겪기까지 하면서 조국 사랑을 일깨워 준 참스승이기도 했다. 1919년 3월 1일 전국에서 만세소리가 요원의 불길처럼 일고 있을 때 그는 미리 조직해 두었던 숭실의 밴드를 출동시켜 시가를 누비며 군중을 열광케 하기도 했으며 만세운동의 주동학생들을 치외법권 지역인 자신의 자택으로 피신시키기도 했다. 그러나 일경과 군대는 박사의 저택을 포위하여 주동학생들과 마우리 박사마저 체포했다. 박사는 이로 인해 옥고를 겪었지만 그 후에도 갖은 일제의 탄압에 굽히지 않고 교육과 선교에 전념했다.[102)]

위 진술에는 사실보다는 사실 아닌 것들이 더 많다. 그가 얼마나 우리 민족과 고통을 같이 했는지, 그리고 그가 그의 학생들에게 얼마나 조국 사랑을 일깨워 주었는지는 주관적 판단의 문제다. 하지만 삼일운동 당시 그가 밴드를 "미리 준비해" 두었다는 진술이나, 그 밴드를 "출

---

102) 전정임, 『안익태』 (서울: 시공사, 1998), 14. 이 진술은 이유선의 『한국양악백년사』 (서울:음악춘추사, 1985), 137-140에 기초한 것이다. 밴드나 학생 피신 관련 대목은 다른 곳에서도 자주 인용된다. 민경찬, 『숭실과 한국의 근대음악』, 70; 김세형, "韓國에서 西洋音樂의 藝術化發展과 마우리 博士," 16-17.

동시켜" 시가를 누비게 했다는 진술은 전혀 사실이 아니다. 그의 자택이 치외법권 지역이라는 것도 실제 사실과 다를 뿐 아니라, 주동 학생들을 자신의 집으로 "피신시켰다"는 설명도 사실에서 한참 벗어난다. 일경과 군대가 박사의 "저택을 포위"했다는 진술도 사실과 다르고, 주동학생들과 마우리 박사마저 "체포했다"는 것도 마찬가지다. 그가 두 주 넘게 옥고를 치른 것은 맞지만, "그 후에도 갖은 일제의 탄압"이 있었는지, 그리고 그가 그 탄압에 "굽히지 않고" 교육과 선교에 전념한 것인지는 따로 생각해야 할 문제다.[103)]

모의리는 삼일운동과 관련하여 유일하게 실형을 받았던 외국인이요 선교사였다. 하지만 이 운동과 "관련하여" 실형을 받았다는 말과 그가 그 운동에 실제로 관련되거나 직접 "가담하여" 실형을 받았다는 말은 전혀 다른 이야기다. 주어진 자료를 근거로 판단해 보건데, 모의리를 비롯한 평양의 숭실 관련 선교사들이 삼일운동에 직접 가담했다는 증거는 없다. 오히려 여러 정황적 증거들 및 당사자들의 직접적인 증언은 그들이 이 운동 자체와는 직접 관련이 없다는 쪽으로 모아진다. 여러 연구들에서 분명히 밝혀진 것처럼, 당시 선교사들이 취한 기본 입장은 정치적 중립이었다.[104)] 일본의 식민 정치 자체에도, 그에 대한 한국인들

---

103) 김경래, 『안익태, 그 영광과 슬픔』 (서울: 안익태기념재단, 2006), 20-29에서 어떤 저자는 안익태의 애국투사적 면모를 부각시키며 모의리와의 깊은 인연을 극적으로 그려내지만, 그 그림에는 사료를 통해 확인 가능한 사실과 거리가 먼 내용들이 많다. 부상을 입고 일경에 쫓기던 안익태가 모의리 박사의 집으로 피신했다는 이야기나, 모의리가 그를 안고 자신이 "학교장"이면서 "병원장"으로 있던 평양기독병원으로 안고 갔다는 이야기, 그리고 모의리가 단호한 태도로 일경에 맞서 안익태를 보호해 주었다는 식의 이야기는 실제 모의리의 성격이나 행동방식 및 당시의 역사적 사실과는 맞지 않는 것으로, 저자 혹은 다른 누군가의 극적 상상력에 기반을 둔 것으로 보인다. 반면, 방지일은 "안익태를 일경이 잡으려 한 것을 마펫 목사가 숨겼다가 유럽으로 보냈다"고 회고한다. 『평양숭실 회고록』, 103.

104) "선행 연구들이 공히 지적하고 있는 것은 3.1운동에서 선교사들은 모의 단계에서 개입하지는 않았지만, 진행단계에서 일본의 잔학성을 알리는 데 큰 기여를 했다는 것이다." 안종철, "3.1운동, 선교사 그리고 미일간의 교섭과 타결," 『한국민족운동사연구』 53 (2007), 51.

의 저항에도 개입하지 않는다는 것이 미국 정부와 미국장로교 선교부의 기본 방침이었다. 물론 숭실의 선교사들 역시 이런 입장을 충실하게 따랐다. 그들의 속마음은 가늠하기 쉽지 않지만, 적어도 그들의 행동은 정치적 중립이라는 원칙에 충실했던 것으로 보인다. 물론 상황이 그리 간단하지만은 않다. 정치적으로는 철저히 중립이었지만, 일제 통치방식이 보여주는 비인간성에 대해서는 침묵할 수 없다고 여겼기 때문이다. 당시 상황에서, 일제의 비인간적 행태에 비판적인 태도를 취하며 국제사회에 이를 알리려 했던 도덕적 노력은 일본의 통치 자체에 저항하는 것으로 비칠 수 있고, 이는 자연스레 한국인들의 독립투쟁을 부추기거나 돕는 행동으로 인식될 수 있었다.[105] 하지만, 적어도 선교사들 자신의 입장에 관한 한, 그들은 한국인들의 삼일운동에 개입하지 않았다. 마펫이 삼일운동이 시작될 당시 남긴 진술을 보면, 그는 시종일관 사건과 무관한 관찰자의 입장이었다. 칼을 맞아 피를 흘리는 사람을 병원에 데려가도록 사람들에게 소리를 친 적은 있지만, 자신이 목격한 수많은 폭력의 사례들을 상세히 기록하는 그의 눈길은 내부 가담자의 것이 아니라 외신 기자의 눈길에 가깝다.

이는 모의리 역시 마찬가지다. 모의리 자신의 회고에 의하면, "평양에서의 시위는 내가 교장으로 있던 보통학교의 운동장에서 열렸지만, 나는 사전에 이를 모르고 있었다."[106] 번하이젤(Bernheisel)의 보고에 의하면, 자신을 비롯하여 마펫, 모의리 및 선천의 로버츠(S. A. Roberts) 등 네

105) *The Korean Situation* I, II (New York: the Commission on Relations with the Orient of the Federal Council of the Churches of Christ in America, 1919-20). 당시 일제의 탄압에 대한 선교사들 등의 생생한 목격담을 담은 것으로 모두 두 권으로 이루어져 있다. 온라인으로 읽을 수 있다. https://babel.hathitrust.org/cgi/ls?field1=ocr;q1=the%20Korean%20Situation;a=srchls;lmt=ft. 제 1권에 가택수색 및 모의리의 구금과 관련된 마펫의 보고서가 "Exhibit XVI"(57-63)로, 재판과 관련된 짧은 설명이 "Exhibit XXIX: A Personal Letter"(96-98)로 실려 있다.

106) "자전적 소묘."

명이 숭덕학교에서의 집회에 “참석한”(attend) 것과 그 모임에서 자리에 앉아 있었던 것은 사실이지만, 이는 순전히 “일이 어떻게 되는지 보려는”(to see what is going to happen) 것일 뿐, 스스로 그 집회에 참여하려는 것은 아니었다. 그들에게 안내된 자리 역시 대열의 “한켠에”(to one side) 놓인 것이었다.[107] 이 보고서 외에, 모의리가 실제 어떤 집회나 시위에 참여했다는 기록은 없다. 조심스러울 수밖에 없는 당시의 글뿐 아니라, 세월이 지난 후 이때를 회고하는 글 속에서도 그런 취지의 기록은 나타나지 않는다. 재판 심문 기록에 의하면, 모의리는 자신이 교장으로 있는 학교에서 집회가 있을 것이라는 사실을 알지 못했고, 운동장 사용을 허락해 준 일도 없었다. 예배 후 집회가 있을 것이라는 사실은 3월 1일 오후에야 알았고, 그가 시위대를 최초로 목격한 것은 그날 오후 대학으로 이어지는 대로변에서였다. 그 후 시내로 들어갔지만, 거기서는 시위대를 보지 못했다고 진술한다. 모의리가 삼일운동 당시 이런저런 모양으로 운동에 참여한 것처럼 묘사하는 글들이 매우 많지만, 이는 모두 (개인의 경우) 기억의 착오이거나, (언론의 경우) 사실관계를 무시한 상상력의 산물들이다.[108]

---

107) 이 보고서 사진은 UCLA 교회사 교수인 옥성득 교수가 운영하는 블로그, “옥성득 교수의 한국 기독교 역사”에서 확인할 수 있다. “1919년 3월 1일 평양 숭덕학교 대한독립만세”(번하이젤 보고서 원본 사진과 영문 복사본) 및 김승태, “1919 평양 삼일운동과 김선두 목사”(번하이젤 보고서 부분 국역 및 설명). 김승태의 글은 『기독교 사상』(2018년 5월호), 91-100에 실렸던 것이다.

108) 한경직 역시 모의리에 대해 “3.1 운동 때 학생들의 독립운동을 도와주다가 일본 관헌에게 잡혀가 6개월 징역까지 사셨다”고 회고하지만, 이는 사실과 다르다.

2. 모의리의 구금과 재판

실제 독립운동에 적극적으로 참여하거나 이를 도운 적이 없음에도 불구하고 모의리의 이름이 한국 독립운동과 연결되는 이유는 그가 독립운동과 관련된 혐의로 구금되고 재판을 받았다는 사실 때문이다. 재판 과정에서 모의리가 자신은 어떤 식으로든 독립운동에 의식적으로 개입한 적이 없다고 강변했던 것을 생각하면 다분히 역설적이다. 그가 의도한 바는 아니었지만, 모의리는 미국 선교사들 중 독립운동 관련하여 구금되고 재판을 받았던 유일한 인물이었고, 이로 인해 가히 세계적인 관심의 중심에 서게 되었다. 자주 관심의 대상이 된 대목이기는 하지만, 그런 만큼 사실과 다른 정보도 적지 않다. 따라서 이 부분에 대해서는 보다 면밀한 검토가 필요해 보인다.

1) 가택수색

모의리의 체포와 구금 및 이후 재판 과정에 관한 가장 상세하고 신뢰할 만한 자료는 마펫 박사의 보고서다.[109] 그는 4월 4일 모의리와 함께 경찰의 소환을 받아 경찰서에 출두하기도 했고, 먼저 풀려난 이후에도 가장 가까이서 사태의 추이를 지켜볼 수 있었던 사람 중 하나였다. 아래 글 역시 그의 보고서에 상당 부분 의존하고 있다.

3월 1일 시작된 만세운동에는 거의 대부분의 관립 및 사립학교 학생들

109) 이는 마펫이 평양 주재 미국 영사관 레오 베르그홀츠(Leo Bergholz)에게 보낸 편지 형태로 되어 있다. 국사편찬위원회의 자료집에도 수록되어 있고, 또 불휘총서 시리즈의 마펫 편에도 수록되어 있다(201-207쪽). 미국 정부는 이 사건을 처음부터 끝까지 예의 주시하면서 일본 정부와 교섭을 해 나갔다. 미국 영사 및 대사, 그리고 본국 사이에 오고간 전문들은 국편위 자료집에 올라가 있다.

이 참여하였다. 숭실대학과 숭실중학 학생들은 3월 1일 장로교 소속인 장대현교회 옆에 위치한 숭덕학교 교정에서 집회를 가졌다. 이 학교의 교장은 모의리였지만, 그는 집회에 관해 아무 것도 알지 못하고 있었다. 애초에 주최 측으로부터 와 달라는 초대를 받지 않았고, 따라서 그는 이 집회에 참여하지 않았다.[110] 이날 모인 학생들은 독립선언서가 낭독되는 것을 지켜본 후, 앞장 선 악대를 따라 애국가와 '학도야 학도야' 노래를 제창하며 가두 시위를 벌였다. 이 악대는 모의리의 주도 하에 조직된 숭실대학의 악대였지만, 모의리는 이에 대해서도 모르고 있었다. 당연히 숭실대학과 중학의 많은 학생들이 경찰에 붙잡혀 가거나 단속의 대상이 되었다.

원래 숭실대학은 고종황제 국장과 애도 기간이 끝난 후인 5일에 다시 수업을 시작할 계획이었지만, 시위 상황으로 인해 정상적으로 수업을 재개할 수 없었다. 삼일운동의 여파도 있었지만, 보다 직접적인 이유도 있었다. 개학 예정일인 5일 전날 저녁, 자정이 넘은 시각 곤봉과 갈고리로 무장한 "소방대원들"이 기숙사에 들이닥쳐 다수의 학생을 끌어내고 구타하는 사건이 벌어졌기 때문이다.[111] 하는 수 없이 학교는 3월 5일 졸업식도 거행하지 못하고 졸업장만을 수여한 채, 봄방학에 들어갔다. 서둘러 학기를 마친 학교는 방학 후 4월 4일 개학하기로 되어 있었다. 하지만 개학 직전인 4월 2일과 3일, 평양 시내에 대대적인 가택 수색이 이루어졌고, 당연히 선교사들에 의해 운영되는 학교에서 많은 학생들이 체포되었다. 이 과정에 구타도 있었다. 그 중 얼마는 곧 풀려났지만, 얼마는 구금을 당했다. 그리고 학교의 일본인 교수를 통해 경찰서장으로부터 전갈이 왔다. 새 학기 수업을 위해 등교하는 모든 학생을 경찰서로 보내 조사를 받게 하라는 것이었다. 하지만 누구나 예상하듯이, 경찰의 손에 들어가

---

110) 이 부분은 번하이젤의 보고와 다소 차이가 난다. 보다 세밀한 조사가 필요한 대목이다.

111) 이 내용은 마펫 박사의 보고서 및 1909년 7월 작성된 이사회의 보고서에도 나온다.

면 제대로 심문이나 조사가 이루어지기도 전에 심한 구타와 폭력에 시달릴 것이 뻔했다. 모의리 역시 학생들의 입장에서는 당시의 일반적 상황이 이렇게 무서웠다는 사실을 매우 강조한다. 그런 상황에서 학생들의 등교를 기대하는 것은 무리였다. 실제 학교를 찾았던 몇몇 학생들은 학교 개교 여부를 확인하러 온 경찰국장 일행을 보고 도망을 치거나, 상황 설명을 듣고 바로 돌아가기도 했다. 이렇게 봄 학기 개학은 무산되었다.[112)]

같은 날 오후 4시 반 무렵, 다수의 경찰들이 여러 선교사들의 집을 동시에 수색하기 시작했다. 이때 대부분의 선교사들은 홀드크로프트 여사의 집에서 기도 모임을 갖던 중이었는데, 전화로 상황을 전해 받고 각자의 집으로 달려갔다. 마펫과 모의리 외에도, 베어드(Dr. Baird), 스눅(Miss Snook), 길리스(Mr. Gillis), 맥머트리(McMurtrie), 라이너(Mr. Reiner) 선교사 등의 자택이 수색을 당했고, 외국인학교(Foreign School)의 기숙사 역시 수색의 대상이 되었다.[113)] 마펫의 경우, 자신의 자택 수색을 맡은 팀의 우두머리인 검찰관(procurator)에게 수색영장을 요구했지만, 검찰관에게는 영장 없이도 강제로 수색할 수 있는 권한이 있다는 취지의 답변을 들었다. 이에 대해 마펫은 "강제로 수색을 할 수 있겠지만, 나는 이 수색에 동의하지 않았소" 하고 대답하였다. 마펫 박사의 보고에는 자연 자신이 직접 겪었던 경우, 곧 자신의 집에 대한 수색의 상황이 자세히 기록되어 있다. 적어도 마펫 박사의 경우, 비록 수모의 느낌을 피할 수 없는 강제 수색이었지만, 수색하러 온 경찰의 태도 자체는 무례하지 않았고, 명령 때문에 하기 싫은 일을 하는 듯한 인상을 받았다고

---

112) 마펫 박사는 경찰의 이같은 움직임이 개강 무산의 원인이라 생각하지만, 그것이 경찰의 의도였는지에 대해서는 조심스러운 입장을 보인다. "Whether this was intended to prevent the opening of schools I do not know."

113) 버츠(Miss Butts)의 경우, 검찰관이 대동하지 않았고, 수색영장이 없이는 수색을 허락할 수 없다고 그녀가 강력하게 버틴 탓에 수색이 무산되었다고 한다. 어떤 언론보도의 독자편지에는 미 영사로부터 수색영장을 받았다고 나오지만, 정확하지 않은 기억의 결과로 보인다.

말한다. 수색은 철저했지만, 경찰이 기대했던 것 만큼의 큰 성과는 없었던 것으로 보인다. 마펫 박사는 그들의 수색에 대해 "모든 걸 뒤졌지만, 사실상 아무 것도 건진 게 없었다"(... take possession of everything in order to find practically nothing)고 냉소한다.

마펫의 보고서에는 자신의 집 외에도 다른 선교사들에 관한 수색의 결과 역시 간략히 기록되어 있다. 이에 의하면, 이날 모의리의 집 수색에서는 그날 학교 개교 여부를 문의하러 왔다가 경찰이 들이닥치던 시점에 막 집을 나서던 숭덕학교 교사 한 사람, 막 유치장에서 풀려나 모의리에게 이를 알려주러 왔던 학생 한 명, 그리고 이름이 명시되지 않은 "또 한 명의 소년"이 체포되었고, 경찰은 "모의리의 비서를 찾아내지 못해 애석해 했다"고 한다.

이날의 수색과 관련하여, 마펫의 보고서에는 모의리와 관련된 더 이상의 설명이 등장하지는 않는다. 모의리 자신이 나중에 기록한 짧은 자전적 회고록에서도 "스무 명에서 스물 다섯 명 정도의 경찰이 들이닥쳐 집안을 수색하겠다고 했으며, 집안을 샅샅이 뒤져 서너명의 학생들을 잡아갔다"는 사실만 언급된다. 좀 더 상세한 상황은 모의리가 딸 루세타(Lucetta)에게 쓴 편지에 나온다. 한국의 삼일운동과 관련하여 자기 아버지에게 있었던 일을 좀 더 상세히 알고 싶어 했던 딸에게 보낸 편지다.[114] 모의리 자신의 회고에 의하면, 마펫과는 달리, 모의리는 수색이 벌어질 당시 자신의 자택에 머물고 있었다. 따라서 수색의 전말을 직접 눈으로 확인할 수 있었다.[115]

---

114) 이 편지는 아래의 싸이트에서 온라인으로 읽을 수 있으며, PDF 파일로 내려받을 수도 있다. https://archive.org/details/missionariesmowr455unse.

115) 마펫은 수색 당시 모의리가 집에 없었다고 기록한다. 하지만 모의리 자신의 회고에 의하면, 당시 그는 자신의 집을 방문한 한 중학교 교사와 대화를 나눈 후 집밖으로 나왔으며, 수색 당시 집 앞 마당에서 경찰들이 들이닥치는 것을 보고 있었다. 같이 있던 교사는 체포되었다가 나중에 훈방되었다. 수색 당시 집에 들어가지 않고 밖에 머물고 있었기 때문에, 마치 집에 없었던 것으로 여겨진 것으로 보인다. 4월 서울 주재 미 영사 베르그홀츠가 미 국무부 장관에게 보낸 보고에서도 당시 모의리가 집에 없었던 것으로 기록한다.

“숭덕학교의 교사”가 모의리의 회고 속에서는 “숭덕여학교의 교감”으로 좀 더 자세하게 기억되고 있지만, 모의리의 목격담 역시 마펫의 짧은 기록과 일치한다. 경찰이 들이닥칠 당시 모의리는 그 교감 선생과 의논을 마치고 함께 집 앞마당에 나와 있었다. 일본 경찰이 미국 시민인 선교사의 집을 수색하는 일은 범상한 경우가 아닌지라, 마펫이 수색영장(search warrant)을 요구했던 것과 마찬가지로, 모의리 역시 미국 영사관에서 발부한 수색허가서(permit)를 요구했다. 하지만 모의리 역시 “검사가 직접 왔기 때문에 영장이 필요없다”는 동일한 답변을 듣는다. 미국인의 집이라 조심스러울 수밖에 없지만, 법적으로 이들의 자택이 치외법권 지역은 아니었다.[116] 그리고 가택수색이 시작되었고, 모의리는 수색이 이루어지는 동안 집밖에 서 있었다. 물론 집안에 있던 학생들은 경찰을 보자 달아났는데, 어떤 학생은 집 뒷담을 넘어 달아났고, 어떤 학생은 지하실이나 화장실에 숨기도 하였다. 결국 잡힌 학생들은 모의리를 만나러 왔던 학당의 교감과 함께 포박되어 경찰서로 연행되었다.

여러 선교사의 자택에서 동시에 가택수색이 이루어져 체포된 학생들의 수에 대해 약간의 혼선이 있다. 모의리와 관련하여 10명을 체포했다는 경찰 측의 이야기가 언론이나 미 정부의 전문 보고서 등에서 발견되기도 하지만,[117] 아마 이는 그날 체포된 전체 한국인의 수를 어림잡은 것과 모의리의 집에서 체포된 사람의 수를 혼동한 것으로 보인다.[118] 번하이젤이 상황을 면밀히 조사한 후 서울의 미국 영사 베르그홀츠(Leo Bergholz)에게 보낸 보고서에 의하면, 당시 모의리의 집안에서 발견되어 체포된 한국인은 박기복(숭실중학교 학생), 이인선(숭실중학교 학생), 김영순(숭실중학교 교사)

116) 류대영, 『한국 기독교 역사』, 153-154.

117) 문서 #107 (미상원 보고서)

118) 모의리도 이 점을 지적한다. 그는 당일 체포된 사람은 둘이었고, 그 중 한 사람은 아무 혐의가 없는 사람이었다. 1919년 10월 21일, 로버트 랜싱에게 보낸 편지.

세 사람이다. 경찰이 특별히 체포하기를 별렀던 숭실대학교 학생 김태술은 수색 당시 도망쳤지만, 나중에 레이너(Ralph Oliver Reiner) 선교사의 집 앞에서 체포되었고, 선교사가 보는 앞에서 구타를 당하며 연행되었다. 경찰이 추적하던 핵심 인물 중 하나로 모의리의 조수였던 이보식은 그다음 날인 5일 토요일 오후에 자진하여 출두하였다.[119] 그는 멕머트리(Robert M. McMurtrie)를 찾아와[120] 더 이상 도망치지 않고 경찰에 자수하겠다는 의사를 밝혔고, 선교사들은 경찰을 선교사의 집으로 오게 하여 그를 데려가게 했지만, 직접 경찰서까지 함께 내려가 이보식이 도중에 구타를 당하지 않게끔 세심한 배려를 아끼지 않았다.[121]

2) 경찰서 소환과 수감

선교사들의 가택이 수색되고, 다수의 한인 학생들이 체포된 그날 저녁, 식사를 하는 도중 몇 명의 경찰이 모의리 박사를 찾아와 마펫과 함께 경찰서로 와 달라는 소환 요구를 전달한다. 오후에 있었던 가택 수

119) 번하이젤의 편지는 4월 11일 서울의 영사가 동경의 롤런드 모리스 대사에게 보낸 보고에도 포함되어 있다. 영사가 동경 대사에게 보낸 편지에는 이 "다음 날"이 4월 9일로 되어 있지만, 4월 5일을 잘못 쓴 것으로 보인다. "Yo[= Ye] Posik voluntarily surrendered the following day, April 9th." 손타자로 문서를 작성하던 시기였으므로 이름이나 숫자 표기에 실수가 종종 발견된다. 4월 5일 토요일 오후 이보식이 자수할 마음을 선교사들에게 털어놓고 경찰에 출두하는 상황은 마펫의 보고서에 비교적 상세하게 묘사되어 있다(207). 모의리가 3월 28일 경찰의 추적을 받고 있다는 사실을 알고서 자신에게 피해를 주지 않기 위해 자진하여 다른 곳으로 떠났다고 언급한 조수는 이보식이다. 이와 관련된 매일신보의 보도에 대한 연구로는 황민호, "매일신보에 나타난 평양지역의 3.1운동과 기독교계의 동향,"「숭실사학」31 (2013), 102쪽에 명단이 나온다. 이 논문 86쪽에는 모의리의 영문 이름이 "Ele M. Moury"로 잘못 표기되어 있다.

120) 1907년부터 숭실대학에서 기계창을 맡아 섬겼던 평신도 선교사로서 1933년 70세 정년이 되어 미국으로 돌아갔다. 불휘총서 중 하나로 이원 교수가 집필한『맹로법과 기계창』에는 맥머트리의 영문 철자가 McMutrie로 잘못 나온다(7, 12, 171).

121) 마펫은 이것이 이보식의 독자적 결정이었다는 사실을 강조한다. "그 조수가 그렇게 한 것은 자신의 의지에 의한 것이었다. 그는 나에게 조언을 구했지만, 나는 그가 스스로 결정해야 할 일이라고 말했다."

색과 관련하여 질의할 사항이 있다는 명분이었다. 당시 모의리는 며칠 동안 심한 감기로 고생하던 상황이었고, 그래서 출두하는 대신 경찰관을 자신의 집으로 보내 궁금한 사항들을 질문해 달라고 요청하지만 거절당한다. 어쩔 수 없이 모의리는 저녁 일곱 시에서 여덟 시 사이에 마펫에게 전화를 했고, 두 사람은 마펫의 집 앞에서 만나 함께 경찰서로 내려갔다.[122)]

경찰서에 출두한 두 사람은 작은 방 하나로 인도되었고, 약 35분 후 모의리가 먼저 불려 나갔다.[123)] 기다리는 동안 두 사람은 영어로 대화를 시작하고, 감시하던 경관은 이를 막으려 했지만, 마펫의 항의에 없던 일로 되고 만다. 모의리의 회고담에도 다소 상세하게 묘사된 당시의 우스운 상황을 마펫은 이렇게 묘사한다.

> … 경찰 한 명이 말했습니다. "대화는 허용되지 않습니다."
> "아니, 우리가 체포되기라도 한 겁니까?" 내가 놀라서 물었습니다. 그러자 그 경찰이 갑자기 자리에서 벌떡 일어나더니 "잠깐만 기다려 주십시오" 하고 밖으로 나가더군요. 그리고는 곧 돌아와 말했습니다. "괜찮습니다. 이야기해도 됩니다." "당연하지요. 괜찮을 수밖에요." 내가 대답했습니다.

모의리가 불려 나간 지 한 시간이나 더 지나 마펫 박사도 불려 나가 심문을 받는다. 오후에 자신의 집을 수색하러 왔던 바로 그 검찰관과

---

122) 자진 출두했다는 기록이 간혹 발견되지만, 엄밀히 말해 이는 두 사람의 의도는 아니었다.

123) 모의리의 회고는 상황을 축약하여 기록한다. 회고록에는 곧바로 각기 다른 방으로 안내되었다고 되어 있는 반면, 루세타에게 보낸 편지에서는 마펫과 대화를 나누며 기다린 지 "한참 후, 그러니까 두어 시간 후에" 각기 다른 방으로 옮겨진 것처럼 기록한다. 물론 미국 정부에 상황을 알리기 위해 작성한 마펫의 보고서가 훨씬 정확한 상황을 전달해 준다.

통역관이었다. 기록관으로 보이는 한 사람도 그 자리에 있었고, 나이 든 또 한 사람도 잠시 함께 있었다. 마펫은 그의 질문이 매우 정중하면서도 날카로운 것이었다고 말한다. 삼일운동에 대한 마펫의 사전 지식 및 그 운동과의 관련성 여부, 그의 비서 및 그가 마펫의 집에 머물렀던 사실과 관련된 사항들, 자택 내 그가 머물던 건물의 열쇠에 관해서, 그리고 마펫에게 말하지 않고서도 그 열쇠들을 사용할 수 있었는지의 여부, 등사기에 관한 사항들 및 그 등사기가 어떤 목적으로 사용되었는지 알았거나 이를 허락해 주었는지의 여부 등에 관한 것들이었다. 마펫의 서재에 있던 조수의 책상에서 발견된 문건들과 마펫 명의의 땅 역시 질문의 대상이었다. 약 한 시간 정도 이어진 심문을 통해 경찰은 마펫에게는 실질적 혐의가 없는 것으로 결론을 내렸다.[124)]

이 심문은 거의 자정 무렵에야 끝이 났다. 당시 선교사들에 대한 일본인들의 태도가 매우 좋지 않았고, 그 무렵에 실제 한 선교사가 밤에 곤봉을 소지한 두 명의 일본 경찰에 검문을 당하는 상황까지 발생한 터였다. 그래서 마펫은 심문을 마친 자신과 모의리를 집까지 호송해 줄 것을 요구했고, 약간의 논쟁이 있은 후 경찰은 한 명의 경찰을 붙여 주기로 했다. 하지만 모의리는 추가적인 조사 때문에 계속 경찰서에 남아야 한다는 사실을 알게 된다. 자신을 호위해 줄 경찰이 준비될 동안 마펫은 그날 체포되어 온 학생들과 선교사의 조수들, 그리고 그 전날 잡혀 온 베어드 박사의 통역관이 경찰서의 큰 사무실 바닥에 몰려

---

124) "After an hour's questioning in which they learned that I knew nothing, had consented to nothing and was in no way a party to or knew anything which may have been done by my secretary or others on the place or with my mimeograph (the secretary always having full access to the mimeograph for secretarial work), that I had stayed in Seoul on account of medical work for my wife and child at the Hospital and that the land in my name was the property of the Board of Missions of the Church and the School, they finished the exam"(205).

있는 것을 보지만, 그들과 대화를 나눌 수는 없었다. 또한 모의리를 한 번 더 보고 싶었지만, 심문 중이라는 이유로 거부당하고,[125] 조선인 경찰 한 명과 함께 경찰서를 나선다. 이미 시간이 너무 늦어 모의리 여사를 깨울 수 없다는 생각에 마펫은 곧장 집으로 돌아와 불편한 밤을 보낸다.[126]

모의리 여사는 다음 날, 곧 4월 5일 아침 일곱 시 무렵 맥머트리에게 전화를 걸어 남편이 귀가하지 않았음을 알리고, 마펫 박사는 집에 들어왔는지 물었다. 잠시 후 맥머트리가 마펫의 집으로 왔고, 마펫은 그를 번하이젤과 함께 바로 경찰서로 보냈다. 상황을 알아보고, 만약 모의리가 구속된 것이라면 그 죄목이 무엇인지 확인하고, 서울의 영사에게 전보로 상황을 알리게 했다. 그리고 모의리를 만나보고 음식도 넣어 주도록 부탁한 것이다.

이날 저녁 모의리의 심문 내용에 대해서는 상세한 기록이 없다. 그러나 이후 재판에서 제기된 혐의 내용이나 재판의 심리 내용을 보면 마펫의 경우와 거의 동일한 사안에 대해 심문이 이루어졌음을 쉽게 짐작할 수 있다. 마펫은 모의리가 먼저 심문을 받으러 나갔다고 기록했지만, 사실 모의리는 다른 방으로 이송되어 "몇 시간 동안"이나 혼자 방치된 채로 있었다. 자정 무렵 마펫이 심문을 끝내고 모의리를 보려고 했을 때 경찰은 그가 심문 중이라는 이유로 거부했지만, 사실은 이때도 혼자 방에서 앉아있었다. 그렇게 몇 시간을 기다린 뒤, 모의리는 영문도 모른 채 유치장으로 이끌려 간다. 깜짝 놀라 도대체 무슨 이유 때문인지 호송하는 경관에게 물었지만, 대답 대신 그저 조용히 하라는 말

---

125) 모의리의 회고에 의하면, 새벽 한 시 무렵에야 경찰이 와서 감방으로 가야 한다는 사실을 알려주었다. 마펫과 떨어진 이후, 줄곧 혼자 방에서 기다리고 있었던 것으로 보인다.

126) 김승태는 모펫이 "다음 날" 풀려났다고 표현했지만, 경찰서에서 밤을 지낸 것은 아니다. "Koreans who loved Korea."

만 들었다. 마펫 박사를 만나고 싶다고 했지만, 그는 이미 한참 전에 집으로 돌아갔다는 대답을 듣는다. 그렇게 그는 지니고 있던 모든 소지품들을 압수당한 채, 유치장에 수감되었다.

모의리가 회고하는 바에 의하면, 그의 구금은 애초부터 예정된 시나리오였던 것으로 보인다. 감방의 침구는 더러웠지만, 감방 자체는 "누군가 수감될 것을 예상해서 그날 오후 미리 깨끗하게 청소해 놓은" 상태였다. 나중에 함께 수감되었던 사람들의 말을 통해 모의리는 그의 수감이 심문 이전부터 미리 준비되었다는 사실을 알게 된다. 딸 루세타에게 보낸 편지에서 모의리는 당시 상황을 이렇게 회고한다.

> 경찰로서는 미국인들 역시 한국 사람들과 다를 바 없이 자기네 일본의 법 아래 있다는 사실을 보여주겠다고 마음을 먹은 것이 틀림이 없어. 한국 사람들이 우리는 존중하는 것이 분명한데 반해, 자기들은 사실상 멸시와 증오의 대상이 되고 있으니까 말이야. 그들은 우리 집을 수색하기 전부터 이미 나를 구금하려고 마음을 먹었어. 내 방 맞은 편 방들에 수감되어 있던 한국 사람들이 나중에 감옥에서 풀려난 뒤에 그랬었다고 말해 주더구나. 그날 오후 감옥의 사람들이 감방을 쓸고 닦고 했대. 한국 사람들 사이에서는 어떤 지체 높은 신사가 들어올 거라고 수군거렸다더구나. 그리고 다음 날 내가 들어온 걸 본 거지.[127]

모의리의 수감 사실은 금방 경찰서 유치장 전체로 퍼져 나갔다. 다음 날 아침 복도를 지나던 학생들이 그가 수감된 것을 보았던 것이다. 극적 효과를 위해 부풀린 언론 보도와 몇몇 개인들의 회고와는 달리, 실제 수감 생활 자체는 비교적 수월했던 것으로 보인다. 유치장에서 주

127) 루세타에게 보낸 편지(1954. 1. 28).

는 식사는 거부했고, 그러자 하루 두 끼는 집에서 가져다 먹을 수 있도록 허용되었다. 그리고 경찰은 애초에는 거부했지만 이틀 뒤에는 깨끗한 침구가 깔린 간이침대(cot)도 넣어 주었다.[128] 목욕할 때에도 다른 사람들보다 먼저 깨끗한 물에서 할 수 있도록 배려해 주기도 하고, 나중에는 성경책을 보는 것도 허용되었다.[129] 이런 구금 생활은 4월 15일 1심 재판이 열리고 4월 19일 선고공판에서 실형을 받은 후 보석이 될 때까지 16일 동안 계속되었다.

물론 이는 로이스가 한 동안 남편의 옥바라지를 해야 했다는 것을 의미한다. 로이스의 장례식 추도사에서 마펫의 아들인 마삼락(Samuel H. Moffet)은 그 당시의 일을 이렇게 이야기한다.

> 1919년 조선의 학생들이 경찰의 폭력을 피해 모의리 부부의 집으로 피신하였습니다. 모의리 부부는 이들을 돌려보내지 않았습니다. 이 일로 인해 모의리 씨는 체포되었고, 삼일운동에 직접 연루된 혐의로 감옥생활을 한 유일한 외국인이 되었습니다. 모의리 여사가 한국을 위해 감옥에 갇힌 외국인 남편에게 부지런히 음식이랑 옷가지를 나르던 모습은 온 나라 사람들에게 더없이 깊은 인상을 남겼습니다.[130]

128) 이것은 서울의 미국 총영사 측에서 조선총독부의 법무부 책임자인 게쿠부(Mr. S. Kekubu)에게 항의하였고, 그가 평양의 검찰총감(Chief Public Procurator)에게 전보로 지시하여 취해진 조치다. 최대한 빠른 시일 내에 모의리에 대한 조사를 마무리할 것, 그리고 침대와 의자를 제공할 것, 이 두 가지였다. 4월 11일 자로 서울의 영사가 동경의 대사에게 보낸 보고서.

129) 모의리의 성경책은 사전에 철저한 검열을 거친 것으로 보인다. 이 대목에서 모의리의 회고는 웃음이 난다. "나중에는 성경책도 볼 수 있게 해 주었어. 물론 나한테 건네주기 전에 철저하게 검사한 게 틀림 없지만 말이야. 왜냐하면 재판할 때 왜 이런저런 구절들이 잘려 나가고 없는지 물었었거든. 틀림없이 그들은 그 구절들이 불온한 것으로 보일까봐 내가 미리 잘라냈을 것이라 생각했겠지. 그런데 그 성경은 사실 내가 신학교 시절 사용하던 거야. 없어진 구절들은 내가 공책에 갖다 붙이려고 오려냈던 것들이고."

130) "Memorial Minute for Mrs. Mary Lois Mowry (Mrs. Eli)" (1975).

앞서 잠시 언급한 것처럼, 모의리의 유치장 생활에 대해서도 잘못된 기록들이 자주 발견된다. 우선 구금되어 있었던 기간에 관한 오해다. 4월 4일 저녁 경찰서에 출두하여 구금된 이후 15일 첫 재판이 있었고, 19일 선고공판이 있었다. 이때 6개월 금고형이 선고되었지만, 동시에 보석이 허락되어 풀려나면서 "감옥살이"는 16일 만에 마무리되었다. 여러 번의 재판을 거쳐 사건은 100원의 벌금형으로 최종 마무리되었다. 따라서 "여러 차례"는 말할 것도 없고, "6개월 동안" 감옥살이를 했다는 언론 보도나 항간의 설명 역시 사실과 다른 셈이다.

감옥에서의 형편에 대해서도 오해가 적지 않다. 불휘총서 『마펫』 편에는 마펫이 남긴 기록을 근거로 "모의리 교수가 구금되어 구치소에 있는 동안 7일 동안 앉거나 눕지 못하고 서 있도록 강요를 받았다고 한다"고 기록하고 있고, 첨부된 실제 문서 앞에도 같은 취지의 요약문이 더해져 있다.[131] 하지만 이는 독립운동을 위해 모의리에게 돈을 받았다는 혐의를 받았던 여학교 비서에 관한 묘사를 모의리에 관한 사실로 잘못 읽은 것이다. 물론 다른 조선인들처럼 푸른 수의를 입고 바닥에서 자기를 고집했다는 언론의 묘사 역시 전혀 사실과 다르다.

3) 재판 이전의 조사

경찰서 소환 이후 4월 15일 재판이 열릴 때까지 경찰서 유치장에 수감되어 있는 동안 모의리는 매일 혹은 이틀에 한 번 꼴로 불려 나가 심문을 받았다. 수감 후 초기 경찰의 관심을 쏟았던 대목은 모의리의 집에서 불온 선전물이 만들어졌고 이것이 평양 시내에 뿌려졌다는 혐의를 입증하는 것이었다. 경찰이 특히 이보식이나 김태술 같은 이를 잡으

131) 김선욱/박신순, 『마펫』, 76, 222.

려 혈안이 되었던 것도 이 사안 때문이었다. 당시 심문과 관련하여 모의리는 경찰이 "우리 집에 등사기가 있었고 거기서 선전물이 만들어졌다"는 결론을 이끌어 내려고, 그리고 "나를 그렇게 자백하도록 만들려고 무진 애를 쓰고 있는 것을 알게 되었다"고 말한다. 출옥 후 미국 상원의원 로버트 랜싱(Robert Lancing)에게 보낸 사적 보고에서 지적하는 바를 보면, 당시 경찰은 이런 내용의 혐의를 언론에 흘려 분위기를 조성하려 했고, 간혹 미국 정부의 전문 등에도 이것이 실제 혐의의 일부로 적시되기도 했다.[132] 실제 4월 7일 서울 주재 미국 총영사 베르그홀츠가 총독부 관방외사과장 사부로 미나미츠에게서 들은 혐의는 "불온 인쇄물 제작하도록 집 사용을 허락했다"는 것과 "조선의 범죄자"들을 은닉한 죄로 고소되었다는 두 가지였다.[133] 하지만 "다행히" 당시 모의리의 집 내에는 등사기 자체가 없었다.[134] 따라서 경찰이 심증을 갖고 있던 결론이 나올 리 없었다. 이후 재판 과정에서는 이 부분이 언급되지 않는 것을 보면, 모의리 자신의 말처럼 경찰 역시 이 혐의는 곧바로 포기한 것으로 보인다.

이 부분에서도 잘못된 정보가 자주 유통된다. 다양한 자료들에는 실제 모의리가 "독립선언서를 영어로 번역하고 이를 해외선교부에 보낸

---

132) 1919년 10월 21일 자, 로버트 랜싱에게 보낸 편지.

133) 1919년 4월 7일 자, 베르그홀츠가 롤런드 모리스(Roland Morris) 동경 대사에게 보낸 전문.

134) 실제로 등사기가 활용되었던 곳은 마펫의 사택이다. 숭실대학생이던 이보식, 김태술, 이경호, 이인선 등이 마펫 부인의 거처하던 건물에서 『독립신문』, 『경고』, 『급고』, 『시기를 잃지 마라』 등과 같은 문서들을 만들어 평양 시내에 배포하였다. 황민호, "매일신보에 나타난 평양지역의 3.1운동과 기독교계의 동향," 97. 그 무렵 모의리의 집에 숨어 지내던 길진경은 "거기에서 한 주일 동안을 은거하면서 태안 양행에 사람을 보내어 등사판과 등사 도구를 구했다"고 한다. 그리고 "등사만은 필자 혼자 감당할 수 없어 모의리 선교사의 소개로 숭실 중학교 고학생 한 사람의 도움을 받았다"고 한다. 서로의 이름을 알리지 않기로 하고, 이 사람은 성경학교 지하실에서 자신에게 배달되는 원고를 등사하였다고 한다. 『길선주』, 274. 길진경이 모의리 집에서 실제 등사를 했는지는 분명하지 않다.

탓으로" 고소되어 형을 살았다는 설명이 나타난다.[135)] 하지만 이런 주장을 뒷받침할 만한 실질적 근거는 발견되지 않는다. 알 수는 없지만, 아마 등사기 관련된 경찰의 의심이 와전되며 생겨난 견해일 가능성이 높아 보인다. 사실 모의리 자신은 재판 과정에서 삼일운동과 자신과는 어떠한 관련도 없다는 사실을 강하게 주장했다. 모의리 및 다른 선교사들이 "시위대를 보호해 주었다"는 설명이나, 모의리가 삼일운동을 "후원했다"는 숭실대 출간 자료의 설명 또한 정확한 것이 아니다. "한국 학생들과 같이 독립만세를 불렀고, 많은 학생을 숨겨주며 적극적이었다"는 방지일의 회고 역시 기억의 착오인 것이 거의 분명하다.[136)]

결정적인 혐의를 입증하는 데 실패한 경찰은 곧바로 전략을 바꾸어 모의리에게 범인은닉죄, 당시 표현으로 "범인장닉죄"(犯人藏匿罪)를 적용

---

135) 1971년 11월 29일 거행된 모의리 추모예배 순서지에 기록된 약력; 이영헌, 『한국기독교사』(서울: 컨콜디아사, 1978), 157; 민경배, 『한국기독교회사』(서울: 연세대출판부, 1996), 352. 이는 1997년 간행된 『숭실대학교 100년사』에서도 그대로 반복된다. 근거로 제시된 매일신보 기사에도 관련 내용은 나오지 않는다. 흥미롭게도 『숭실대학교 100년사』 중 해당 부분은 저자가 특정되어 있지 않다. 민경찬의 『숭실대학과 한국의 근대음악』에도 같은 내용이 나온다(70쪽). 최근의 한 연구에서도 동일한 주장이 나타나지만, 근거자료는 제시되지 않았다. "E. W. Mowry, a professor of Sungsil University, protected the students in his own house who prepared the Declaration and the Tekukgi (the national flag), also translating it, and sent it to the headquarters of the homeland. Because of his activities, he was sentenced to a six month imprisonment in Pyungyang." JongTeack Oh, *The Root of Puritanism in Korean Presbyteiran Church* (PhD Dissertation; University of Pretoria, 2007), 121. 한국기독교역사연구회의 연구를 기초로 기독교대한 감리회에서 펴낸 자료집에서도 그대로 반복된다. 『삼일운동과 기독교 관련 자료집, 제 1권: 인물편』 (서울: 기독교대한감리회, 2017), 444. 보다 대중적인 글 속에도 이런 잘못된 정보가 자주 발견된다. 가령, 김영한, "3.1운동과 한국교회: 개혁신학적 성찰(IV)" (2019년 4월 1일 자, 크리스천투데이). 이 주장의 최초 진원지는 아직 확인하지 못했다. 마삼락이 소장했던 모의리 관련 자료에 영문 독립선언서가 포함되어 있는데, 김도형의 연구에 비추어 보면 이는 번하이슬과 트윙 두 선교사의 번역으로 보인다. 「대산문화」 17 (2019 봄)호. http://daesan.or.kr/webzine_read.html?uid=3665&ho=84.

136) 곽신환, 『윤산온』, 332; 이원, 『맹로법과 기계창』, 73, n.79; 설충수 지음/엮음, 『방지일과 산동선교』, 77; 『평양숭실 회고록』, 117. 한 곳의 잘못된 정보가 다른 자료들에서도 그대로 재활용된 경우들이다.

하여 심문을 계속한다.[137] 이보식, 김태술, 길진경 등과 같이 경찰이 추적하고 있는 범죄자를 범죄자인줄 알면서도 자기 집안에 숨기고 보호해 주었다는 혐의였다. 이 혐의를 입증하기 위해 경찰은 구금된 이들을 심하게 고문하며 극단적인 방법의 취조를 주저하지 않았다.[138] 이렇게 유치장 생활 이후 연말까지 이어진 여러 번의 재판은 이 혐의를 둘러싼 공방으로 이루어졌다.

4) 평양에서 열린 1심 재판

4월 4일 저녁 경찰에 출두했던 모의리는 열흘이 넘게 경찰서 유치장에 구류되어 심문을 받다가 4월 15일 평양지방법원에서 첫 재판을 받았다. 일본의 식민정부가 미국인 선교사를 보안법 위반 범죄자로 규정하여 재판을 했던 사건인 만큼, 이 일은 당시 미국 정부 관계자들과 미국장로교 선교부를 비롯하여 수많은 이들의 비상한 관심을 끌었다.[139] 이 대목에서도 재판 자체에 대한 가장 상세한 설명은 번하이슬과 함께

137) 이런 혐의의 변경은 당시 상황과 관련된 미 영사관 및 대사관의 전문에도 확인된다. 4월 7일 베르그홀츠 영사가 총독부 외사관방장관 미나미츠와 통화한 전후 불온문서 관련 혐의는 포기한 듯하다.

138) 길진경은 독립신문 발간 관련 혐의는 선명하게 밝혔지만, 모의리 관련 사실을 추궁하기 위한 고문은 "그야말로 사람을 개 다루듯이 하는" 것이었다고 말한다. "물에 고춧가루를 타서 코에 붓기도 하고, 소의 신을 뽑아 내어 삼끈을 찬찬히 감아 물에 불리운 채찍으로 결박된 알몸을 후려갈겨 몸에 감긴 채찍을 잡아 당겨 피부가 벗겨지게도 하고 참대를 얇게 깍아 손톱눈 밑으로 찔어 넣기도 하는 등 고문의 수단은 그야말로 악귀의 장난 그것이었다." 길진경, 『길선주』, 275.

139) 미국 정부는 사건 초기부터 사태의 추이를 예의주시하며 총독부 관계자와 소통하면서 지속적인 관심을 기울였다. 이는 서울 주재 베르그홀츠 영사와 동경 주재 롤런드 모리스 대사 및 본국의 국무성 사이에 오고 간 수많은 전문들을 통해 확인할 수 있다. 이들 자료는 국사편찬위원회가 구축한 독립운동 관련 자료집에서 온라인으로도 읽을 수 있다.

http://db.history.go.kr/item/level.do?sort=levelId&dir=ASC&start=1&limit=20&page=1&pre_page=1&setId=-1&prevPage=0&prevLimit=&itemId=kd&types=&synonym=off&chinessChar=on&brokerPagingInfo=&levelId=kd_029&position=-1.

재판을 참관하고 이를 상세하게 기록하여 보고한 마펫의 보고서다.[140] 또한 사태의 추이를 예의주시하면서 오고간 미국 외교관들의 전문들이나 이 사건을 다룬 언론 보도 역시 적지 않다. 특히 일제 치하에서 한국의 열악한 정치적 상황을 널리 알려고자 애를 썼던 신문인 『재팬 애드버타이저』(Japan Advertizer)의 경우, 5월 4일 자 "모의리 목사 조선 문제와 무관"이라는 제하의 기사에서 마펫 박사의 재판 보고서의 중요한 부분을 거의 그대로 인용하면서 각 대지마다 내용을 요약하고 평가하는 해설문을 덧붙여 보도하였다.[141] 물론 매일신보와 같은 친일 신문들은 식민정부의 입장을 고스란히 대변하는 입장에서 여러 번 모의리의 재판 관련 기사를 내어보냈다.[142]

여러 날 구금되어 있었지만, 재판은 갑작스럽게 이루어졌다. 변호사를 확보할 시간적 여유가 없었다는 점이 이 재판과 관련하여 가장 중요한 사실 중 하나로 여겨진다. 재판 예정 시간은 15일 오전 10시인데, 정작 모의리가 이 사실을 통보받은 것은 바로 그 전날 오후였다. 모의리를 면회하면서 경찰과도 계속 접촉하며 사태를 예의주시하던 모의리 여사나 마펫의 경우도 재판 통보를 받지 못한 것은 마찬가지였다. 마펫의 경우, 심문이 끝나고 혹 재판을 받게 되면 미리 알려 달라고 요구해 둔 상태였지만, 실제 통보는 재판 전날 오후가 되어서야 이루어졌고, 그

140) 이 재판에 관한 마펫 박사의 상세한 보고서는 4월 17일 서울의 미국 총영사가 동경의 롤런드 모리스 미국 대사에게 보낸 전문에 첨부되었고, 나중에 *Congressional Record*, July 17, 1919, pp. 2854-55에 수록되었다. 이 영문 보고서는 불휘 시리즈의 『마포삼렬』에도 들어 있는데, 그 앞에 붙인 편집자들의 설명에는 재판 날짜가 4월 21일로 잘못 기재되어 있다(207쪽).

141) 김승태, "『재팬 애드버타이저(The Japan Advertiser)』의 3.1운동 관련 보도." 『한국독립운동사연구』 54 (2006), 161-204. 이 논문에는 이 기사의 원본 사진과 번역본이 함께 수록되어 있다. 이 논문에 실린 번역문은 류시현 편, 『재팬 애드버타이저(The Japan Advertiser) 3.1운동 기사집』 (천안: 독립기념관 한국독립운동사연구소, 2015), No. 100에서 가져온 것이다.

142) 황민호, "매일신보." 『평양숭실대학 역사자료집 III: 민족운동, 신사참배 거부와 폐교』(숭실대학교 한국기독교박물관, 2017)에도 모의리와 관련된 여러 기사들이 소개되어 있다.

것조차도 직접이 아니라 감리교 병원을 통한 간접적인 전언이었다. 이렇다 보니 애초에 마펫은 이 전언이 신빙성이 없는 것으로 여겼다. 그러다 15일 아침 법정에 가서야 그 전언이 실제 재판의 통보였음을 알 수 있었다.

개정 시각인 열시 조금 전 마펫과 번하이젤은 법정에 들어갔다. 호리베 담당판사와 에도 검찰관, 그리고 통역관과 서기가 벤치에 앉아 있고, 그 뒤에 몇 명의 군인들이 서 있는 모습이었다. 피고인 모의리는 그 아래 앉아 있었고, 여섯 명의 헌병과 경찰이 지키고 서 있었다. 방청객으로는 일본계 기자가 세 사람, 그리고 약 30-40명 가령 되는 조선인과 일본인 방청객들이 있었다. 심문은 모의리가 선 채로 진행되었다.

꽤 상세한 질문과 답변이 오고 갔지만, 쟁점이 되는 사안은 사실상 하나였다. 곧 모의리가 자신의 집에 숨어 있던 학생들이 경찰이 검거하려고 하는 범죄자라는 사실을 인지하고 있었는가 하는 점이다. 기본적인 인적 사항에 대한 확인이 이루어진 후, 재판은 검사가 아래와 같은 혐의를 낭독하면서 시작되었다.

> 당신은 경찰이 아래 거명한 학생들을 추적 중이라는 사실을 알면서도 이들을 당신의 집에 머물 수 있게 허락하였다: 이금호와 김태술(金泰述)과 이인선(李仁善)은 4월 2일부터 4일까지, 이보식(李輔植)은 10일 동안, 그리고 길진경(吉鎭京)은 수일 동안.[143)]

이어진 심문은 우선 모의리의 집에 있었던 것으로 확인된 학생들과 모의리의 관계를 집중적으로 캐물었다. 범죄자들을 의도적으로 숨겨준

---

143) 마펫의 보고서와는 달리, 『3.1운동 자료집』에는 이금호, 김태술, 이인선 세 사람 관련 내용이 문장 제일 뒤로 옮겨져 있는데, 이는 편집의 결과로 보인다. 초기에는 모의리의 집에서 열 명의 범죄자가 발견되었다는 식의 기록이 언론이나 미국 영사관의 보고에 등장하기도 하는데, 모의리 자신이 지적하는 것처럼, 이는 사실과 다르다.

정황을 밝혀내려는 것이 검찰의 의도였겠지만, 모의리는 학생들과의 관계가 오랜 시간 자연스럽게 형성된 것이었으며, 그들이 일상적으로 자신의 집에 드나들거나 머물고는 했다는 사실을 분명히 하였다. 언제나 그랬듯이 학생들을 자신의 집에 찾아온 "손님으로 머물게 했을 뿐," 결코 "도망자들로 숨겨준" 것은 아니라는 것이다.[144] 이 대목에서 모의리는 자신이 학생들에게 "잘못한 일이 있을 경우에는 보호해 줄 수 없다"는 사실을 분명히 전달했으며, 그리고 자신이 미국인으로서 "독립운동과 관련해서는 어떤 일도 한 적이 없고, 그 운동과 무관할" 뿐 아니라, 학생들에게도 같은 취지로 말을 했다고 주장하였다. 물론 정황적 증거를 무시하기는 어렵다. 검사는 이 점을 집요하게 물었고, 모의리는 조선인들이 늘상 집에서 자고 가기 때문에 그 자체로는 이상할 것이 없지만, "때가 때이니 만큼, 짐작이 가는" 점이 있기는 했다고 시인하였다. 하지만 자신의 집에 머물렀던 바로 그 학생들이 경찰의 추적을 받는 당사자들이라는 사실은 명시적으로 알지 못했다고 주장했다. 곧 그들이 추적의 대상일 지도 모른다는 "짐작이 가기는"(guessed) 했지만, 실제로 그들이 경찰이 지목한 "범죄자"라는 사실은 알지 못했다는 것이다. 물론 검찰은 이것을 제기된 혐의에 대한 사실상의 시인으로 받아들였다. 그리고 다음과 같은 내용을 구형하였다.

> 증거와 당신의 진술을 취합해 보면, 당신은 모든 학생들이 체포 대상이라는 사실을 부분적으로 알았거나, 당신의 집으로 피해 들어온 학생들이 도망 중이라는 사실을 눈치 챈 것으로 보입니다. 학생들은 숨겨달라는 부탁을 했다고 말하는데, 당신은 보호해 달라는 부탁인 줄

144) 따라서 그의 훈장 서훈식에서 당시 워싱턴 주재 장면(John M. Chang) 한국 대사가 말한 것처럼, "모의리 박사가 그의 한국인 조수와 다섯 명의 자기 학생을 그들에게 내어주기를 거부하였다"는 것은 모의리 자신이 힘주어 부인한 주장으로, 당시 상황에 대한 정확한 진술은 아니다. "Introductory remarks" (1950. 3. 1).

은 잘 몰랐다고 말하고 있습니다. 이것은 알고 있었다는 말이나 다름이 없습니다. 물론 죄의 경중이 다르기는 하겠지만, 법을 위반한 것이라는 사실은 달라지지 않습니다. 법률에 따르면 이는 2년 이하의 금고형이나 200엔 이하의 벌금형에 해당합니다.[145] 3월 내내 경성에서 평양에 이르기까지 모든 기독교인들이 시위에 참여했고, 이는 지금까지도 진정되지 않은 채 계속 이어지고 있습니다. 그런 이유로 .... '어떤 사람들이 조선인들을 선동하고 있다'는 소문이 파다합니다. 그들이 실제로 그렇게 해 왔으며, 따라서 그들에게 잘못이 있다고 볼 여지가 충분해 보입니다. 미국의 소유가 된 하와이나 필리핀에서 윌슨 대통령에 반대하는 사람들이 독립을 위해 소요를 일으켰고, 거기 있는 일본인들이 이들을 숨겨주었다고 합시다. 그렇다면 미국의 관리들은 어떻게 하겠습니까? 일본인들이 범죄자를 숨겨준 사실이 범죄가 될 것입니다. 설사 그게 잘못인 줄 당신이 몰랐다 해도, 이 경우는 죄가 있다는 사실이 분명합니다. 이 사안에 관해서는 기독교에 혐의를 묻지 않을 수 없습니다. 그리고 당신은 독립을 위해 소요를 일으킨 이들을 숨겨주었습니다. 당신의 범죄는 중대합니다만, 한편으로는 도망으로 갈 곳이 없는 학생들과 직원들을 받아주었다는 점에서 인간적인 온정(인심)을 베풀어 준 것이기도 합니다. 이에 6개월의 금고형을 구형하는 바입니다.[146]

검사의 구형 논고에는 두 가지 사항이 눈길을 끈다. 우선, 조선인들의 독립운동 배후에 선교사들의 선동이 있다는 생각이다. 비록 "어떤

---

145) 영문 보고서 원문은 "The law provides ..."인데, 검사의 구형이므로 『3.1운동 자료집』의 "부과합니다"는 오역이라 할 수 있다. 실제 담당 판사의 선고는 19일에 이루어졌다.

146) 이 뒤에 "(당신은 이것이 가벼운 형량임을 알아야 합니다)" 하는 말이 괄호 속에 나오고, 또 다른 괄호 속에 "(이 마지막 문장은 확실치 않다)"는 말이 덧붙여져 있다.

사람들"이라고 막연하게 표현하고, "소문에 의하면"과 같은 말로 직접적인 비난은 삼가지만, 그 진술의 의미는 매우 선명하다. 문제가 되는 것은 "이 사안" 하나인데, 검사는 여기서부터 "기독교에 혐의를 묻지 않을 수 없"다고 비약한다. 또한 여기서의 "기독교"가 조선의 기독교인들을 넘어 기독교를 갖고 들어온 미국의 선교사들을 겨냥한 표현이라는 사실도 분명하다. 그렇다면 모의리의 구속과 재판은 모의리 한 개인의 혐의를 다투는 재판을 넘어, 일본이 삼일운동의 배후로 의심하고 있는 미국 선교사들을 염두에 둔 움직임이라 할 수도 있다.

또한, 모의리 사건을 두고 미국의 입장에 신경을 쓰지 않을 수 없는 일본의 입장이 여실히 드러난다. 검사가 구형의 정당성을 입증하기 위해 미국이 강제로 합병하여 식민지로 삼은 하와이를 거론하고, 거기서 독립운동하는 이들을 숨겨둔 일본인이라는 가상적 상황을 설정한다. 같은 상황이라면, 미국의 관리라도 지금의 일본처럼 행동하지 않겠느냐고 묻는다. 이는 일본인 재판장을 향한 물음이 아니라 자국 국민의 재판에 신경을 곤두세우고 있는 미국을 의식한 자기변호성 물음이다. 미국의 입장을 무시할 수도 없지만, 그렇다고 자기 나름의 제국주의적 행보를 포기할 생각도 없는 일본의 처지가 잘 드러나는 대목이다.[147)]

검사의 구형 논고 후 통역관은 모의리에게 구형 내용을 이해했는지 물었고, 모의리는 "대강 들었소" 하고 한국말로 대답하였다. 하지만 그는 구형을 선고로 착각하고, "무슨 결정이 내려졌습니까? 6개월로 결정된 것입니까?" 하고 물었다. 그리고 혐의를 인정하느냐는 물음과 자신의 무죄를 주장하는 짧은 진술이 있었고, 최종적으로 인적 사항을 다시 확인하는 절차가 있었다. 재판을 끝내면서 재판장은 선고를 19일

147) 한국을 식민지배하면서 가장 신경을 썼던 부분이 국제여론이었다. 삼일운동 당시 이 부분에 대한 일본의 분위기에 대해서는 김승태, "재팬 애드버타이저", 164-166에 간명한 설명이 나온다.

10시로 연기하였다.[148] 재판이 끝난 후 모의리는 머리에 용수가 씌워진 채 경찰에 이끌려 밖으로 나갔다. 이렇게 용수를 쓰고 다시 유치장으로 이끌려가는 모의리의 모습이 사진에 담겼고, 이 한 장의 사진은 모의리 개인을 넘어 당시의 상황을 집약하는 상징이 되어 유명해졌다.

재판 후 마펫과 번하이설은 일본 검찰관에게 면회 시 사건에 관해 이야기를 하지 못하게 했고, 또 재판 통보가 너무 촉박하여 변호사를 선임할 기회가 없었다는 사실에 대해 항의하였다. 이에 대해 검찰관은 재판 연기를 신청할 수도 있었는데, 모의리가 그렇게 하지 않았다고 대답한다. 또한 선고 후 항소할 수 있으며, 그때 변호사를 선임할 수 있으며, 피의자를 구금된 상태로 너무 오래 두지 않으려고 가능한 한 빨리 재판을 진행한 것이라고 답변하였다. 그리고 이들은 곧바로 서울의 미국 총영사에게 전보로 보고하였다. 사건 관련 전문에서 확인되는 것처럼, 제대로 된 법적 보호를 받지 못했다는 사실은 미국 정부에서 가장 크게 신경을 쓴 부분이기도 하다.

재판 연기 가능성에 대해서는, 미국 대사 모리스의 보고서에도 모의리가 그렇게 할 수 있다는 것을 알면서도 이를 스스로 "거부하였다"는 취지의 언급이 나타난다. 이후 워싱턴의 상원의원 랜싱에게 보낸 상세한 해명의 편지에서 모의리는 이런 주장이 사실과 거리가 멀다는 사실을 힘주어 강조한다. 자신은 구금된 상태였고, 면회 시에도 재판 관련 이야기는 일체 허용되지 않았다. 재판이 열린다는 통보는 전날 오후에야 받았고, 자신은 물론 주변의 누구도 재판 연기가 가능하다는 사실에 대해서는 어떠한 이야기도 들은 적이 없었다. 연기를 요청할 기회조차 없는 상황에서 자신의 "중대한 실수"(grave oversight)를 말하는 것은

148) 1심재판 후 선고공판이 따로 열린 관계로, 날짜에 대한 혼선이 자주 관찰된다. 가령 『사진과 연표로 보는 평양 숭실대학』(숭실대학교 120년사편찬위원회 편, 2018)에도 4월 19일 날짜에, "숭실대학 모의리 교수에 대한 보안법 위반 피고사건의 재판이 개정되었다"고 되어 있다. "개정"(開廷) 날짜는 15일이다.

옳지 않다는 것이다.[149)]

예정대로 19일에 열린 모의리의 선고 공판에는 미국 총영사관를 대표하여 커티스 영사가,[150)] 그리고 모의리의 변호사 자격으로 서울의 오쿠보 변호사가 참관하였다. 그동안 3개월 정도의 형이 내려질 것이라는 분위기가 있었지만, 실제로는 검찰관의 구형대로 6개월의 징역과 강제노역(six months imprisonment at hard labor)이 선고되었다.[151)] 이에 대해 모의리 측은 즉각 항소하였고, 동시에 보석을 요청하여 300엔(당시 미화로 149.55 달러)의 보석금을 내고 석방되었다. 재판은 끝나지 않았지만, 처음 소환되고 구금된 후 16일 만에 유치장 생활을 끝낸 셈이다.

선고 공판을 참관했던 오쿠보 변호사는 커티스 영사에게 지금까지 자신이 살펴본 바로는 무죄 선고가 당연하다는 의견을 피력하였다. 또한 미국 영사관 측은 미국인에 대한 재판이 일본어와 영어가 아니라 일본어와 한국어로 이루어진 사실에 대해 우려를 표명하였지만, 막상 재판에 대한 그들의 인식 역시 다분히 공식적 재판 자료나 언론의 보도에 의존된 것이었다. 이후 모의리 자신이 해명한 바에 의하면, 실제 모의리의 주장이 의도대로 정확히 전달되지 못했던 것 같다. 모의리는 검속과 체포 당시의 공포적인 상황, 특히 기독교학교인 숭실대학과 숭

149) 1919년 10월 21일 자, 모의리가 Robert Lancing에게 보낸 편지. 여기서 모의리는 재판을 둘러싼 여러 잘못된 사실과 견해가 정부의 공식 문서에서조차 발견된다는 사실에 대해 강한 유감을 표명하였다.

150) 황민호, "매일신보", 103에는 "미국 부영사 '크롬스'가 참석한 재판에서 징역 6개월을 구형받은 후 미국과의 정치적 관계를 고려하여 300원의 보석이 허락되었다"고 했는데, 구형이 이루어진 15일의 재판에는 커티스 부영사가 참석하지 않았고, 그가 참석한 선고공판은 19일에 이루어졌다. 황민호의 글에 나오는 '크롬스'는 매일신문 기사의 '코룸소'에 근거한 것으로 보이는데, 정확한 이름은 커티스(Raymond S. Curtice)다. 또한 같은 논문의 각주 67에 4월 11일로 잘못 기재되어 있는 매일신보 기사의 정확한 날짜는 4월 21일이다. 『역사자료집 III』, 14-15 참조.

151) 1심판결문 사진 자료; 1919년 4월 22일 미국의 조선 영사 베르그홀츠가 미국부 장관에게 보낸 전문. 방지일이 "징역 3년형을 받았다"고 말한 것은 기억의 착오다. 『평양숭실 회고록』, 117. 1935년 3월 15일 자 신한민보에도 뉴욕에서 열린 모의리 박사 환영식 관련 기사 중 "일심에 일 년 체형의 언도를 받자 공소 하에 6개월로 감형되는 판결을 받았습니다" 하는 잘못된 내용이 나온다. 『자료집 I: 학사일반』, 254.

실중학생들이 범죄 소명 여부와 무관하게 받았던 경찰의 폭력 등을 강조한다. 그래서 자신이 법정에서 인정한 "짐작"이란 그런 일반적 공포분위기로부터 피하려 한다는 사실에 대한 짐작일 뿐, 해당 학생들이 구체적 혐의를 받고 있다는 사실은 조금도 알지 못했다는 사실을 분명히 하였다.

또한 동경의 모리스 대사는 재판이 급하게 열려 법적 조언을 받을 기회가 없었다는 사실, 재판을 연기할 수도 있었는데 모의리가 그렇게 하지 않았다는 사실을 언급한 후, 다른 면에서는 재판이 상당히 공평하게(with reasonable fairness) 진행되었다고 평가했다. 또 모든 증거로 미루어 보건데, 모의리가 "범죄자들을 불법적으로 은닉했다는 추론이 사실상 가능하지 않다"(just barely sufficient)는 의견을 본국 국무성에 보고하였다.[152] 물론 모의리는 "공정했다"는 평가에 강력한 반대를 표명하면서, 법을 조금이라도 아는 사람은 다 무죄의 결론을 피할 수 없다고 생각했다는 사실, "모든 게 재판 이전에 다 결정되어 있었고, 판사들은 위에서 시키는 대로 판결할 뿐이라는 건 거의 모두가 아는 사실이라"고 지적한다.[153]

5) 이후의 재판 과정들

모의리의 항소심은 5월 10일 평양복심법원에서 하시모토 판사의 주재로 열렸다. 이번에는 얼마 전 105인 사건를 맡아 변호했던 동경의 기독교인 변호사 우사와, 서울의 오쿠보 및 평양의 모리오까가 변론을 맡았다. 모의리의 변호사들은 유죄로 만들라는 총독의 지시를 받은 것이 아니라면 법 조문으로 보나 증거로 보나 무죄 선고가 당연하다는 주장

152) 1919년 4월 30일 자, 동경 대사 모리스가 미국무부에 보낸 전문.
153) 1919년 10월 21일, 모의리가 로버트 랜싱에게 보낸 편지.

을 개진하였다. 모의리의 혐의는 "벌금 이상의 처벌을 받을 만한 행위한 위반자"를 은닉했다는 것인데, 이들 학생들은 아직 재판에 회부되지도 않았고, 당연히 그들의 범죄 여부조차 아직 확정되지 않았다. 따라서 이런 상황에서 "범죄자"를 은닉했다는 혐의로 모의리를 체포하고 구금한 것은 엄연히 불법이라는 것이다.[154] 변호사들의 기대와는 달리, 일주일 후인 5월 17일에 열린 선고공판에서 모의리는 징역 4개월에 집행유예 2년을 선고받았다. 판결문에 의하면, 범죄 자체는 중대하지만, 모의리가 선교사이며 교육사업에 종사하고 있다는 점, 그리고 그가 숨겨준 이들과 선생과 학생으로서 친분을 맺은 사이라는 점을 고려한 결과였다.

하지만 모의리는 이런 판결에 불복하여 바로 상고하였다. 모의리가 집에 머물게 한 사람들은 아직 범죄자로 규정되지 않았기 때문에 애초에 범인은닉죄가 성립하지 않는다는 점, 재판의 질문이 한국말로 진행되었다는 점, 그리고 첫 재판이 충분한 법적 보호 없이 진행되었다는 점 등이 상고의 근거로 제시되었다. 그 후 8월 18일 고등법원(Court of Cassation)에서는 변호사들의 주장을 받아들여 이전 평양복심법원의 판결을 파기하고, 사건을 경성복심법원으로 이송하였다.[155] 이후 10월 29일 열린 경성복심법원에서의 재판에서는 30일 이내에 벌금 100엔을 납부할 것, 그리고 미납 시 20일간 수감하여 강제노역에 처한다는 판결이 내려졌다.[156] 모의리 측은 다시 상고하였지만 12월 4일 고등법원에서 상고 기각 결정이 내려짐으로써 복심법원에서 내린 벌금형이 최종 판

154) 5월 5일 자, 서울 총영사 베르그홀츠가 미국무성으로 보낸 전문.

155) 8월 30일 자, 서울 총영사 베르그홀츠가 미국무성으로 보낸 전문; 고등법원판결문. 국사편찬위원회의 한국사데이터베이스에는 "모의리 건에 대한 법원의 기각 결정"이라는 제목이 달려있다. 모의리의 상고가 기각된 것이 아니라 이전 재판의 판결을 "파기"한 것이므로, "법원의 파기 결정"이라 부르는 것이 정확할 것이다.

156) 모의리의 "자전적 소묘"와 루세타에게 보낸 편지에는 모두 벌금이 50엔으로 나온다. 모의리 자신의 기억의 착오인 것으로 보인다. 『삼일운동과 기독교 관련 자료집』에도 벌금 50원으로 잘못 기재되어 있다(444쪽).

결로 확정되었다. 모의리가 머물게 해 준 학생들이 범죄자라는 직접적인 증거는 없지만, 그들이 체포를 피하려 한다는 것, 그리고 그들이 체포될 수 있는 이들이라는 사실을 분명히 알았다는 것이 판결의 이유였다. 이에 대해 베르그홀츠 영사는 "모의리 씨에게 대단히 부당한 판결이 내려졌다"고 기록한다.[157] 모의리 자신의 의사에 따라 벌금은 곧 납부되었고, 이렇게 해서 국제적으로 지대한 관심의 대상이 되었던 모의리 사건은 최종적으로 마무리되었다. 이처럼 길게 끌다 결국 벌금형으로 마무리된 과정을 두고 모의리는 이렇게 회고한다.

> 결국에는 50원의 벌금을 내야한다는 것 말고 다른 모든 선고는 파기되었지. 그 일을 끝내려고 그 벌금은 냈지. 다들 일본으로서는 나와 관련된 상황이 종료되어 다행이라 느꼈지만, 일단 일이 시작된 이상 어떤 식으로든 계속 끌고 나갈 수 밖에 없었을 것이야.[158]

이 사건 이후 한동안 경찰은 모의리의 뒤를 따라다녔다. 모의리를 인터뷰했던 한 기사에 의하면, 당시 "그가 가는 곳마다 일경은 뒤를 밟아 무슨 얘기를 하더냐고 교인들에게 묻고 다녔다. 한 삼년 이 짓을 당하다가 경찰서장에게 강경히 항의를 했더니 미행은 중단되었다"고 한다.[159]

---

157) 1920년 12월 20일 자, 서울 주재 밀러 총영사가 미 국무부 장관에게 보낸 보고서.

158) 루세타에게 보낸 편지. 이는 벌금형으로 마무리된 것이 "일본의 관리들의 면피를 위한 조치(a "face-saving" device for the Japanese officials)였다고 말하는 Henry Chung의 판단과 맥을 같이 한다, Henry Chung, *The Case of Korea* (London: Routledge, 1920), 184.

159) 동아일보, 1969년 3월 15일. 이 기사는 90에 가까운 모의리의 놀라운 기억력을 칭찬하는 말로 시작하지만, 모의리의 형량이 2심에서 "1개월로" 줄었고 3심에서는 "무죄"를 받았다거나, "김동진이 바이올린을 들고 마우리 댁에 드나들면서 지도를 받았다"는 이야기가 나오는 창작 수준의 기사다. 그 "놀라운 기억력"의 적지 않은 부분은 기사를 작성한 사람의 상상력을 통해 복원된 것이다. 잘 알려진 음악가인 김동진 본인의 회고에 의하면 그는 아버지의 선물이었던 바이올린을 독학으로 배우다가, 숭실중학 3학년 때부터 피아노 전공 음악교수 말스베리 교수(29년 내한)의 도움을 받아 공부를 계속하였다. 『평양숭실 회고록』, 248-249.

재판 사건과의 직접적인 관련은 알 수 없으나, 이 사건이 마무리되고 얼마 지나지 않은 시점인 1920년 일본의 식민정부는 모의리에게 초등학교 관련 업무로부터 손을 떼라고 종용한 것으로 보인다. 당시 선교 보고서 속에 그 내용이 간략하게 나타난다.

> 올해 일어난 일 중 흥미로운 것 하나는 정부가 매우 정중하게 내가 초등학교(city schools)과 관련된 업무의 일부를 내려놓았으면 한다는 요구를 했다는 사실입니다. 이번 학년도의 첫 학기 때 학생들이 정부 기관의 말에 사실상 복종하지 않았다는 이유에서입니다.[160)]

직접적인 간섭은 아니지만, 일제 당국은 모의리의 행보를 예의주시했던 것으로 보인다. 모의리의 회고 속에는 아래와 같은 일화가 등장한다.

> 일 년 정도 지난 무렵, 또 한 번 가슴 아픈 일이 있었다. 이 사건의 전후를 조사하러 온 독일 기자와 관련된 일이다. 이 사람이 나를 찾아와 한국에서의 일상생활에 대해 좀 알고 싶다는 의사를 표시했다. 그래서 어느 날 나는 어느 한 시골 마을로 그를 데리고 다녔다. 우리가 큰길 가에 차를 세우고 거기서부터 마을로 걸어 들어갔을 때, 우리 대화는 만주의 한 마을에서 한국 사람들을 위해 봉사하던 선교사 중 한 사람이 총에 맞아 살해당한 사건으로 옮아갔다. 기차역으로부터도 일주일이 걸리는 곳에 있는 마을이었다. 그 기자는 그 살인이 중국 강도의 소행이라고 들었지만, 나는 이곳에 있는 사람들은 모두 그게 일본 군대에 속한 사람들이 한 짓으로 알고 있다고 말해 주었다. 그 기자는 상해로 돌아가 한국에 있는 어떤 선교사가 이렇게 저렇게 말하더라고

---

160) 1920년 8월 선교보고서.

보도하였다. 그 소식이 다시 돌아 한국의 경찰 귀에 들어왔고, 사복을 입은 어떤 사람이 찾아와 그 사람이 누구인지 찾아내려 한다고 했다. 물론 그 무렵 이미 나는 아무 말도 하지 않았다. 이번의 가시는 그저 놀라기만 한 것이었지만, 이후 더 많은 시간이 지나기까지 여러 주 동안 경찰이 또 찾아오지 않을까 조바심이 났다.[161)]

필요한 상황이 아니면 자신의 이야기를 굳이 꺼내려 하지 않았던 성격 탓인지, 그의 선교보고서에도 지나간 상황에 대한 사후적 소회가 간략히 적혀있을 뿐, 사건 자체와 관련된 이야기는 거의 나오지 않는다. 당시 선교보고서에 그가 적은 소회는 이렇다.

4월 4일에 일어난 일들에 대해서는 무슨 말씀을 드려야 할지 잘 모르겠습니다. 저를 위한 제 가족의 염려나 이 일로 사역에 생겨난 문제들은 차치하고 제 자신만을 두고 말하자면, 이 일은 제 자신에게나 저의 사역에 말할 수 없는 축복이 되었다고 할 수 있습니다. 물론 저는 이 일들이 사역에 가져다 준 문제점들을 잘 알고 있습니다. 하지만 그럼에도 불구하고 여전히 결국에는 이 일이 제가 직접 몸담고 있는 사역에 큰 유익이었던 것으로 드러나기를 바라고 있습니다. 만일 여기 선교지에 있는 사람 중 누구라도 제가 지각없이 일을 처리하는 바람에 지금의 상황까지 오게 되었다고 생각한다면, 송구스럽게 생각합니다. 하지만 저는 이 일에 대해 거듭 생각해 보면서 이런 생각을 하게 됩니다. 곧 적어도 저 자신의 입장에서 보자면 이것이 저와 같은 성격을 지닌 사람이 할 수 있는 유일한 일이었다고 말입니다. 또한 저는 제가 마음 깊이 사랑하는 젊은 동료들에게 제가 해야 할 의무를 다한 것이며, 만

161) "자전적 소묘."

약 그런 일을 다시 당해야 한다고 해도 기꺼이 그렇게 하겠다는 생각입니다. 관련된 세 명의 학생들이 보다 견실한 성인으로 자라도록 돕는 일에 있어서, 이 일이 언젠가 저에게 가져다 줄 [영광의] 무게를 생각하면서 말입니다.[162)]

If there are any here on the field who think that it was a piece of senseless work on my part that brought me to this condition I am very sorry, but I have thought of it many times and feel that so far as I am concerned personally, that it was the only things that a person of my temperament could do and feel that I have done my duty to the young fellows whom I sincerely love and I would be willings to undergo it all again if necessary for the weight that I hope it will give me sometime in the future - with three of the students concerned in trying to help them to a more solid manhood.

이 소회 속에서 우리는 미국 선교부 소속의 해외 선교사로서의 한계 속에서, 나름의 방식으로 학생들을 깊이 사랑했던 한 선생의 모습을 읽을 수 있다. 화려한 투사는 아니지만, 누구보다 깊은 마음으로 숭실과 숭실의 학생들을 품었던 한 선생의 모습이다.

---

162) 연례보고서, 1919(1919년 10월 23일 접수). 마지막 문장은 다소 모호하여, 나름대로 의역하였다. 모의리가 언급한 "무게"는 바울이 말한 "영광의 무게" 곧 현재 일시적 고난의 "가벼움"이 장차 가져다 줄 영원한 "영광의 무거움"을 가리키는 것으로 보인다(고린도후서 4:17).
모의리의 학생 사랑을 이야기하면서 그가 "항일투쟁을 전개하다 퇴학당한 학생들을 비밀리에 중국으로 유학시켜 학비를 부담"했다는 설명이 나오기도 하지만(곽신한, 『윤산온』, 332), 기록 상의 근거는 확인할 수 없었다.

제5장

신사참배와 숭실의 폐교, 그리고 모의리

1. 신사참배

숭실의 역사에서 모의리가 가장 눈에 띄는 대목은 평양 숭실대학의 제5대이자 마지막 교장으로 일하던 시기다. 따라서 삼일운동과 관련하여 옥고를 치르고 재판을 받았던 사건 외에, 모의리의 이름이 가장 자주 거론되는 맥락은 1935년 이후 신사참배로 인한 총독부 정책과의 갈등에서부터 숭실의 폐교로 이어지는 일련의 과정들이다. 특히 신사참배 문제로 총독부와 정면으로 충돌하며 교장 자리에서 물러난 맥큔 이후, 평양 숭실대학의 마지막 교장으로 임명된 모의리는 폐교와 관련된 날선 논쟁의 과정 및 결과적인 숭실 폐교라는 지난한 과정의 고통을 가장 가까이서 온몸으로 받아내야 했다. 모의리는 숭실에 부임하면서부터 한국의 교육, 특별히 숭실대학에 대한 강한 애착을 가졌다. 그러기에 그런 격동 속에서 그가 느꼈을 고통 또한 남달랐을 것이다.

잘 알려진 것처럼, 숭실 폐교의 직접적인 원인이 된 신사참배 문제가 구체적인 갈등 상황으로 치닫게 된 것은 야스다케 다다오가 평안남도 도지사로 부임한 1935년 4월로 거슬러 올라간다. 그는 부임하자 곧

바로 "한 개 면에 신사 하나"(一面一社)라는 기치 아래, 일본 정부 및 조선총독부가 내세운 정책인 "국체명징"(國體明徵) 운동의 기조를 강력하게 밀어붙이고자 하였다. 일본 군부 정책의 강경화를 감지한 미국 북장로교 소속 선교사들은 1935년 7월 초 평양에서 열린 조선선교부 연례회의에서 신사참배 문제를 핵심 안건으로 다루고, 이 사안에 대해 강경한 입장을 갖고 있던 홀드크로프트, 솔토, 로즈 등으로 실행위원회를 꾸려 총독부와 교섭하도록 하였다.

보다 직접적인 갈등의 계기는 1935년 11월 14일 소집된 평남지역 공사립 중등학교장 회의였다. 여기서 평남지사 야스다케는 참석자 전원에게 평양신사 참배를 명령했지만, 숭실중학교 교장 맥큔을 비롯한 세 명의 교장들이 이에 불복하였고, 야스다케 지사는 이들 세 교장들에게 앞으로 신사참배에 응하지 않을 때에는 "단호한 조치"가 불가피하다는 입장을 통보하였다. 역시 같은 해 12월 4일 일본 천황의 둘째 아들 명명식 축하행사에서도 숭실중학교는 고의로 참배를 회피하였다. 이로 인해 일제 당국은 더욱 날카로운 시선으로 학교의 태도를 주시하기 시작했지만, 선교회 실행위원회는 신사참배를 거부하겠다는 결정을 내렸고, 이같은 취지의 답변을 평남지사에게 보냈다. 이는 곧 맥큔의 사임과 귀국으로 이어졌다.

신사참배 문제와 숭실의 폐교 과정은 다른 곳에서 이미 자세히 다루어졌다.[163] 여기서 우리의 관심은 그 과정에서 드러나는 모의리의 역할과 입장이다. 맥큔은 1936년 1월 20일 자로 숭실전문과 숭실중학의 교장직에서 물러난다. 맥큔이 해임될 무렵, 평남도 당국의 신사참배 압력이 더 노골화되면서, 이 문제를 둘러싸고 숭실의 경영자인 선교부 측과

163) 『숭실대학교 100년사-평양숭실편』, 484-524; 김승태, "평양 三崇의 신사참배 거부투쟁과 폐교," 『인문학연구』 42 (2012), 243-278; 이치만, "1930년대 이후 내한 미국선교사의 교육사업 철수에 관한 소고: 미북장로회 조선선교부를 중심으로," 『선교와 신학』 39 (2016), 267-295; 곽신한, 『윤산온』, 72쪽 이하.

한국인이 다수를 차지한 교수단 측의 입장 차가 점점 첨예하게 갈라졌다. 선교부는 예배행위가 명백한 신사참배 요구를 받아들일 수 없다고 보았고, 따라서 학교와 관련된 모든 결정은 이 원칙을 고수하는 것이라야 한다는 입장을 분명히 했다. 반면 실제 학교 교육에 몸담고 있던 사람들, 특히 한국 사람이 다수이던 당시 숭실 교수들 사이의 분위기는 사뭇 달랐다. 이런 분위기 속에서 1936년 2월 18일 숭실전문 교수회에서는 끝까지 평양 숭실전문학교와 운명을 같이 하겠다는 결의와 더불어, "여하한 방법에 의하여서나 조선교육령에 의한 숭실전문학교의 영구존속을 (위해) 절대로" 애를 쓸 것이며, 경영자 측에서 문제를 원만히 해결하지 못하는 경우 경영을 조선인에게 양도하기를 요구하는 결의서를 채택하였다. 당시 상황에서 "여하한 방법에 의하여서나 조선교육령에 의한"이라는 표현의 의미는 사실상 평남도 당국의 신사참배 요구를 수용한다는 입장 표명과 다르지 않았다. 또한 마펫과 맥큔에게 신사참배와 관련된 강경한 입장이 두 사람의 사적 견해인지 선교회 전체의 견해인지 질의하였고 두 사람은 2월 19일 아침까지 이에 대한 답을 약속했다. 그러나 두 사람은 그날 아침 아무런 통보도 없이 방위량과 함께 경성으로 떠났다. 학생들은 이에 분개했다. 이들은 모의리를 방문하여 마펫과 맥큔의 상경에 대해 질의하고, 이에 대해 모의리는 학생들의 기도회에 참석하여 두 사람이 "돌연 경성에 간 것은 경성에 있는 북장로교 선교회 최고실행위원회에 학교문제의 최고 방침을 협의하기 위한 것이니 그것으로부터 무슨 통지가 있을 때까지 기다려 달라"고 대답한다.[164] 하지만 학생들은 곧바로 대표단을 선정하여 경성으로 보냈다.[165]

또한 숭실전문 교수단 역시 극비리에 회의를 거듭한 결과, 2월 21일

164) 매일신보 1936년 2월 22일 자.
165) 기독신보 1936년 2월 26일 자.

밤 교수단 대표들을 경성으로 올려 보내 이미 경성에 가 있는 맥큔 및 마펫 등 학교의 설립자들 및 경영자들을 직접 만나 문제의 "근본적 해결"을 시도하도록 하였다. 애초에 발표하기로 계획했던 성명서 역시 이 두 사람이 돌아와 보고하는 내용을 들은 후 결정하기로 하였다. 이때 교수단 대표로 경성에 올라간 이는 이훈구와 모의리 두 사람이다. 모의리는 다수의 한국인과 소수의 일본인으로 이루어진 숭전 교수대표단 중 유일하게 이름을 올린 선교사다.[166] 전체 선교부의 분위기와 달리, 학교의 존속을 최우선 과제로 삼고 대화와 타협으로 상황을 해결하는 것이 최선이라고 생각했던 "소수파"로서의 행보를 보인 것이다. 이 만남과 관련하여 모의리는 매우 말을 아낀 것으로 보이지만, 늘 그랬던 것처럼 원만하게 해결될 것이라는 취지의 답변을 한 것으로 보인다.[167] 이런 혼란스런 상황 속에서 모의리는 숭실전문학교의 다섯 번째 교장으로 선임된다.

2. 숭실전문의 교장 모의리

맥큔의 해임 후, 마펫은 숭실의 3교를 대표하여 도 당국자와 후임 인선 문제를 두고 여러 차례 긴밀한 교섭을 이어갔다. 마펫은 애초부터 숭전 교장에 모의리를 추천하였고, 그대로 인준될 것이라는 것이 항간의 예상이었다. 2월 7일, 총독부 학무과장이 평남도 도지사 및 관계자들과 비밀 회동을 가졌을 때에도 이 부분에 대해서는 총독부 측에서

166) 매일신보, 1936년 2월 24일 자. 『평양숭실대학 역사자료집 III』, 221-222에 실린 조선중앙일보 2월 25일 자 기사에는 교수단 대표로 이훈구의 이름만 나온다.
167) 조선중앙일보 1936년 2월 26일 자.

도 별 반대가 없는 것으로 알려졌다.[168] 그럼에도 불구하고 모의리를 교장으로 하는 숭실 이사회의 제안은 애초에 조선인을 선호했던 당국의 재가를 얻지 못했던 것으로 보인다.[169] 특히 정식 교장이라기보다는 일종의 교장 "사무대행인" 성격이 강한 것으로 보아 쉽게 승인하려 했던 태도를 바꾸어, 그렇더라도 "신사참배를 하는 사람"이어야 한다는 주장을 폈다.[170] 하지만 2월 24일의 교섭을 통해 결국 절충안이 마련되었는데, 숭실전문에서는 교장으로 서양 사람을, 부교장으로는 조선 사람을 정하기로 하고, 숭실중학교는 교장에 조선 사람을, 그리고 명예교장으로 서양 사람을 임명한다는 틀을 마련하였다. 이 안에 따라 숭전의 경우 모의리를 교장으로, 이훈구를 교감으로 임명하기로 합의하였다.[171] 일제 당국의 입장에서 볼 때, 신사참배를 찬성한 것은 결코 아니지만, 폐교 불가를 외치며 학교의 존속을 최우선 과제로 여기던 사람이라는 점에서 모의리는 숭실의 선교사 중 도당국이 희망할 수 있는 최선의 선택이었을 것이다. 이렇게 해서 숭실 이사회는 1936년 3월 5일 모의리를 숭실전문학교의 교장으로 선임하였고, 평남지사 야스다케는 그다음 날 이를 인준하였다.

숭실의 학생들과 교수단뿐 아니라 일반 사회 여론에 이르기까지, 학교를 존속시켜야 한다고 생각했던 대다수에게 모의리의 교장 취임은 매우 고무적인 일로 받아들여졌다. 이를 두고 매일신보는 "신사참배로 학교를 살리자"는 열성이 효과를 발휘한 것이라는 취지의 기사를 내어 보냈다. 달리 확인이 어렵지만, 이 기사는 부교장인 이훈구가 "대외 대내적으로 사실상 교장의 임무를 보기로" 한 것이라고 말한다. 만약 그

168) 조선중앙일보, 1936년 2월 9일 자.
169) 조선중앙일보, 1936년 2월 4일 자; 기독신보 1936.2.26.
170) 조선중앙일보 1936년 2월 19일 자.
171) 조선중앙일보 3월 2일 자; 신한민보 1936.3.26.

랬다면 대중의 호의적인 분위기는 더욱 쉽게 이해할 수 있다. "이로써 두 학교의 기분은 전보다도 일층 명랑하게 되어 올봄의 졸업생들도 모두 새 교장의 이름으로 졸업증서를 주고 신입생들도 새 교장의 이름으로 모집하게 되었다."[172] 이후 5월 19일 숭전교우회에서 새로 취임한 모의리 교장을 위한 환영회를 개최한 것 역시 같은 분위기를 반영한다. 이 모임은 일반 유지들에게도 개방된 모임이었고, 따라서 평양의 유지들 뿐 아니라 다른 지역의 유지들 역시 다수 참석했던 것으로 보인다.[173]

3. 북장로교 조선선교회의 교육인퇴 결정

새로운 교장을 선임하기는 했지만, 평양선교지부 입장에서 이는 문제에 대한 결단을 연기한 것일 뿐, 당국의 신사참배 요구에 순응한다는 뜻은 아니었다.[174] 맥큔 교장이 사임한 뒤, 1936년 2월 21일 학무국장은 각 도지사를 통해 "신사와 종교에 관한 건"이라는 통첩을 보내어 기독교계의 목회자와 신도들에게까지 이를 주지시키도록 하였다. 물론 이 사안에 강경한 태도를 가진 북장로교 소속 선교사들이 당국의 이런 요구를 수용할 수는 없었다. 물론 당국의 요구를 거부한다는 것은

172) 매일신보 1936년 3월 7일 자. 이런 정황 때문인지 김성식은 "매퀸 씨는 학장직을 정두현씨에게 인계하고 미국으로 철수하였다"고 회고한다. 『평양숭실 회고록』, 39.

173) 매일신보 1936년 5월 20일 자.

174) 따라서 선교회가 "폐교 계획을 바꾸어" 교장을 새로 임명했다는 설명은 사실과 다르다. 이영헌, 『한국기독교사』, 200-201. 우호익은 모의리의 교장 임명이 폐교 방침을 정한 선교부가 "계단적으로 일을 끊으려고" 했던 과정의 일부라고 이야기한다. 『평양숭실 회고록』, 306.

현실적으로 현재와 같은 교육을 포기해야 한다는 것을 의미했다. 결국 1936년 6월 25일부터 7월 2일에 걸쳐 개최된 북장로교 선교사연회에서는 7월 1일 "교육철수권고안"을 표결에 붙였고, 이 제안은 69 대 16이라는 압도적인 지지로 가결되었다. 한 마디로 선교회가 "세속교육으로부터 철수하려는 정책을 인준해" 달라는 것이었다. 이 제안은 그해 9월 21일 선교본부의 총회에서도 승인되었다.

당시의 언론 보도에 거듭 나타나는 것처럼, 선교회의 이런 "교육인퇴(教育引退)" 방침은 폐교의 직접적 피해를 입게 되는 학생들과 교사 등 학교 관계자들뿐 아니라, 오랫동안 수준 높은 교육으로 사회에 기여해 온 학교가 사라지는 것을 안타까워했던 지역 유지들의 강한 반대에 직면하였다. 하지만 이런 갈등은 선교부와 그 주변 사람들과의 갈등에서 끝나지 않았다. 숭실의 교육에 몸담고 있던 평양의 선교사들 사이에서도 서로 다른 의견이 표출되었다. 당시 학교의 움직임은 종종 "신사참배를 반대하여 폐교하였다"는 한 마디 말로 요약하곤 한다. 물론 결과론적으로 이는 사실이다. 하지만 실제 상황은 이 한 마디가 표현하는 것보다는 훨씬 더 복잡했다. 이 사안과 관련된 모의리의 행보가 바로 그렇다. 그는 결연한 태도로 일제의 신사참배 강요에 맞서며 교장의 자리에서 면직되고 결국 한국을 떠났던 맥큔 같은 이와는 사뭇 다른 길을 걸었기 때문이다.

4. "학교유지파" 모의리

신사참배 문제와 관련한 갈등을 다룰 때 종종 미국장로교 한국선교부가 보여준 강경한 태도와 타 교단 선교사들의 순응적 태도가 대비된다. 큰 틀에서 볼 때 이런 판단은 타당하다. 하지만 대략적 진술은 그 속에 중요한 사실을 감출 수 있다. 결과적으로 신사참배를 강력하게 반대하고 학교를 폐쇄하는 강수를 두었지만, 사실 북장로교 선교부 소속의 선교사들 간에도 큰 견해차가 존재했다. 평양의 맥큔과 서울의 언더우드 간의 논쟁이 일종의 상징적 사례로 언급되기도 한다.[175] 덩치가 큰 이유도 있었겠지만, 실제 타 교단의 선교부 내에서 드러난 신학적 견해차에 비해 북장로교 소속 선교사들 간의 견해 차이가 훨씬 다양했고, 따라서 선교부의 입장을 결정하는 것이 훨씬 어려웠다. 이 부분에 대한 류대영의 설명은 이렇다.[176]

> 한국선교부는 당시 미국 북장로교가 세계에서 운영하던 선교부 가운데 가장 보수적이었다. 그 보수성의 중심은 평양을 중심으로 한 서북지역이었다. 물론 북장로교 선교사라고 모두 보수적인 것은 아니어서 서울지역의 선교사들은 상대적으로 개방적이었다. 기본적으로 신학의 차이에 더하여 담당한 역할에 따라 신사참배를 대하는 태도가 달랐다. 대체적으로, 교육선교사와 서울지역 선교사들은 신사참배를 하더라도 선교학교를 유지해야 한다는 입장이었고, 복음전파 선교사들은 신사참배를 거부하고 교육사업을 접어야 한다는 입장이었다. **교육사업을 얼마나 중요하게 생각하느냐에 따라** 신사참배에 대한 태도가 달랐던 것이다.

이처럼 선교사들 역시 신앙적 지조를 고수하기 위해 교육 사업을 포

---

175) 한국기독교역사연구소 간, 『한국기독교의 역사 I』(서울:교문사, 1991), 295-296.
176) 류대영, 『한 권으로 읽는 한국 기독교의 역사』(서울: 한국기독교역사연구소, 2018), 263-264 (강조는 필자의 것이다). 역시 보수적인 남장로교 내에도 신사참배와 폐교에 대한 이견이 있었지만, 북장로교에 비해 상대적으로 미미했다.

기하는 것이 옳다고 믿는 진영과 "교육본위"의 생각 아래 "어떠한 방법"에 의해서라도 학교는 살려야 한다고 믿었던 진영으로 나뉘었다.[177)]단순히 신사참배라는 사안 자체만을 놓고서, 신앙적 지조를 버리고 이에 찬성한 쪽과 폐교도 불사하며 이에 맞섰던 쪽으로 가르는 것은 당시 복잡한 상황을 지나치게 단순화하는 도식인 셈이다.

실제 선교사들의 보고서에서도 이런 답답한 상황이 여실히 묻어난다. 가령 숭실의 2대 교장을 역임했던 라이너(라도래, R. O. Reiner)는 1936-37년도 연례보고서에서 이렇게 토로한다.

> 우리들 모두는 선교지부 소속 3개 학교를 다른 단체들의 손에 넘기는 문제와 관련하여 지난해 드러났던 불확실성과 문제점들을 그대로 공유하고 있습니다..... 학교 소유권 이전 문제의 전개 과정은 우리들 중 어느 누구도 원하지 않는 방향으로 흘러가고 있어 저는 이상적인 해결책이 이런 상황 하에서 가능한지 의심이 갑니다...... 하루하루 지체될 때마다 우리 주변의 사람들의 마음속에 긴장감은 더해가고 선교지부 회원들 간에 의견 일치가 이루어지지 않아 합심된 강력한 조치를 취하는 것이 불가능한 실정입니다..... 해결책이 조만간 모색되었으면 하는 것이 우리의 간절한 바람입니다.[178)]

이처럼 "교육 사업을 얼마나 중요하게 생각하느냐에 따라 신사참배에 대한 태도가 달랐던 것"이라는 류대영의 설명은 모의리의 경우에도 그대로 해당된다. 그는 맥큔처럼 신사참배를 둘러싼 갈등의 최전방에서 주전으로 활약한 사람이 아니다. 안광국의 회고처럼, 오히려 그는

177) 조선중앙일보 1936년 2월 22일 자.

178) 라이너의 개인 연례보고서, 1936-1937년. 『선교자료 I』, 211. 번역을 약간 수정하였다.

"늘 매퀸 교장과 태도를 같이 하지 않았다."[179] 한 마디로, 당국의 신사참배 강요에 대해 맥큔과 같은 사람처럼 민감하게 반응하지 않았다는 뜻이다. 보다 직설적으로 말하자면, 그는 신사참배의 현실적 불가피성에 대해 보다 수용적인 태도를 보였다. 물론 그가 원론적으로 신사참배를 찬성한 것은 결코 아니다. 하지만 그는 어떤 상황이든 학교 교육은 지속되는 것이 마땅하다고 생각했고, 그러자면 당국의 요구를 어느 정도 수용할 수밖에 없지 않느냐는 입장이었다. 마치 사랑했던 시저의 암살에 가담할 수밖에 없었던 세익스피어의 브루투스처럼, 신사참배를 좋아했기 때문이 아니라 숭실을 더 사랑했기 때문에 그런 입장을 취하게 되었다고나 할까. 신사참배 문제로 학교를 중퇴한 안광국은 당시 상황을 이렇게 회고한다.

> 이때 평양주재 선교사 중에는 신사참배를 거의 다 반대하였다. 부득이 할 수밖에 없다고 하는 이는 숭전 교감 모의리와 외국인학교장 라이너 두 분이다. 물론 이 두 사람도 학교를 유지하려면 불가피하다는 것이다..... 안광국은 숭실학교가 깨끗하게 죽어도, 신사참배하고 살기를 바라지 않았다. 그러나 모의리 교감은 학교는 살려야 한다고 생각했다. 교수들이나 목사 중에도 이런 뜻을 가진 이가 많이 있었다.[180]

라이너의 경우 이런 이야기는 라이너 자신의 선교보고서에서도 확인된다. 위 보고서 인용문 중 생략된 부분은 이렇다.

> 그러나 저는 현재의 계획안이 마땅히 채택되어 실행에 옮겨져야 하며,

179) 『평양숭실 회고록』, 57.
180) 『평양숭실 회고록』, 54, 62.

그렇지 않을 경우 약간의 수정작업을 거쳐 이 계획안이 성사되어야 한다고 확신합니다. 그 문제의 실행이 지연되고 있는 것은 안타깝기 그지없습니다.

여기서 라이너가 말한 "현재의 계획안"은 선교부의 폐교 방침에 수긍하지 못하고 학교 교육이 계속되어야 한다고 생각했던 사람들이 제안한 "숭실대학 후계경영을 위한 건의서" 곧 숭실 학교들에 대한 소유권 이전 신청서를 가리킨다. 이 계획서는 1937년 2월에 제출되었다. 이 신청서는 한국선교부의 추천과 더불어 3월 17일 본국의 해외선교본부에 전달하기로 되어 있었다. 모의리와 마찬가지로 학교 교육에 남다른 열정을 갖고 있었던 라이너 역시 이 계획이 성사되는 것이 학교를 살리는 최선의 길이라고 굳게 믿었다.[181] 그리고 3월 5일에는 숭실대학 소속 한국인 및 교수 대다수의 이름으로 "숭실대학 교수단 청원서"가 한국선교부 집행위원회와 미국 북장로교 해외선교본부 앞으로 제출되었다. 그 소유권 이전 제안서 신청을 "긍정적으로 지지하고" 있으며, "진정으로 두 개 학교의 소유권 이전의 만족할만한 달성을 위해" 선교부의 "전폭적인 지지와 노력을 청원한다"는 취지였다. 흥미롭게도 여기에 모의리가 미국인 선교사로는 유일하게 숭전교수단 서명자의 한 사람으로 이름을 올렸다.[182]

총독부의 입장이 강경한 상황에서, "설령 어려움이 발생하더라도" 소유권의 신속한 이전을 위해 노력해 달라는 이야기는 상당 부분 신사참배에 대한 총독부의 방침에 대한 수용을 의미할 수밖에 없다. 실제 모

---

181) 라이너의 교육활동에 대한 연구로는 박삼열, "내한 선교사 나도래(R.O. Reiner)의 교육활동과 사상," 『숭실사학』 37 (2016), 175-203. 이는 교장 봉직 당시의 활동에 초점을 맞춘 연구로, 폐교 당시 라이너의 입장에 관한 사실은 다루어지지 않았다.

182) 『선교자료 I』, 224-5.

의리는 맥큔의 해임 이후 복잡하게 꼬여가는 상황 속에서 철저하게 교육의 지속을 최우선의 목표로 삼고 움직이는 모습을 보여주었다. 이 점이 명시적으로 언급되는 경우는 거의 없지만, 이는 교육의 지속을 위해서라면 신사참배 문제에서 양보할 의사가 있었음을 의미한다. 숭전과 숭실의 교수단과 교원단에게 여의치 않을 경우 두 학교를 성경학교로 경영하겠다고 답한 것으로 알려진 마펫과 맥큔 같은 이들과는 근본적인 인식 차가 있었던 셈이다.[183)]

당시 모의리의 선교보고서에도 학교 교육의 중요성에 대한 자신의 신념이 매우 절제된 언어로, 하지만 매우 선명하게 드러난다. 관련된 부분을 인용해 보자.

> 지금 대학의 사정과 그 속에서 제가 처한 위치에 대해 상세하게 쓰는 것이 타당한 일인지는 잘 모르겠습니다. 상황을 해결하는 일은 어떤 바깥사람이 아는 것보다 더 중대합니다. 학생회는 자기들끼리의 의견 차이로 어수선합니다. 적지 않은 학생이 떠나 다른 학교로 갔거나 아예 자퇴를 하였습니다. 교수회 역시 어수선하기는 마찬가지입니다. 만약 기관 전체가 우리의 일을 없애버렸다면, 그것이 상황을 정리하는 가장 손쉬운 해결책이었을 것입니다. 하지만 지난 겨울 그렇게 하는 것이 현명하지 못하다고 여겨졌고, 그리하여 상황을 새로이 정비하려고 노력해 왔습니다. 저는 선교부의 구성원들이 그 어느 때보다 대학의 일에 더 많은 관심을 쏟아주기를 간청합니다. 대학은 예전과 마찬가지로 지금도 소중합니다. 학생들과 멤버들 역시 그 가치를 잃지 않았습니다. 저의 유일한 기도는 적어도 올 한 해가 지금까지의 어느 때보다 더 나은 해가 되었으면 하는 것입니다.[184)]

183) 기독신보, 1936년 2월 26일 자.

5. 학교 유지를 위한 모의리의 행보

실제 폐교 과정에 이르는 복잡한 과정들을 보면, 학교 존속에 대한 모의리의 집착은 매우 선명하게 나타난다. 모두가 폐교의 가능성을 감지하며 전전긍긍하는 상황에서도 유난히 낙관적인 태도를 보였던 것 역시 이런 집요함과 무관치 않아 보인다. 가령, 매일신보는 1937년 2월 2일 자 "숭전 등 존폐의 기로"라는 제하의 기사에서, 선교사회(會)에 맡겨두기에는 상황에 대한 불안이 증대되고 있어서, 숭실전문의 조선인 교수들이 "긴급 대책회의"를 열었다는 사실을 보도한다. 이 기사에는 다른 사람들의 초조함과는 달리, "모교장만 의연낙관(依然樂觀)"했다는 부제가 달려있다. 그러니까 학교문제를 자못 낙관하여 별로 염려하는 빛이 없이 후계문제에 대한 의견을 아래와 같이 발표하였다. "후계경영하겠다는 경성 모씨의 태도는 도무지 불가해입니다. 무엇 때문에 합동경영을 고집하는 것인지 다시 고한규 씨를 통하여 단독 경영을 고섭하여 보아서 역시 뜻대로 되지 아니하면 나 자신이 직접 경성까지 출마

---

184) 연례보고서 (1935-36). "I do not know that it would be proper for me to write very fully about the college situation and my relation to it. The task of straightening matters out has been greater than any one on the outside knows anything about. The student body was disrupted by dissentions among themselves. A good many of the students left to go to other schools or to drop out entirely. The faculty also was almost as badly disrupted. If the whole institution could have wiped off the slate of our work it would have been the easiest way of settling things, but as that seemed to be not the proper thing to do last winter, we have tried to re-establish things. I beg of the members of the station to give the work of the college as great a place in their minds and hearts as it ever has had. I know very definitely that the college is just as valuable to us as it ever was. The students and members of the faculty have not lost their value, and my only prayer is that this year at least will prove one of the best years we have ever had."

하여 모씨와 접촉하려 합니다."[185] 그가 인식하는 상황 자체는 그리 낙관적이지 않아 보이지만, 그럼에도 불구하고 어떤 식으로든 학교의 미래가 보장될 것으로 믿었던 셈이다.

같은 지면 바로 옆 기사 속에는 모의리 자신이 취재하러 온 기자에게 "자못 침착한 태도로" 했던 말이 직접 인용 형태로 나온다.

> "학교의 폐쇄문제, 그것에 대하여 나는 처음부터 걱정한 바가 없었고 지금도 낙관할 뿐입니다. 선교사위원회에서 학생 모집을 하지 않는다고 결의하였다 하지만 선교사단에서도 경우에 의지하여는 재차 고려를 하게 될는지도 알 수 없습니다. 해결책의 한 가지로는 조선사람들이 인계하여 경영하는 것이 있지만 이것이 불가능한 경우에 있어서는 어떠한 형식을 밟아서라도 선교사단과의 관계를 지속시켜 학교 경영만은 할 수 있도록 나 개인으로는 힘써볼 작정입니다. 또한 이런 방침으로 각 방면의 관계자가 보조를 일치하여 나아간다면, 반드시 좋은 서광이 비칠 줄 믿습니다. 하여간 2-3일만 더 기다리면 낙착될 구체적 방침의 대강만이라도 결정되겠지요. 그리고 명년 신학기 관계도 있고 하니까 될 수 있는 대로 금년 안으로는 확실한 방침의 결정이 있어야지요."[186]

모의리 자신의 말속에서 드러나는 것처럼, 그가 상황 자체의 어려움을 무시하는 것은 아니다. 그럼에도 불구하고 그가 그토록 "자신 있게 말하며 자기의 확고한 태도를 표하였"던 것은 숭실의 존속 필요성에 대한 자신의 신념 때문이다. 달리 말하면, 모의리로서는 숭실이 폐교되는

185) 매일신보, 1936년 12월 13일 자.
186) 매일신보, 1936년 12월 13일 자.

상황 자체를 받아들일 수 없었던 것이다.

모의리는 숭실이 폐교되는 상황을 상상할 수 없었고, 하여 그런 상황을 막기 위해 많은 노력을 기울였다. 가장 최선은 선교회 쪽에서 주관적 정보에 기초한 오해를 풀고, 전향적인 결정을 내려 학교 운영을 지속하는 것이다.

> 평양 숭실전문 숭실학교 숭의녀학교 등 세 학교의 장래는 과연 어떻게나 될 것인가? 이에 대하여 세간에서는 그 세 학교의 장래를 자못 근심스러운 눈으로 보고 있는 모양이나 현 숭전교장 모이리씨를 비롯하여 평양에 있는 북장로교파 선교사들 중에 교육사업에 상당한 이해를 가지고 있는 사람들 사이에서는 "세 학교를 폐지한다는 것은 우리가 조선에 나아와 거의 반세기 동안이나 선교사업과 함께 교육사업을 위하여 쌓아놓은 금자탑을 하루 아침에 무너뜨리는 것이니 폐교 운운은 천만에 부당한 말이오. 어떠한 일이 있든 그 세 학교를 살려나가지 않으면 안 되겠다"는 비장한 결심 아래 목하 각 방면으로 여러 가지의 공작(工作)을 하고 있는 사실이 점차 명료하여지게 되었다. 즉 전기 모이리씨 등 학교 유지파 제씨의 남모르게 품고 있는 진정한 속뜻을 헤아려 볼진대, 미국 [미션]회본부에서는 얼마 전 학교문제로 큰 감정을 품고 본국으로 돌아간 전 교장 [매큔] 씨 등의 아직 흥분에서 깨어나지 못한 태도로 보고하는 말을 신용하고 폐교를 운운하나 이는 현하 조선의 정세와 또는 교육사업에 관한 사정을 전혀 모르고 하는 말이니 우리는 그 가운데 선처(善處) 하여 [미션]회본부의 오해를 빙해(氷解) 시키기에 최대의 노력을 하지 아니하면 안 되겠다 하여 과연 그들이야말로 눈물겨운 활동을 계속하고 있는 것이다.[187)]

187) 매일신보, 1936년 12월 13일 자.

하지만, 보수적인 신학 배경을 갖고 강경한 입장을 고수하는 선교사들이 다수인 상황에서, 신사참배라는 결정적 장애물이 제거되지 않는 한, 이런 기대가 실현될 가능성은 사실상 전무했다. 그럼에도 불구하고 모의리는 끝까지 노력의 끈을 놓치는 않았던 것으로 보인다.

사실 1936년 9월 학교 폐지 방침이 결정되고 난 이후, 학교의 존속을 가늠하는 가장 현실적 사안은 그 다음해 새 학기의 신입생 모집 여부였다. 1937년 1월 말 열린 방위량 선교사의 방에서 열린 평양 지방 선교사회에서 숭전교장 모의리, 숭의교장 스왈른(소안엽, Olivette R. Swallen)[188], 그리고 당시 평양 서양인학교장이었던 라이너 등 세 명은 "여러 가지 관계로 보아" 학생 모집만은 하지 않을 수 없다는 입장을 표명했지만, 다수의 강경한 반대에 부딪혀 아무런 결정도 내리지 못하고 산회하였다. 그럼에도 불구하고 일반인들은 결국 모집하게 될 것이라고 조심스레 예상하는 분위기였다.[189] 이날 모임에서 블레어(방위량, William Newton Blair)와 솔타우(소열도, T. Stanley Soltau) 등 선교사들은 2월 초의 한 모임에서 숭전 교장 모의리, 숭실중학 교장 정두현 및 숭의여학교 교장 스왈른 여사 등에게 "모집을 하지 않았다가도 후계 경영 문제가 해결되면 좀 늦게라도 모집할 수 있을 것이므로, 이번 신학기 학생 모집은 단념하라"고 종용하였다고 한다. 민감한 사안이라 관련된 사람들은 모두 언론에 의견 표명을 회피하는 분위기 속에서 모의리는 이번 회합이 폐교신청 관련된 사항이 아니라, 단지 신입생을 받느냐 마느냐 여부에 국한된 것이라고 언급하면서, "그러나 아직 결정된 것이 없다"는 입장을 표현하였다.[190]

---

188) 1919년 내한하여 1918년까지 숭의여학교 교사로 있었고, 이후 선천의 병원에서 근무하다 1931년 숭의여학교 제3대 교장으로 취임하였다. 1938년 폐교 후 귀국하였다.

189) 매일신보, 1937년 1월 31일 자. 『사진과 연표로 보는 평양 숭실대학』 (서울: 숭실대학교, 2018), 227.

190) 매일신보, 1937년 2월 4일 자.

이런 암담한 분위기 속에서도 모의리는 끝까지 폐교의 불가피성을 받아들이지 않았다. 매일신보는 모의리가 "비장한 훈화"로 "폐교설을 절대 부인"했다는 제하의 기사를 내보냈다. 여기에는 "생도 일동에게 경거말라 훈화"나 "숭전문제 낭설 무성" 등의 부제가 붙어 있다. 이 기사는 폐교신청이 되었다는 "유언비어"가 돌아다니는 상황에 대해 모의리가 매우 예민한 반응("분개함을 마지 못하고")을 보였다고 전하면서, 그의 입장을 직접 인용 형태로 보도한다.

> 이러한 풍설은 항간의 소문이거나 신문 그밖의 통신기관을 통하여 전하는 말일지라도 전연 믿을 수 없는 것이니 결코 가비엽게 믿어서는 안 되는 것이오. 또 학생들이 이 때에 있어서 가볍게 행동을 하면 결국 일부의 신문사에 침소봉대의 재료를 제공하는 외에 별 소득이 없을 것이니 제군은 극히 신중한 태도로 모든 일을 생각함이 좋다.[191)]

2월 11일에도 학생들의 질의에 대해 폐교는 낭설에 불과하다는 단호한 답변을 내어 놓았으며, 이에 안심한 학생들이 공부에 전념하게 되었다는 신문보도가 실렸다. 신입생 모집과 관련해서는 선교사 측으로서는 아무런 권한이 없는 일이라 선교부 실행위원장인 솔타우에게 문의하라는 답을 주었다. 또한 4월에는 북장로교 해외선교부의 레버(Charles T. Leber)와 도즈(J. LeRoy Dodds) 두 신임 총무가 내한하기로 예정되어 있었는데, 모의리는 이들의 방문이 사태를 희망적인 쪽으로 전환하는 계기가 될 지도 모른다는 기대를 품고 있었다. 이 때는 비록 새 학기를 넘긴 시점이지만, 이 기회를 활용하여 "양해운동"을 할 수 있을 것이라는 기대였다.[192)] 물론 이 기대는 실현되지 못했다.

---

191) 매일신보, 1937년 2월 7일 자.

다른 자료에서는 진위를 확인하기는 어렵지만, 당시 신문 기사들은 부득이한 경우 모의리가 미국의 지인들로부터 개인적인 후원을 확보해서라도 학교 운영을 지속하는 방법을 모색했다고 보도한다.

> 그 한편으로 또 그들은 만약 [미션]회본부에서 끝끝내 이를 양해해주지 않는 최악의 경우에는 다시 제二단의 방책을 취하기 위하여 미국 본국 특지가들에게 직접 교섭하고 있는 것이니 즉 그것은 전거 숭전 숭실 숭의 세 학교의 경영과 관리는 [미션]회에서 일체를 맡아 하되 지금까지의 경상비와 기타에 있어서는 [미션]회 돈으로 하는 것이 아니라 미국 어떤 교회의 특지가들로부터 개인개인으로 돈을 내보내어 경영하여 오는 것이므로 학교의 계속 경영을 그들 특지가 개인개인에 직접 교섭하고 있는 것이다. 그것은 [미션]회에서 학교 경영을 하지 않게 되는 때에는 평양에 있는 몇몇 선교사들 사이에서 이를 경영하여 나갈 터이니 종전대로 보조를 그대로 계속해 달라는 것이다.[193]

이런 이야기는 이미 1936년 12월의 기사에도 나타난다. 매일신보는 12월 16일 자 기사에서 "모교장이 개인경영"이라는 자극적인 헤드라인 아래, 선교회의 후원 액수가 많지 않은 숭실중학과 숭의여중과는 달리, 숭실전문의 경우는 많은 돈이 필요하다는 문제가 있어 후계 경영이 어려워지지 않을까 염려하는 분위기가 있다는 사실을 전한다. 그리고 모의리와 관련된 이야기를 다음과 같이 보도하였다.

---

192) 매일신보, 1937년 2월 11일. 선교부 실행위원장 소열도 역시 숭실교우회 경성지부 대표와의 대화에서 이런 가능성을 열어 두었다. 선교회 방침이라 신입생 모집이 불가하지만, 두 총무와 의논한 후에야 확실한 결론을 내릴 수 있다는 것이다. 매일신보, 1937년 2월 13일 자.

193) 매일신보, 1937년 2월 2일 자.

> 그러나 동교 교장 모의리씨는 숭전의 전도에 조금이라도 불행한 일이 닥쳐오지 않도록 최대의 노력을 하기로 이미 결심한 바 있어 후계 경영 문제가 원만하게 낙착되지 않는 경우에는 자기 개인의 자격으로라도 숭전을 경영하여 나가겠다는 갸륵한 생각을 가지고 이 방면에 대하여서도 이미 남모르는 사이에 많은 공작을 하여 온 모양인데, 그것은 즉 후계 경영문제가 여의치 못한 경우에는 자기가 선교회 또는 본국에 있는 유지들로부터 동교 경영에 대한 위탁을 맡아 가지고 동씨 개인 자격으로 동교를 살려 나가겠다는 것인데, 동씨의 이러한 태도 등으로 보아서도 숭전이 폐교되는 것 같은 일은 절대로 없으리라고 일반은 크게 낙관하고 있다.[194]

이 기사가 어느 정도 사실을 반영하는 것이라면, 모의리는 진작부터 선교회 직영이 아닌 우회적인 방식으로 학교를 유지할 방법을 찾고 있었던 셈이다. 하지만 이 역시 간단한 이야기가 아니다. 모의리 자신이 선교회의 파송을 받은 선교회 소속 선교사다. 그리고 선교회는 신사참배 요구를 수용할 수 없어 교육으로부터 철수하려고 한다. 이런 상황에 당국의 신사참배 요구를 부분적으로라도 수용하면서 학교 운영을 지속하겠다는 것은 북장로교 해외선교부 소속 선교사로서의 정체성을 포기하지 않는 한 불가능한 이야기다.

그렇다면 결국 가능한 대안은 학교의 운영을 넘기는 것이다. 위에서 몇 번 인용된 기사 바로 옆 기사의 제목처럼, "最惡의 境遇는 朝鮮人側有志 分擔經營"을 하는 것이고, 이렇게 해서라도 숭실의 세 학교는 끝까지 계속되게 하자는 것이다.

---

194) 매일신보, 1936년 12월 16일 자.

> 모이리씨 등 제씨는 어떠한 일이 있든 학교만은 그대로 계속하여 나가겠다는 아름다운 생각 아래, 만약 앞서 말한 제 이단의 방책이 실패로 돌아가는 경우에는 또다시 제삼단계 방책으로 그 경영을 조선사람측 유지단체에 깨끗하게 인계하기로 하고 작보한 바와 같이 정두현(鄭斗鉉)씨 등과의 협상을 거듭하고 있는 것이니, 지난 10일의 회의에서는 전기 세 학교 이사자 실행위원의 한 사람인 김동원(金東元) 장로가 경성에 여행 중이었으므로 금명간 동씨의 귀양(歸壤)을 기다려 다시 김동원 장로 등과 함께 제2차의 중대 협의를 하려고 하는 것인데, 이와 같이 조선사람 측에서 후계경영하게 되는 때에는 한 사람이 세 학교를 전부 요리한다는 것은 도저히 할 수 없는 일일 것이므로 편의상 이것을 분담하여 숭전은 평양의 유지인 조만식(曺晩植) 오윤선(吳胤善) 양씨 외 안주의 고한규(高漢奎)씨가 숭실은 현 교장 정두현(鄭斗鉉)씨가 또 숭의는 김동원(金東元) 장로가 각기 분담하여 맡아 경영하여 나가기로 될 모양 같다.[195]

실제로 1937년 2월 말경 숭실 세 학교의 경영위원 대표들이 라이너 선교사의 집에서 후계 경영 청원이 마련되었다. 3월 5일에는 숭실대학 교수단 이름으로도 후계 경영 청원을 지지해 달라는 청원서가 작성되어 선교부 실행위원회에 제출되었다. 이 청원서에도 모의리는 선교사로는 유일하게 서명자로 이름을 올렸다.[196] 후계 경영 청원은 3월 15일부터 17일까지 재령에서 미국 선교회 본부의 두 총무가 참석한 상황에서 열린 선교회 실행위원회에서 만장일치로 통과되어 미국 해외선교부로 발송되었다.

하지만 이 실행위원회는 동시에 뉴욕에서 최종적인 결정이 내려질 때까지 새 학기 신입생 모집을 하지 않는다는 결정도 내렸다. 물론 교육

---

195) 매일신보, 1936년 12월 13일 자.
196) 『선교자료 II』, 224-225.

의 지속을 무엇보다 중요하게 생각했던 모의리로서는 실행위원회의 이런 결정을 이해할 수 없었다. 입학을 받아달라는 요구가 빗발치는 상황에서, 그리고 선교회가 학교 경영을 포기하더라도 후계 경영을 하겠다는 사람이 나선 마당인데, 실행위원회가 이런 결정을 내림으로써 상황을 점점 힘들게 만들고 있다는 것이다. 학교를 지켜야 한다고 믿었던 "학교존속파"이자 선교부 내에서 "소수파"였던 모의리는 필요한 타협을 통해 학교를 지키려 애쓰는 대신, 강경한 입장을 고수하면서 사태를 파국으로 몰고 가는 다수 선교사들의 태도를 이해하기 어려웠다.

선교부가 학교 운영에서 손을 떼는 과정에서 드러난 다수 선교사들과 모의리의 입장 차이는 1937년 4월 17일, 한인보와 이춘섭 등 후계 경영자들과 3숭을 키워온 선교사들을 위한 3교 은인 찬양회 행사에 대한 태도에서도 잘 드러난다.[197] 평양선교지부 선교사들 다수는 숭전 교장 모의리가 그 행사에 참석하는 것에 반대 의사를 표명하였다. 실제 몇몇 선교사들은 직접 모의리를 찾아와 그 행사에 가지 말 것을 종용하였다. 하지만 모의리의 생각은 달랐다. 장차 대학의 후원자가 될 사람을 축하하는 모임에 자신이 빠진다는 것은 대단히 부적절한 것으로 여겨졌고, 그래서 "아픈 몸을 이끌고" 그 모임에 참석하였다.[198]

교육인퇴 결정이 이루어진 이후 숭실의 모의리를 만나 대화를 나누었던 조선주재 미국 총영사관 부영사 랄프 코리(Ralph Cory)는 위에 언급한 메모에서 당시 모의리의 입장의 다른 면들에 대해서도 소개해 준다. 우선 모의리는 일본 정부 및 그들의 태도에 대해 상대적으로 우호적인 입장을 견지했던 것으로 보인다. 그는 조선이 일본에 속한 이상,

197) 이 행사에 관한 간략한 설명은 『숭실대학교 100년사 - 평양숭실편』, 505.

198) "Mission School-Shrine Question in Chosen. Memorandum by Vice Consul Ralph Cory regarding visit to Heijo, May 6, 1937," 한국기독교역사연구소 편, 『신사참배문제 영문자료집 1』. 코리 영사는 이 모든 사안에 대한 모의리의 관점이 "매우 차분했다"(very dispassionate)고 말한다.

일본 정부가 자국민들(Japanese subjects)에게 신사 방문을 요구하는 것에 대해 선교사들이 반대할 권리가 없다고 생각했다. 또한 우호적인 분위기로 다가가 "약간만 양보를 해 주어도"(by going less than half way) 정부 당국자들은 "한결 같이 협조적이고, 기꺼이 이해하고 협조하려 한다"는 것이 자신의 신념이자 경험이라고 생각했다. 결과론적으로는 지나치게 낙관적인 것으로 드러난 견해이지만, 당시 상황에서 학교를 지키고 싶어 했던 모의리로서는 마냥 터무니없는 입장이라고 하기는 어렵다.[199] 따라서 모의리는 선교부의 비타협적인 태도에 사태의 책임이 있다는 생각을 갖고 있었다. 현재의 힘겨운 상황은 전적으로 자신과 반대되는 입장에 선 "지나친 근본주의자들"(excessively fundamentalist)의 "비합리적이고 고질적인 반일적 태도" 및 "맥큔 박사의 [외교적] 서투름과 비타협적 태도"에서 비롯된 것이라고 보았던 것이다.

모의리는 당시 실행위원장으로서 학생들의 신사참배에 대해 가장 강경한 반대 목소리를 내면서 학교의 영구 폐쇄를 주장했던 솔타우(T. S. Soltau)의 태도에 대해서도 다소 의문을 가졌던 것으로 보인다. 미국 선교부에 고용되어 있지만 그의 국적은 영국이라는 사실을 주목하면서, 그의 비타협적 행보가 미국 선교사들에게는 아무런 유익이 되지 않는다고 말한다. 미국 선교부에 어떤 일이 생기든 자신이 받은 영향은 훨씬 덜 할 것이고, 그런 이유로 미국 선교사들의 유익을 고려하지 않은 채 강경한 행보를 이어가고 있다는 것이다.[200]

모의리의 기대와는 달리, 그리고 많은 이들이 "후계 경영"을 위한 시도를 했음에도 불구하고, 숭실은 결국 폐교의 길을 걸었다. 그 굴곡진

199) 선교부 내 소수파 입장을 대변했던 해럴드 핸더슨과 에드윈 쿤스의 사례는 적어도 그 당시로는 모의리의 입장이 마냥 터무니없는 기대는 아니었음을 보여준다. 류대영, 『한국 기독교 역사의 재검토』, 307-87에 두 사람의 "소수파" 입장에 관한 상세한 연구가 나온다.

200) 이는 외부 누출이 안 될 것을 전제하고 자국의 외교관에게 한 이야기였다. "미국의 이익"을 강조함으로써 영사관 측의 우호적 태도를 끌어내려고 했을 지도 모르는 일이다.

과정에 대한 상세한 설명은 다른 곳에 나온다.[201] 우리의 목적은 신사참배와 폐교와 관련된 모의리의 입장과 그의 역할을 살피는 것이므로, 이 정도의 논의로 충분하리라 생각한다. 원래 말수가 적은 사람답게, 모의리 자신은 폐교와 관련해서도 많은 말을 하지는 않는다. 그의 선교보고서에서 모의리는 이렇게 자기 소회를 밝힌다.

> 긴 세월 이어온 교육 사역은 이제 종언을 고했습니다. 선생님들과 학생들 및 이 일에 간여했던 모든 이들에게 감사한 마음입니다. 지난 시간을 이처럼 기쁜 시간이 되게 해 준 것이 바로 그들이기 때문입니다. 저는 언제나 선교사로서 내 전체 생애가 이처럼 가르치는 사역에 바쳐지기를 바랐습니다. 하지만 그것이 이룰 수 없는 꿈이 된 지금, 저는 그간 교실 안에서 교실 밖에서 저와 만났던 많은 젊은이들에 대한 기억들을 소중한 추억으로 간직하려 합니다.[202]

학교를 지키려고 갖은 노력을 기울이다 폐교의 상황을 맞이한 셈이라, 상황에 "단호히" 대처했던 선교사들에 비해 모의리의 행보는 사뭇 달랐다. 어떤 식으로 보더라도, "끝내 신사참배를 거부"했다는 평가는 정확한 판단은 아니다.[203] 신사참배의 불가피성을 받아들였다는 점에서, 다른 입장을 가진 이들로부터는 신앙적 지조를 타협의 대상으로 삼

---

201) 『숭실대학교 100년사 I: 평양숭실편』, 484-524.

202) 1938년 연례보고서. "My many years of educational work have come to a close, and I am thankful to the people, teachers and students and all others concerned with it, that they have made these past years as pleasant as they have been. I had always hoped that the full missionary life might be spent in this sort of work, but as it is now impossible, I hope to treasure very dearly the memories of the many young men that I have contact with inside and outside the class rooms."

203) 곽신환, 『윤산온』, 332에 나오는 모의리 항목 설명. 신사참배를 거부하다 강제 추방 당했다는 진술 역시 사실 관계를 잘못 잡은 것이다. 가령, 대한일보, 1967년 10월 7일 자.

았다는 비난도 가능할 것이다.[204)]

하지만 그런 비난 역시 사태의 전모를 담지는 못할 것이다. 당시 상황에서 문제를 바라보면, 이야기가 그리 간단치 않다. 교육을 우선시 하는 모의리의 이런 태도는 숭실 폐교 이후 미국 북장로교 관할에 속한 다른 "잔류교인퇴"(殘溜校引退) 문제를 다루는 과정에서도 그대로 드러난다. 매일신보의 보도에 의하면, 선교부 34인의 교육위원 중 한 명이었던 모의리는 전조선 북장로교 선교사 총회를 앞두고 가진 교육위원회 후 다음과 같은 입장을 밝혔다.

> 이제 교육위원회를 열었습니다. 조선사회에서 염려하시는 바와 같이 잔류 학교 인퇴와 같은 문제는 없을 것 같습니다. 우리는 선교회본부의 결의에 순종하려고 하나 그것이 최후 결정이 아닌 이상 각 노회가 희망하는 바에 따라 학교 존속을 원칙으로 총회에 임하게 되었습니다. 三숭의 폐교를 생각하면 오직 유감스러울 뿐입니다.[205)]

수십 년간 이 땅에 뿌리를 내리고 이어져 왔던 20여 개의 학교를 폐교하는 행동은 신앙적 지조만을 따지기엔 그 사회적 여파가 적지 않았다. 그 점에서 자신의 신앙적 입장만을 내세우는 선교회의 태도는 숭실의 교육과 관계된 많은 사람들에게는 매우 나쁜 결정으로 받아들여졌다. 폐교 과정에서 신입생을 받는 문제도 그렇고, 폐교한 후 학생들의 거취에 대한 책임 문제도 그렇고, 또 학교에 몸담고 있던 교수와 직원들의 생계 또한 간단한 문제들이 아니다. 복음을 전하는 선교사로서의 신앙적 지조가 중요했지만, 일반 대중들을 상대로 한 교육 사업가로

204) 안광국, 『평양숭실 회고록』, 58.
205) 가령, 동아일보, 1938년 6월 25일 자.

서 지니는 사회적 책임에 대한 고려 역시 무시할 수는 없다. 선교사들의 입장에서도 폐교는 교육 자체를 일본에게 넘기는 것을 의미하고, 이는 그 동안의 선교적 노력 자체를 무위로 돌리는 일일 수도 있다. 숭실의 폐교 결정에 비판적인 기사를 쏟아냈던 많은 언론들은 바로 이 지점에서 진한 아쉬움과 적나라한 분노를 표출했다. 남은 학생들에 대한 선교부의 조치가 무책임하게 여겨졌고, 당시 사회의 중요한 일부였던 수많은 학교들을 일방적으로 폐교하는 행태가 "조선 민중"을 무시하는 것으로 받아들여졌으며, 그들이 수십 년 동안 그토록 열성과 사랑을 쏟았던 학교들을 순식간에 폐쇄하려는 모습은 그들이 말한 교육의 진정성을 의심하게 만들었다.[206] 모의리는 한국 민중들의 큰 염원은 숭실의 세 학교가 문을 닫지 않고 교육을 계속하는 것이라는 사실을 잘 알고 있었고, 교육을 자신의 선교로 삼고 있는 사람의 입장에서 이 열망은 쉽게 무시할 수 있는 것이 아니었다.[207] 신사참배를 수용하려 했다는 비난으로는 담을 수 없는 보다 복잡한 상황이 얽혀 있는 것이다.

폐교 이후라 숭실과 직접 관련된 것은 아니지만, 신사참배 문제를 가장 중요한 기준으로 삼지 않았던 모의리의 입장은 폐교 이후 조선교회와의 관계에서도 확인된다. 1938년 9월 조선장로교총회에서 신사참배를 수용하기로 결정한 이후, 서문밖교회에서 열린 노회에서 허일(Harry James), 번하이슬, 라부열(Stacy L. Roberts), 곽안련(Charles Allen Clark) 등 네 사람은 하나의 단체로서의 조선교회와는 관계를 끊고 개인 자격으로 전도 등의 청이 있으면 응하겠으며, 교회 내 일체의 직분을 맡지 않

206) 당시 신문에는 미 장로교 선교부가 자기들의 주의선전을 위해서가 아니라 조선 민중을 사랑하는 까닭이라는 말이 진심이라면 신사참배 문제 때문에 교육에서 손을 떼지는 않을 것이지만, 그들이 조선 민중을 사랑하지 않는다면 할 수 없는 일이라는 취지의 입장이 자주 나타난다. 더불어 폐교로 이어지는 선교부 측의 행보에 대한 항간의 실망과 분노에 대한 언급도 매우 빈번하다.

207) "The great desire on the part of the Koreans is that the schools not be closed." 1937년 7월 17일, 선교부 의장 자격으로 미국에 보낸 편지.

겠다고 선언하였다. 이에 대해 조선교회 측은 단체적으로 사임하는 사람이라면 개인적으로 설교하는 것도 필요하지 않다는 입장을 취했고, 이로써 양자 간의 실질적인 관계는 끊어지게 되었다. 하지만 모의리의 행보는 달랐다. 기사는 이렇게 이어진다.

> 그전 숭실전문의 교장으로 있던 모의리씨는 그들과 태도를 달리하여, 자기는 언제까지든지 조선교회와 관계를 굳게 하고서 일해 나가겠다고 언명하였다 한다. 이로써 보면 결국 서양인 선교사들도 두 파로 갈라져서 수습할 수 없는 자기혼란에 빠진 모양으로 금후 전 서양인 선교사들의 동향과 조선교회와의 관계가 주목되는 터라 한다.[208)]

"수습할 수 없는 자기혼란"이나 "두 파로 대립" 등의 묘사는 신문 자체의 비판적 입장이 뒤섞인 것이겠지만, 신사참배를, 그리고 그 신사참배를 수용한 조선교회를 바라보는 눈길이 서로 달랐다는 사실은 분명해 보인다. 신사참배를 반대하는 것보다는 학교 교육을 지속하는 것이 더 중요했고, 신사참배 문제에 대해 다소 양보를 하더라도 조선교회와의 관계를 유지하며 사역을 지속하는 것이 더 중요했던 셈이다.

그런 점에서 학교의 존속을 위해 진력을 다했던 모의리의 행보는 근본적인 자유가 존재하지 않는 정치적 압제와 최선의 선택이 가능하지 않았던 현실적 제약 속에서, 나름의 소신으로 차선을 선택했던 한 흥미로운 사례를 보여준다. 일제의 신사참배 요구를 어느 정도 수용하더라도 조선 사회에서의 고등교육이라는 절실한 요구를 무시해서는 안 된다는 입장을 취했기 때문이다. 폐교가 기정 사실이 되고, 후계 경영 문제가 세간의 관심사일 때, 매일신보는 후계 경영에 대한 선교회 측의

---

208) 매일신보, 1938년 10월 7일 자.

무성의를 질타하면서도 모의리에 대해서는 다음과 같이 호의적인 내용을 내어 보냈다.

> 만약 그들에게 학교를 인계하여 준다는 성의가 쥐꼬리만큼이라도 있었다면 문제를 오늘까지 천연하여 올 리가 없을 것이니 현재 평양에 있는 미국 북장로교 선교사들 가운데 숭전 교장 「마우리」(牟義理)씨 같은 이는 사실상 조선 사람을 사랑하는 생각과 교육자적 양심 아래 인계를 열렬하게 주장하고 있으나 그 외에는 전부가 폐교 주장파임으로 「마우리」씨 같은 이는 자기네 선교사들 사이에도 고립무원의 형편에 있어 면면한 정을 금치 못하고 있는 중이다.[209)]

물론 모의리가 선교부에 소속된 선교사로서의 자신의 "고립무원"한 입장을 마냥 지속할 수는 없었다. 학교의 장래를 생각할 때에 원통한 마음을 금할 수 없었지만, 그가 만들어 낸 "곤란한 처지"는 결국 선교부의 결정에 순종하는 것으로 해결될 수밖에 없었다. 선교부가 경영하는 숭실의 마지막 교장으로서, 그는 그가 원하지 않았던 이 폐교의 절차를 충실하게 이행하였다. 교장으로서 마지막 졸업식의 마지막 순서를 맡아 축도를 하였고, 다음의 말로 마지막 학교 해산 선언을 한 것도 모의리였다. "사랑하는 학생, 직원 일동 여러분, 오늘로서 우리 숭실전문은 영원한 방학에 들어갑니다."[210)]

라이너와 모의리 두 사람이 학교 대표로 숭실의 폐교신청에 대한 정식 인가 지령을 수령했다는 사실을 보도하는 당시 매일신보 기사는 폐교에 대한 항간의 정서를 다소 짐작케 한다.

---

209) 매일신보, 1937년 7월 6일 자.
210) 동아일보, 1938년 3월 6일 자. 『역사자료집 III』, 583.

이로써 수년간을 두고 반도 교육계에 큰 판문을 이르켜 오던 세 학교는 완전히 폐교가 된 것인데 앞서 언급한 두 사람은 자기네가 수십년 동안을 길러오던 세 학교의 마지막 운명을 고하는 지령장을 바드면서도 얼골빛하나 변하는 바 업시 이때까지 랭정한 태도이었다.[211)]

누구보다 조선의 민중을 사랑했고, 그들을 위한 교육의 중요성을 강조했으며, 하여 전체 선교부의 입장에 각을 세우면서까지 학교 존속을 위해 최선을 다했던 모의리를 두고 한 말이라는 점에서 역설적이지 않을 수 없다.

선교사로서 모의리의 입장이 남다르기는 했지만, 그의 독특한 행보가 반드시 "신사참배를 거부하고 폐교했다"는 큰 이야기와 배치되는 것은 아닐 것이다. 모의리 자신도 자신의 행보를 일제의 신사참배 강요와 숭실의 폐교라는 큰 그림 속에서 이해한다. 당시 상황을 회고하는 그의 말은 담담하다.

1936년에 나는 숭실대 교장에 임명되었다. 하지만 얼마 되지 않아 군부의 압력에 굴복한 일본 정부가 공립학교 뿐 아니라 사립학교의 학생들에게도 주기적인 신사참배를 강요하기 시작했다. 일본 정부와 천황에게 존경과 충성을 표하라는 것이었다. 선교사들과 한국교회 신자들 대부분은 이를 일종의 예배 행위로 간주하였고, 따라서 선교부는 관할 하에 있던 학교들의 문을 닫기로 결정하였다.[212)]

자신의 삶에 대한 자전적 스케치이지만, 정작 자신의 입장이 들어있지 않다. 자세히 들여다보면 모의리 자신의 행보에는 "선교사들과 한국

211) 매일신보, 1938년 3월 21일 자. 『역사자료집 III』, 245.
212) "자전적 소묘."

교회 신자들 대부분"과 결을 달리하는 부분이 있다. 어떤 이에게는 이 다름이 불편할 수도 있다. 이런 다른 목소리가 상대적으로 잘 드러나지 않는다는 사실 역시 그런 불편함을 반영하는 것일 수도 있다. 하지만 그렇다고 그가 전체의 흐름에 거역하거나 이를 거부한 것은 아니다. 학교를 위해 신앙적 지조를 굽혔다는 식의 판단은 더더욱 모의리의 입장을 이해하지 못한 판단이다.

신사참배 갈등이 본격화되기 직전 기고한 글에서 모의리는 총독부에 의해 신교육령이 반포되고 숭실의 학교들이 정부의 인가를 받아 성경을 가르치고 예배를 드릴 수 있는 권한을 제대로 확보하기까지 지난한 갈등과 인내의 시간을 보내야 했다고 회고한다. 모의리가 보기에 그 상황은 "여러 해 동안 우리의 입장을 포기하든지 아니면 학교의 문을 닫아야 할 것처럼 보였다." 하지만 "교회로서는 이 문제에 대해 선교부가 표명한 선명한 입장과 성공적인 사태의 결말은 지금까지의 고통을 보상하고도 남을 정도로 소중한 증언이자 공헌이었다"고 술회한다.[213] 어떤 이유로든 신앙적 지조 자체를 타협의 대상으로 삼는 그런 인물이 아니었다는 이야기다. 상황은 극단적 선택을 강요할 수 있지만, 신사참배 강요라는 힘겨운 상황 속에서도 모의리는 학교 교육을 지속하는 일과 신앙을 지키는 일을 양자택일의 문제로 보지 않았다. 복음을 전하는 선교사로서의 정체성을 포기하지 않으면서도 현실의 압박에 대처하는 다른 선택이 가능하다고 생각했던 것이다. 비록 그 선택이 전체로서의 숭실이 내린 결론과는 일치하지 않았지만 말이다.

우리가 감동하는 큰 폭의 그림 속에는 그 그림을 보다 생생하게 하고 다채롭게 하는 여러 가지 작은 장면들이 있는 법이다. 이 작은 장면들은 때로 전체 그림의 분위기와 때론 어울리거나 때론 어긋나면서, 한

213) "Contribution," 166.

폭의 큰 그림을 완성하는 부분이 된다. 신사참배 불가라는 원칙에 보다 충실했던 마펫과 매큔이 그 그림의 일부인 것처럼, 학교 교육의 소중함을 역설했던 모의리 역시 그 그림의 소중한 일부다. 그와 같은 사람이 만들어 내는 다채로움이 우리의 역사를 위험한 단조로움에서 벗어날 수 있게 해 주기 때문이다. 우리의 노래가 서로 다른 소리들의 화음으로 이루어지고, 때론 불협화음조차 필요로 하는 것처럼, 우리의 역사 역시 마찬가지일 것이다. 모의리가 불렀던 곡조가 숭실의 큰 합창에 멋진 화음으로 녹아드는 것인지, 아니면 다소 어긋난 곡조로 긴장을 더하며 우리의 노래를 더 깊게 해 주는지는 듣는 사람이 판단할 일이다.

부록

모의리 기고문

The School and the Home 〈THE KOREA MISSION FIELD〉

WE MISSIONARIES engaged in Christian education should be more interested in the relation or our work to the home and home conditions than we are. Perhaps we are very zealous to make the scholastic work of our pupils or a very high quality. Also, no doubt, we are alive to the opportunities of leading the weaker students to a strong faith in the Lord Jesus, or if we should happen to have men in our number who are not yet professing Christians, we may perhaps be doing what we can to lead them to such a confession. But I expect we must all agree that there is another phase of student life that we have been more or less negligent of, and that is the home relations. If we understood the home conditions better we could make more just judgments of the students and would be able to give greater help to benefit their home conditions.

We all understand theoretically that the future of the Church in there lands depends upon the home ; that as the home is today, the Church will be in the future generations, not only so, but that it is greatly moulded by the present generation. More systematic efforts should be put forth by the Church and the Christian school to make the homes definitely Christian.

For centuries the Korea family has been the center of national and social activities, but we all know that the ideals for it as a family have not been the same as in Western nations. Its very constitution is different, the customs regulating the relation between the members of the family are different. The same ideals have not controlled its activities. And now, during the past ten years or more, conditions have been brought about that tend more and more to eclipse the home. Other institutions and organizations of greater size and power are drawing the attention of the people away from the family. Some of these are the Church with its many organizations, the school with its different associations, young people's clubs, Y.M.C.A. and Y.W.C.A., movies, conferences and the like. The ever increasing pressure and the ever enlarging wants of the individual are shifting the basis of activities to the detriment of the family.

It is the general opinion among American educationists that the home has been a failure so far as the moral training of the children is concerned, and the providing of its young people with the equipment they need for their life work. If that is so then, to our minds, the Korean family has been even a greater failure.

There are comparatively few homes where there is a systematic, sympathetic effort on the part of the parents for preparation for work, play and the general responsibilities of life. According to the more modern ways of thinking there is very little effort put into the care of the care of their health which must tell in their future lives, and in the supervision of their recreation. With the present much talked of "revolt of youth" the authoritative position of the home is in very great danger. By the flooding of the Orient with new and mostly demoralizing ideas of intersex relations the social fabric of the home is likely to be destroyed. With the incoming ideas of the independent position of women, some of which are commendable, the home supervision and the relation between husband and wife are likely, temporarily, at least to suffer from bad judgment. With the disparity in the educational equipment of husband and wife, and the lack of up-to-dateness in the wife, there has been domestic unhappiness, and there will probably be more in the future, for which most of the blame lies on the heads of the younger men. It is becoming easier for the young people to bring their minds to the place where they think that divorce is quite justifiable. Still, the homes of many of the younger families of even the Church children are ruled by force rather that by reason and love.

In the face of these things what are we doing schools to help the situation and to help the young people to face their life problems wisely? Some months ago a visitor from America, after discussing some of the special problems that face the people of today in this land, asked me what our schools are doing to help them face these problems and settle them in a wise Christian spirit. In thinking the matter over, I have personally had to come to the decision that we are not doing much of anything and to the conviction that we ought to do something definite.

So what can we do?

1. In the first place, we ought to have a very definite idea as to what ought to be done. There are perhaps a great many reforms that ought to be made in the Koran home life, but if we are going to attempt anything along this line we must be sure that we have a great deal of Oriental wisdom Changes in the relations in the home and in the social relations of the young people need to be made with a thorough understanding of Korean customs and psychology.

2. If the school, as a school, is to have any part in home improvement the whole school staff should be informed as to the economic and sociological importance or the home tn human affairs, and all work together for the betterment of conditions.

3. The work in the whole school can be made a basis for teaching proper conduct in the home. The home family and the school family have many activities that are parallel in aim, such as forms of cooperation, the need for authority and discipline and obedience and wider knowledge, and the cultivation of service to all.

These should be definitely related in the mind of the student to the functions and responsibilities of the home. Some very definite work can be done in the schools to train the youth in responsibilities for the home.

4. Something can be done to make the marriage relations better in many cases. many men of higher education today have wives with little education and little social possibilities. The few women's schools in the Missions that are doing something for such women are affording good service and more ought to be done. As there is a larger percentage of unmarried students in both the colleges and academies than formerly I believe that if the matter were attacked in the right way a great deal of advice might be given before the marriage contract is made.

5. Use the courses of study in the curricula not only to impart facts about the various courses but as a means for moral training. In the colleges this can be done through sociology and other subjects. In the academies we are practically shut up to the course of morals. We make a mistake, however, in thinking that the other courses cannot be used as a means for instruction in many phases of home morals. Biography, history, literature and many others can make their contributions to this. The beautiful home life of the men and woman we meet in history, biography, literature and instances of filial devotion of husband to wife or wife to husband can all be made to teach lessons of this kind better than they can be taught in any other way.

During the last term I have made some investigation as to how valuable the hours for teaching morals are made in the College. I wonder how many of the principals of the academies know what subjects are discussed and how much real benefit is gained from these hours that is of practical value? I wonder if we realise ourselves how much real value might be gained from them ? Such topics as the following might be discussed : -

1. The significance of childhood.

2. The ideal family life ; what constitutes it and what each person can do to realize it.

3. Opportunities for helpfulness and kindness, courtesy and politeness in the home ; cheerfulness and good temper ; the duty for every one to do some work to make the family burdens lighter.

4. Respect for parents ; study of the burdens of the parents ; attitude toward the failings of the parents.

5. The home affections ; recognition of the equality or the sisters in th family, which will lead to such recognition of the future wife ; causes that lead to mutual dislike, misunderstandings and fault finding ; what brothers and sisters can do for each other.

6. Duties to parents ; obedience ; duty to make a success of one's life one's economic duty ; cooperating with parents.

In these hours a great deal more practical benefit can gained if a part of the hour is given to free discussion by the pupils father than to have the whole hour taken up by the teacher. The subjects would have to be given to the students a few days beforehand and the students urged to make previous thought on them. The last ten minutes can be profitably spent in having the students record in note books their own conclusions on the discussion.

KOREAN CHURCH MUSIC

My only apology for perpetrating an article on this subject over niy name is that I was asked to do it and requested not to refuse. The fact that I have had anything to do with church music at all shows how busy other people are with other things that it has not had the oversight that it rightfully demands. As I see it, there is a great field for good service here, and as most everyone is busy with so many other duties that they can give but little time to teach music save at some of the Bible classes, unconsciously and unwillingly, I seem to have drifted into a line of work, for which, like most other things that I am trying to do here, I am very ill prepared to do. During my first two years here while I was studying the language, when I was asked to teach singing in a ten days' Bible class, I felt that it was one of the lesser duties, but since then I have changed my mind very much about the matter.

As we on the field know full well the conditions of our church music here, I shall take it for granted that this article is to be written for our home friends. I shall write briefly of three things: the grade of music that has found its way into our song book; the amount of efficiency or inefficiency with which it is sung by the people; and music for special occasions.

Often we get letters asking what kinds of church services we have and what kinds of songs we sing. Today in looking over the song book I counted one hundred and ten tunes that would be recognized as hymn tunes, and ninetytwo Gospel Song tunes and nine of which I was doubtful of the classification. I do not know the history of the Korean Song Book but suppose that the hymns in the front part of the book were some of the earlier translations. Among these there are very few Gospel Song tunes, but in the back part there are in predominance. So far as my experience goes, there seems to be a tendency to introduce a greater number of this latter class in our present day translations. I cannot condemn this as some would do, for I feel that the Gospel Song has a very great place in Mission work. But among some of the best liked and best executed tunes are such as Toplady and Bethany, loved by all Christian peoples.

As to the poetry of the songs, I do not intend to say much here as they are mostly translations. If they have been well done perhaps some could aspire to the rank of hymns, but however good the translation, it is doubtful whether they make the same powerful appeal to the emotions as the originals. The tune writer has the advantage in that he writes his music to fit the meter of the poem, but the translator has the disadvantage of having to juggle with_the words in order to make them fit the music.

Knowing how hard it is for some of us to " keep a tune " I hesitate very much about our Korean brethren and sisters efficiency or inefficiency in executing these tunes so foreign to them. There are all grades of efficiency except the higher grades. Everybody sings the air, except occasionally in some of. the station churches, where sometimes alto, tenor and bass voices are heard. We almost get discouraged, sometimes, when some of our good friends come out from home, where everybody who sings can sing well and keep the tune and produce the sounds with certainty, and alter attendance on a church service remark that they

didn't know what they were trying to sing till they had almost gotten through the first verse, or perhaps only alter two or more verses were sung. This is lamentably true in the country churches. The peoplecannot read music and therefore they do not purchase books with the music written in them. Some of the men and women come in to the centers for a week or ten days or perhaps for two or three months to attend Bible Conferences or Bible institutes and learn some new songs. but before they get out to their home churches the tunes have fallen in some places and risen in others and in some places it is hard to tell what has happened to it. After a tune has been once wrongly learned, it is almost impossible to correct it. The country itinerator, even though he may have a few minutes before the service begins which might be occupied in teaching a new song or correcting the mistakes of one already learned, feels that it is almost useless, because of the infrequency of his visits.

Even though it seems almost impossible for us to accomplish much for the country churches directly, a great opportunity is open for us in the mission centers. It is a duty placed on us to raise the efficiency and standard of the church music of the country. Whatever our American critics call this part of the service, whether it is called singing or making a noise, they all say that every body takes a hand in it. That is its redeeming feature,-everybody likes to do it. In general, the people are not used to hearing four part singing. One man once' said after hearing our college quartet that only one of them could sing and that if the rest had kept still it would have been a pleasure to hear it. Another man at another time on hearing a chorus of about 30 voices said that it was a thing worth running away from. But even though it is such a terrible sound to them,

whenever there is a concert announced, it is not difficult to get a respectably good sized audience. We have had three concerts in Pyeng Yang during the last year and it was almost inpossible to carry out the program creditably because of the great numbers of people. We have had a men's chorus organized here since last fall and will give the second concert tomorrow in connection with the College Commencement exercises. We have decided to give the program twice, once for women in the afternoon and for men in the evening, and those that have charge have really been bombarded all day for tickets of admission.

I can only mention a few things in connection with music for special occasions, such as Christmas and Children's Day and Easter, etc. Most of the country churches observe Christmas but very few of them can teach special appropriate songs. For the last two years I have taught some of the Academy and College students a couple of Christmas songs and they in turn have taught them to their home church children. We cannot go down to the book store and pick out a Christmas program from several score and take home enough to supply the whole school, but we must translate our songs and prepare all other parts of the program ourselves, whenever we want to observe the church holidays. Evidently all at home do not realize this fully. Last year I ordered some Christmas music from a certain book concern at home, thinking that I had made it plain that I desired a copy of several different kinds of Christmas programs. I used one copy and have the rest on hand, which I will gladly exchange for used copies of cither Christmas or Children's Day programs. When we prepare for such programs here in Pyeng Yang, the children from all the churches are trained together and the same program is given in each church. : So I might say that if any one would like to send any used copies of such programs, 1 should be glad to receive five or six copies.

E. M. MOWRY.

Dedication of the Thomas Memorial Church

E. M. MOWRY

SIX YEARS ago a Thomas Memorial Association was organized in the Korean Presbyterian Church for the purpose of erecting some memorial to the Rev. Robert Jermain Thomas, a missionary to China of the London Missionary Society, and an agent of the National Bible Society of Scotland, who was killed a short distance below the city of Pyengyang when the boat, the "General Sherman," on which he had taken passage in an attempt to introduce the Scriptures into Korea, was attacked and burnt by the Koreans in 1866. After several years, spent in collecting funds for the memorial, a beautiful church building was erected last summer on a beautiful site about seven miles below the city of Pyengyang, overlooking the island where Mr. Thomas lies buried. The church is a brick structure with an auditorium 125 feet by 40 feet and a session room, a pastor's study, and a memorial room, which will contain many interesting articles commemorating the life and services of Mr. Thomas. The church has been built from money raised by churches of the different Presbyteries in Korea, also gifts us from missionaries, from the London Missionary Society, and from two nephews of Mr. Thomas-Mr. R. C. L. Thomas and Mr. B. Perey Rees. The students of the Presbyterian Seminary and the Women's Higber Bible School, both of Pyengyang, have also contributed as have many friends in England, America and Korea. The Bible House staff in Seoul provided the pulpit and its furniture. The church is a permanent testimony to the present day generation of the sacrifice made by the first Protestant Christian martyr in Korea.

This dedication was held in the afternoon of the 14th of September. The General Assembly of the Presbyterian Church was in session at that time in Pyengyang and all the delegates to the Assembly attended the service as guests of the Memorial Association. A beautiful autumn day added much to the pleasure of the occasion and to the impressiveness of the ceremony. The text of the first sermon that Mr. Thomas ever preached, "Jesus Christ the same yesterday, and today and forever," printed on a panel, hung above the pulpit and spoke its silent message to the crowded house. The recital of some outstanding facts in the life of Mr. Thomas by Mr. M. W. Oh, who has written a small book on his life, stirred the hearts of all present to a greater consecration to the work of spreading the Gospel of Christ.

The following inscription is engraved on a tablet and placed in the outside wall in the front of the buildings: "To the Glory of God, Giver of Salvation through His Son Jesus Christ, and in grateful memory of the Rev. Robert Jermain Thomas, B.A., an agent of the National Bible Society of Scotland. who while introducing the Scriptures into Korea, gave his life near the spot on which this church is erecied.

"This stone is placed in this church by the Directors of the National Bible Society of Scotland,1932.

"The blood of the martyrs is the seed of the Church."

The keys to the building were handed over by Dr. Moffett, the President of the Memorial Association, to the pastor of the congregation that will use the church, which at present numbers about 400 persons.

On behalf of the British and Foreign Bible Society Dr. Moffett also presented the pastor with a suitably bound Bible for the use of the church.

Special mention should be made of the able and unselfish work of the secretary of the Memorial Association, Mr. M. W. Oh, in unearthing the particulars connected with the visit of the "General Sherman" and her destruction and the death of her crew and the missionary passenger. Very little was known about Mr. Thomas until Mr. Oh began his investigations, the results of which so stirred the Korean Churches that the Thomas Memorial Association was organized. Today this beautiful church building is overlooking the grave of the first and only Protestant marytr in Korea. The church will stand an expression of the Korean Church's appreciation of the zeal and motive that prompted Mr. Thomas to visit Korea.

Student Evangelistic Bands

E. M. MOWRY

THE VITALITY of the church is measured by its evangelistic fervor. Humanly speaking, the greatest force at work for the evangelization of the Korean people is the Korean church. The spirit of evangelism has been a very strong characteristic of the church of Korea. The younger people of the church have shared this with the older people of the church. They have not fallen behind their elders in their zeal to make Christ known to their fellow young people and the students in the church schools have been leaders and set the pace for others, It is hoped that this brief account of this one phase of their vacation work will stir up in our hearts an active appreciation of the work they have done during the past years as an active organ of the church and a feeling of sorrow if conditions are brought about whereby this sacriicial service will no longer be possible.

Because of the limited information the writer has of this activity, the present account will be confined to the schools connected with the Northern Presbyterian Miasion. Evangelistic bands have gone out during the summer vacations and sometimes during the winter vacations from the Chosen Christian College, the Union Christian College, the Soong Sil Academy in Pyengyang and from the Sinsung Academy (boya) and the Posung Academy (girls) in Syenchun. These schools have also done a large work in the Daily

Vacation Bible Schools, as have the other schools of the mission that have not sent out regularly organized bands. Because of the youthfulness of the academy students of today, it bas not been so easy for them to get the confidence of the churches as it was 15 or 20 years ago. For this reason the academy bands always take with them one of their teachers to assist in the public speaking. The bands from the two colleges mentioned above are usually composed entirely of students.

These bands consist of from two to six people. In the larger bands there are two or three for preaching, two or three for music, and one for work with children. Their trips during the summer vacations last about three or four weeks. Usually they spend only one day at a church, but sometimes three or four days are given to one church. Sometimes they touch some of the larger churches in easy access by rail or bus, but more often they go to the smaller churches often located in out-of-the-way places and in mountain regions sometimes separated from each other by distances of twenty to seventy or eighty li, which distances must be traveled by foot and often in the rainy season, Frequently bands have gone into Manchukuo to visit the Korean churches there. Often have they gone to the islands of the sea, and often have they been commissioners of good will from the North to the South.

The Posung Girls' School sent out for the first time last summer their glee club with two evangelistic speakers of their own number. They were enthusiastically received everywhere by large crowds, and besides the spiritual blessings they were able to impart, their music gave a great deal of pleasure to the people who had never had such a privilege before.

The members of the men's bands spend an hour or two in the evenings calling at the houses of the villages within a radius of four or five li from the church giving out tracts and inviting the people to church. Usually the attendance is several times more than the churches have at their regular church services. When the church buildings prove too small the great outdoors is used for the meeting place.

Usually the messages are well received, but often some opposition is shown by a small intoxicated group, or by a group of communists or others who feel that preachers have come to turn their world upside down. Many are the things that would discourage if a strong inner urge did not impel onward. Late meetings at night resulting in short hours for rest, an early start in the morning for a long walk to the next church, often through rain and mud or in the hot sun; all these endured while their fellow students may be spending their vacations in pleasure or ease. But the joy of doing something that will bring new visions of life to their fellow countrymen, the joy of preaching the gospel of deliverance from sin and peace with God more than counter balance all the afflictions that are but temporal. They have seen many men renew their allegiance to God and righteousness and many men accept Christ as their Saviour for the first time. They have often seen the encouragement that came to small groups that are struggling to keep the light of Truth burning in very discouraging conditions. They have seen the Christian message and cause enhanced in places where it had made very little impression. They have been recipients of many expressions of gratitude. This gratitude led one man who had lost his all in former troubles to show his appreciation in a very substantial way. During the troublous times his fellow Christians had all fled, leaving only the church building in a small mountain village of only seven houses. After three years he returned and repaired the house, used formerly for the church, to be used as bis own living quarters.

His labours provided only a hand-to-mouth existence of millet. He was so grateful for the visit of the band that brought together from the neighboring hamlets about 200 people to his little church of only about twenty at. tendants, that he gave up his work for three days to carry the baggage over the mountains to the next two churches the band was to visit,

This same gratitude led another man one hot day to hire an auto and take the band to the sea shore about sixty miles distant for a day's rest and refreshment and then deliver them to the next church for the evening engagement.

Their hearts have been gladdened oftentimes a year or two after the trip by letters from people who were led to live the Christian life by their ministrations.

The traveling exprenses for such trips are in large part raised by the students themselves, either from the Student Y. M. C. A. fees or by special offerings, and in part by churches in cities where the schools are located, and by gifts from individuals. Whether any one has given much or little, it is a satisfaction to know that good is done not only to the churches and to people who have the gospel preached to them, but also that to the messengers have come rich spiritual blessings.

The Contribution of Educational Work for Young Men to the Christian Movement.

E.M MOWRY

ONE ACTIVE KOREAN worker in the church remarked some time ago that the thing of first importance is direct preaching of the Gospel, but that the second is Christian education. He said that without the Mission academy in his own province most of the young men who had been educated in it could not have received an education, and therefore the leaders of the church there could not have been There are very few who understand conditions in Korea that will not agree with him. The rapid spread of the Gospel has been accomplished by two sets of people, the missionary and the native Christian. Of the native Christians perhaps no class has been more active in this work than the young men in the schools. The inspiration to keep continually at it has been received in the school from the teachers, and from the association with each other of a large number of students who were interested in the same thing. It would have been almost impossible for scattered individuals to have kept up the same enthusiasm. One young man said that perhaps no one has helped the missionary so much in his work as the students in or near cities or out in far country districts, Before entering upon a discussion of what these schools have done directly for the Christian movement, I want to say very briefly but very emphatically that inasmuch as they are educational institutions their greatest contribution to the work of the church must be one of high educational value. Failure here means a weakness in all other things. Although conditions in the country both political and tempermental have at times been adverse to holding to a high standard of work, and although officials and a great many others are very prone to look with disdain on schools that are not conducted fully in accordance with government regulations, it is a matter of no unjust pride with us, I think, that a high standard has always been maintained. It is not fitting that we should compare ourselves with others and boast of what we have done, but those who have charge of the schools in all these past years have accomplished educational results that have been quite worthy of the name of a Christian educational institution, As the age of the present student body is much lower than 15 or 20 years ago, the student of today cannot do in bis student days all the things that his predecessors did that required leadership, but there is no doubt that the school is doing better work educationally than ever before, and as good work as ever in spiritual development and training for leadership.

The policy and aim of the Mission for its schools have been not mainly as an evangelizing agency in a community but to educate the children of the church, to nurture the children of the Christian community, and to train future leaders for the church, whether in the ministry and other paid church work, or as Christian laymen and volunteer workers. When the schools were first started this principle was carried out almost completely and only Christian students were received, and this has been mainly the policy ever since, although it has been put into practice for a certain period to a less extent in one or two schools than in the others because of peculiar government and local conditions. In sections where the church constituency has been large, it has been easier to carry out this policy than in sections where the constituency has been small. For a few years, while each school was struggling with the problem of designation, it was also more difficult, but since designation, conditions have improved. Because of this predominantly Christian atmosphere that has been consistently maintained the Christian character of the young men in the schools has been developed to a much higher degree than could have been done if a large percentage of the students had been non-Christian. Consequently, the leaders for Christian work that have been trained in such surroundings have been of a higher quality than could have been produced otherwise. Even many students who may have had a disposition to "kick against the pricks" a bit during their school days have become active factors in society after they left the schools. No mission worker or church leader will ever be able to know what a force these young men have been in leavening the non-Christian society with the Christian principles that they had firmly grounded in them in the classroom study of the Bible, the daily chapel messages, and constant contact with Christian teachers and other church leaders. The attempt from the beginning has been to use the whole force, teachers and students, in the interests of evangelism. The schools have been a living and potent factor in the evangelization of Korea.

Now I should like to mention some definite things that the academies and colleges have done to help the Christian movement. The first thing is the activities in the schools themselves for the development of Christian work and the evangelization of the few students who were not professing Christians at the time of admission. Above every thing else the teaching of the Bible as a regular course of study in the classroom, and the daily chapel services, have been the most powerful factors. Until the government passed laws many years ago concerning the registering of schools, the privilege of teaching the Bible in the curriculum was never questioned. From the year when the law was promulgated till the year when the first of our schools received designation from the government, with full privileges to teach the Bible and hold chapel services, was the most trying period in the history of our schools. Only those who were most intimately connected with the situation at the time can understand what a testing time it was both on the government side and the missionary side. For several years it seemed that it would be necessary either to give up our position or close the schools. What a ray of hope was given to us when the government issued the first permit for designation to the John D. Wells Academy in Seoul. Thanks to the sympathetic help given by many of the government officials, since that time all of the other three academies have received designation from the Government-General. The firm stand that our mission took on this question and the successful conclusion of the matter was Buch a testimony to, and had such an immense influence on, the church as to make the trouble of those years all worth while.

In the early years of the schools when the young men did not have such a through knowledge of the Bible, and did not know how to preach, certain promising students were given special instruction in the Bible and instruction for preaching and practice in preaching before small groups and before the whole student body. Small Bible study groups meeting on week days, Sunday morning Bible study classes, early Sunday morning prayer meetings, small prayer groups, organization of small groups for other students, the employment of men to do special religious work among the students, a week's special Bible Study, evangelistic meetings every year in each school, have been some of the means employed for the deepening of the Christian life of the students, The second thing that should be mentioned as a contribution by the schools to the Christian movement is the influence and religious activity of the members of the faculty. When the schools were first established the teaching was done entirely for two or three years by the missonaries, as there were no Koreans trained for such work, and when native teachers were employed they were men that had been trained in our own This gave us as co-laborers men who underatood our aims and purposes and who put the same emphasis in their work. Later, after men were graduated from the Union Christian College, most of the teaching positions in the academies were held by its graduates. These Christian teachers have had all through these thirty or more years not only a great influence on the thousands of young men in the schools but their own religious activities have set up an ideal for the students that many have carried out in later life.

This influence and inspiration could never have been given if there had not been the daily contact for a long period between teacher and pupil. The Christian teacher in his unwavering faith in the Word of God, as a man of wider education and understanding, bas been a continual quiet testimony to the student of less mental attainments in whose mind have often arisen questionings and doubts. Besides this possibly unconscious giving out of power, the teachers have been an active agency of immense power. Their preaching in the cities where the academies and colleges are located and the adjacent country churches, especially in earlier years when there were not so many or- dained pastors as today, brought blessing and refreshment to multiludes of Christian attendants. Their trips with student evangelistic bands during the summer vacations, covering often two or three weeks, have furnished opportunities to take the gospel to thousands who had never heard it before. In years past when there were not so many men well trained in the Bible, that is seminary students or graduates, or Bible Institute graduates, the teachers of the academies did much teaching in the Bible Classes in the country churches during the summer and winter vacations.

All this contribution to the Christian work of the country has been made possible only because these six educational institutions have been in our midst and this contribution would not have been made, at least to such an extent, if it had not been for them.

As the third thing, I should like to bring to mind the active religious work of the students during their student days. What a power for evangelism these young men have been!

In the earlier years the average student was older than he is today. The average of the academy student today is about 17 where- as 20 years ago it was surely at least 3 years more. Consequently, it was easier for him to get the confidence of the people and to do more work than it is for the present day student. Their work has been so large and so varied that only a mere mention of the different phases is possible here. A large number of students are doing regular work in Sunday Schools, many going out every Sunday to more or less distant villages and conducting extension Sunday Schools, starting work in villages that later grows into churches, doing house to house preaching in the villages, going to outlying streets and preaching on the streets, working in non-Christian schools, vacation preaching bands, Daily Vacation Bible Schools, night schools for poor children, preaching in their home regions during vacations, and raising money to send evangelists to distant places where they could not personally go, are but a few of their varied activities.

During the last Christmas vacation four professors and twenty students of the same college, divided into 6 bands, conducted a week's meetings in six country churches. The Korea Sunday School Association reports for the summer of 1933 that of the four mission academies and two colleges connected with the mission that about 900 students helped in teaching Daily Vacation Bible Schools. One academy reports for the past year 108 students, about one third of its total, as engaged in some phase of Sunday School work every Sunday. One of the colleges reports that about 80, or about 40% of the student body, are engaged in such work and the other college reports 79 students or 23%. There are 13 churches in Pyengyang and vicinity that owe their origin and nurture for a few years to the efforts of the students of the Soongsil Academy and Union Christian College. Truly it was said that no one has helped the missionary so much as the students in the Christian Schools. Each one of the cities of Syen-chun, Pyengang, Seoul and Taiku has in its vícinity from six to ten more churches that were started by students. Each one of the 1 schools has to its credit a number of churches in some distant region that were started by evangelists sent out by the student body.

And now what can we say of the men after they have left school, either before graduation or after finishing the course ? The number in the ministry or in preparation for it, or planning for it after they become a little older and get more experience, the large number of church officers (unpaid workers), the number of business men and farmers giving a definite Christian testimony, the number of teachers in primary schools, academies and colleges, these all would make an imposing procession were they able to pass before us today. It is very likely that a great deal is due to this large number of men for bringing the Korean church to its ability for self-government and self-propagation so soon.

The percentage of graduates engaged in definite church work is from 10% to 15% for the different schools. Of the two colleges the Chosen Christian College has twelve of its graduates in the ministry and eight in preparation for it in seminaries, and the Union Christian College has forty-six ordained pastors and thirty three in seminary. One academy of 158 living graduates has 20 in the ministry, another of 460 graduates has 11 in the ministry and another of 941 graduates has 31 in the ministry. It has been impossible to get complete statistics for the number of graduates that have fallen away from the Christian faith, One academy reports that out of 145 known alumni 12 are not at present attending church, another academy reports 34 such out of 941 living graduates. The Chosen Christian College considers that 80% of the graduates live up to their Christian faith, and of the 315 graduates of the Union Christian College 12 have fallen away from the church. It would be interesting to know just how many of the outstanding leaders of the churches are the product of the mission academies or colleges. It has been reported at a meeting of a certain presbytery, in whose bounds is located one of our academies, at that time all the church officers in the churches of the Presbytery were men who had been in attendance for a longer or shorter period at that academy in its midst. Of the alumni of all our schools at least 11 are occupying such high positions as college professors, two as seminary professors and three as principals of middle schools. Many others are occupying places of leadership in the general church work, such as the General Secretaries of the Board of Christian Education of the Presbyterian and Methodist Churches and the General Secretary of the Department of Rural Church Work.

A NEW COMER'S FIRST COUNTRY TRIP

BY MRS. MOWRY.

To us who arrive in Korea in these latter days of comparatively thoroughly organized work, when we are robbed of the adventures and thrilling experiences as well as the dangers and hardships of the pioneer missionary, ten days in the country, hearing no voice except that of the Korean, comes as a very pleasant variation in language study.

We were rowed down the River for a distance of about eighteen miles to an island church community where there are three hundred believers. Before we reached our destination I realized fully what some of the itinerators mean when they say to each other, "Oh, doesn't it do you the most good to get out among the women in the country churches and see how earnest they are." Perhaps in attending a religious conference in America one may receive an intellectual refreshment impossible on such a trip, but so far as spiritual inspiration is concerned, one need ask nothing more than that which is received from these earnest Christian souls. Christian souls. Because things seen are so much more real than things heard, in the light of a purely Oriental atmosphere which we do not have in the larger foreign communities, the Gospel records stood out more vividly than ever before. As day after day the women kept pouring into our room and standing about the door and following us whenever we chanced to walk abroad, the real circumstances by which the Twelve and the Seventy were surrounded seemed more realistic. As we sat on the floor and listened to the account of the last visit some two years previous of two of the Pyeng Yang women missionaries, and how, when the time came for them to leave, they even wept as though they would see their dearest friends no more, the experience of the early Ephesian Christians as they parted from Paul at Miletus was brought vividly before us. As the oldest Christian woman there told of the discouragements of the early days when so few believed, and the great difference now since the church has grown, the trials and joys of the Christians in the Apostolic days seemed more real.

In the mornings we received our numerous callers; in the afternoons we went from house to house preaching to the women and giving away Mark's Gospels; and in the evenings the women gathered in our room, and we sang together, one of the older Christian women read from the Testament and talked to the others about her Christian experiences. And then they prayed so earnestly. It is very wonderful when we think of the hesitance of most American women in leading a public meeting, to see these women who have known nothing but the drudge of their ordinary work until they became Christians, so willingly and competently take

charge of a meeting and speak quite extensively without any formal preparation. These are the things, even more important than the Korean language, which we must learn from them.

On the Sabbath day we spent there we had the great joy of seeing a number of the women we had visited the past week stand for the first time saying that they believed. After we returned we learned there were twenty new believers as a result of the preaching done by the Korean women directed by the Spirit of God.

● 1936년 전도활동 보고서

1936년 작성된 것으로, 모의리 자신이 맡았던 선교 구역인 남대동 및 서중화 지역에서의 전도활동에 관한 편지 형식의 보고서다. 손수 그린 지도가 동봉되어 있는데, 여기에는 모두 21개의 교회가 표시되어 있다. 보고서는 지도를 자세히 보며 따라가도록 작성되어 있다. '평양'의 서로 다른 철자법이 나타나고 오타도 간간이 보이지만, 그대로 두었다.

Pyengyang, Korea
June 15, 1936

Dear friend:

The following is a brief statement of a very aggressive evangelistic campaign in a small section of Korea. It is the hope that this map and this brief description will bear to you a real living message from this part of the Kingdom. First of all it will be necessary to understand the map. The territory is called the South Tai Dong, West Choong Wha, these being parts of two counties. It is located south of the city of Pyung Yang, the nearest church, No. 3, being only two miles from the city limits and the farthest, No. 17, about 25 miles. The part north the Gonyang River is Methodist territory, in which are located five churches, and a small section belonging to a territory supervised by another Presbyterian Missionary.

The small circles represent villages and the larger circles villages in which churches are located, the names of which are to be found to the right. There are no large towns in the section such as county seats. The number of houses in a village range from about twenty to two hundred. Smaller villages than these are not indicated. The double lines are automobile roads. The numerous smaller roads between villages are not marked. Each church has in its territory a certain number of villages. These territory boundaries are marked with light lines. With this division each church knows what its evangelistic responsible is.

The west of the territory is bounded by the Tai Dong River. On three islands are located churches. Near the upper end of the 3d island below the railroad is the place where a Rev. Mr. Thomas was martyred about seventy years ago, in whose memory the general assembly erected a memorial church, No. 4, a few years ago. The light straight lines connecting the churches are drawn to show the distance from one church to another. This distance is in miles by the light figures on the lines. There is perhaps no other section in rural Korea that is so completely supplied with places of worship. Look at this carefully.

For the past six years a strong advance evangelistic campaign has been carried on. During this time eight new churches were established, Nos. 2, 3, 11, 13, 16, 17, 22, 23. During this time also 14 new buildings have been erected. During this time the number of ordained and unordained workers has increased from four to eleven; that of Bible women from two to fifteen, working from three months to one years: the number of officers from 103 to 216. The average attendance for the third Sunday for the month of February the year before the campaign began was about 1650; for the same month last winter it was 3318. The largest attendance for any one service this year was 4131 on April 19th. The number of baptisms this spring in all the churches was 140. This is not a large number for so many churches but when we consider the total number of baptized members, which is about 950, this number of baptized at the spring period, is a very substantial increase. I have made comparison with the other seven country districts in this Presbytery and find the average number of baptized per church is larger by six than that of any other district. This is all 1he more encouraging because all of these other districts have county seats, larger towns, in their boundaries. These few figures give but a very meagre picture of all that has gone on during these years.

This work has taxed the various resources of the people directly connected with it to the very limit. If it had not been for many failures and weakness the results would have been all the greater. All the churches have increased in supporting ability. One church three years ago gave ¥40 for its pastor's salary; the following year ¥70; this year ¥140, and is planning to raise it to at least 200 next year. The Choong Wha section of the territory was the made greater increase. Six years ago when the campaign began the seven churches in that territory raised only ¥280 for the pastor's salary. This present year they are raising ¥820 for the pastors' salaries, and besides this they have raised about ¥350 for Bible women's salaries. Taking into consideration the poverty of people in some of the churches this is an exceedingly great advance. Three churches in the territory this year are running a attendance of about double what it was last year. All have not made this progress. but the events of the past year clearly show thất the harvest is truly great and that it is not being reaped because of lack or weakness of reapers. Pray that this harvest may be fully reaped. May those of you who at a long distance have been helping to have such harvests reaped in many lands find as much joy in it as those of us who are directly engaged the labour.

Yours in His service,

E. M. Mowry.

자신의 재판에 관한 잘못된 견해들을 바로 잡기 위해 당시 미 상원의원 로버트 랜싱에게 보낸 편지

Page 321

Robert Lancing Pyengyang, Korea.

Washington, D. C. Oct, 21st, 1919.

My Dear Sir:-

I have just now come into possession of a copy of the Document No. 107 of the Senate in regard to the Legal Proceedings against Rev. B, M. Mowry, and Rev. Bigene Pell. There are some things in it that are not true to fact, and I am taking this liberty to write personally to you about it. I hope that in doing so I am not transgressing any of the rules of the consul General of Korea or of the Embassador at Tokyo. From statements in report you and the members of the Senate and the President and all the whole affair and my only desire is to set it right. I hope that you will excuse me for asking that you give a little time to the letter and enclosures.

In the first place I see that cables had been sent that charges were made against me that I had allowed my premises to be used for printing anti-Japanese propaganda. I heard after I came out of prison that that had been one of the changes first preferred against me by the police. It is absolutely untrue. I never gave such permission and so far as I know nothing of the _ort was done on my premises at all. The Japanese evidently tried bring such a charge, and scattered false reports around to that effect. The word "printing" includes mimeogaphing.

The report includes this sentence; - "The consul general pointed out that Mr.Mowry might have asked for a postponement of the trial in April 15 in order to engage a counsel but refused to do so". The opportunity was never given to me to refuse. I was in prison and no one told me that my trial was to be held the next forenoon and that s all knew of it. No notice had been sent to my wife or any other of the people outside that they might that the trial was to be held the next morning, but they could scarcely believe it since no word had been sent to them. But two of them, came down to the court house and found the trial just about ready to begin. It can scarcely be said that it appears "a serious oversight", when I had no opportunity to ask for postponement. No one was allowed to speak to me about the matter in the prison and I had no idea that it would be possible to do anything save that which the authorities said I should do.

The report further save that "He was also changed with harboring ori_____ ten of whom the authorities found in his house when it was searched on April. Two people were taken from my house on that day, and one of them was not round to be a criminal. The other has since been convicted and is serving his sentence.

The report further says that Mr. Curtice attended the trial and reported "that on the whole the court was fair toward Mr. Mowry and that it showed by the questions ___ to the defendant that it had a desire to get at the truth of the matter." Outward appearances would seem to show that, The Japanese perhaps had more foresight than not to seem to be fair. People have been at the trials who have known more or less of law, one a former lawyer, and it has been the consensus of opinion of every one at every trial that there is no way out of it but a complete acquittal. Mr. Curtice himself said when he came to the court at the denouncement of the decision that it would be a complete acquittal. No one here is able to understand where the court gets is basis for passing such judgements as it does, except from the governor general or from Tokyo. It is the belief of nearly everyone that the whole thing is previously decided before the trials are held and that the judges only decide according to what they are ordered to do from above. I will have more to say about the court proceedings later.

I take great exception to the sentence in the report: - "From the Embassodor's report, the evidence may be construed as sufficient to allow the inference that Mr.Mowry did unlawfully harbor five young Koreans who, he "guess" but I did not actually know, were fleeing from the police". You will please excuse me for going into detail a bit here. Peginning on the night of the third or fourth of March, there was a regular reign of terror started here. Policemen, gendarmen, soldiers, firemen, and Japanese citizens came out at midnight and made a raid on our school dormitories and beat up very badly all the students they could lay hands on. As many as could escaped. From that night on there were very few fellows stayed at their own homes and none at the dormitories.

The Japanese are very much opposed to Christianity and they do everything they can to put down our mission schools. In this trouble they say that the collebe and academy with which I am connected were the leaders in the matter. That is not true. It is generally known that the people who were the leaders in the movement say so. Put if a young man was met by policeman or soldier or gendarme and it was found out that he was a student of our school he was maltreated before it was discovered whether he done anything in the independence movement or not. There being such a condition, the life of student was in danger. All the fellows that I am supposed to have "harbored" were all very close friends of mine and have always been at the house more or less. They asked me whether they might stay at the house till the reign of terror should pass of a bit. The first two stayed the fore part of March, one for about ten days and the other for three days.. I did not know that they had taken any part in the demonstrations in fact for these two fellows I felt quite sure that they had not. The one of them was my first secretary. A little over a year ago he had been arrested and had been given hard torture in prison and at the police department and finally after having been kept in prison for several months was released as innocent. He received such treatment from the police and that he wanted no more of it, and I was of the impression that he was keeping clear of these demonstrations.

The other was the son of the pastor of the Central Church here in the city. His lder brother was so terribly tortured during the conspiracy trials that ge died later, evidently from the effects of them. His father is one of the signers of the declaration and is in prison. The son has a smaller brother and sister and mother at home. I supposed that he was not doing anything in the movement in order that he might be able to take care of the family. I absolutely did not know that these two fellows had taken any part in the demonstrations.

On March 28 the police had heard that there was to be another demonstration and it was reported that the order was out to kill any that were seem on the streets that day. That was the beginning of another siege, and two other fellows asked to stay at the house for three days, thinking that the trouble would pass of by that time. My secretary, I should have said came to me the day he left and told me that he had heard that the police were after him and as he did not want to make me any trouble he would go some where else. One of the boys who asked to stay the lattor part of March was here over only over on night. He had been working at the house till about 8:30p.m. and asked if he might not sleep in the study. I knew that every one was afraid to be out on the street at night, and I gave him permission without a second thought.

Now, what is to be said about this? I knew that the fellows were afraid of the policebut as to whether they had done anything that the police were after these special students I absolutely knew nothing about it. I told some of them that I would be very glad to have them stay with me just the same as I have had my Korean friends in our home at different times, but that if policemen should come for them that it would be impossible for me as and

American citizen to protect them in any way.

Furthermore, I concealed them in no way, I really do not know what harboring might be, but I should think that it would necessitate concealing or protecting in some way. The men when they were here were in the study, my secretaries were doing their work all the time they more herr.(Two of the students were my secretaries). The procurator says in the examination of the fellows that they lay concealed in my house and that they did not go outside at all daytime quite as usual. They were in the study where all my business is conducted and any one who came to the house to see me saw them. No policeman ever came to the house for them nor did any one else come and inquire for them and I answer that they were not here if they were. The police knew were my secretaries and if they had wanted to arrest them they could have done it. I absolutely deny that I have done anything that would even seem like harboring hem.

The report further says that "the Ambassador examined the detailed report of the trial of Mr. Mowry and that the defendant's case seemed to have been conducted with reasonable fairness". In June I went over to see Mr. Morris. He was very kind to receive me and asked a good many questions about the case. I told him some of the things I have related above and a great deal more and he said that his idea of the case was very different to what it had been and that there was absolutely no case had been gotten from court proceedings and newspaper reports.

Mr. Morris is also reported to say that he sent an able lawyer from Tokyo. Perhaps the Ambassador may have given some advice about the matter, but the lawyer was secured by my missionary friends.

I should like to say just a few things outside of the report of the Senate. The trial in the Appellate court in Seoul has just been finished Judgement has been passed with a fine of Yen 100 or 20 days imprisonment. I am enclosing a record of the proceedings of the trial there. If you have time I wish you would look over the matter carefully. You will note that are examination of the students was refused by the court. Judgement is based so far as I can see only on the supposed testimony of the fellows in a little room alone with a procurator. Who knows what they said or didn't say? If he fellows really did say that they had told me all about their condition, it may have been under severe torture. But I do not believe they said it. One of the men was out of prison for a few weeks on bail. I asked him about his examination and he said that the procurator wrote down anything that he wanted to and said that the fellows said so. How do they not bring these men ___ in court and let them give their witness there? They have so far allowed those men to give their witness in open court, the court sorting only on the procurator's testimony.

I know that there are falsehoods in the reported examinations of the men. It is reported in the testimony of Kim Tai Sul that he is said to have said that he came to me and told me so and so and asked to be concealed in my house. He never asked me to stay at all, as another asked for him. I do not believe that Kim Tai Sul eve said what he is reported to have said. And so it is just as easy for me to believe that what the other fellows are reported to have id is not true.

All condition point to the fact that, it is a determination to subject us American to as much indignity as possible. After the decision was made in Seoul the other day the interpreter is reported to have asked the reported of the trial. Accordingly I appealed again. He asked whether I was afraid that if they pass sentence on me that I am afraid that the Mission Board in America will recall me. I should have liked to have answered the question myself. I am appealing because I am an American citizen, and I want to give them every opportunity to straighten themselves out with me as an American citizen, and secure justice. You perhaps know that when the police beat up Mr. Thomas, a British subject and afterwards found out that he was such, they said "Oh! we made a mistake. we thought you were an American."

The night, I was arrested I was taken to the police station and after only a very few questions as to whether these fellows had stayed at my house, they rushed me at once to prison. When I arrived at the prison, it seemed as if they had already made provision for my coming. I learned after I came out from one of the fellows who was in a cell across the hall from me that they had prepared the cell for me in the afternoon between four and five o' clock, even before my house was searched perhaps. I was not taken down to the police station till about 8 and was not examine till about 12 at night.

The other day at Seoul. I saw two of the secretaries from the American Embassy at Tokyo. It was told me that one of them said that the discussion in the Foreign Department in Tokyo runs something like this. "Christianity and the present form of Japanese Government are incompatible, either one must go or the other. Mowry's trial has a very definite relation to the government. If he is released it will make it harder for the government. If a penalty is put upon him perhaps he will become discouraged and many of the other missionaries in Korea and they will leave and return home."

I hope that you will forgive me for taking so much of your time in asking you to read this letter. Enclosed you will find court proceedings. (Signature)

● 1937년 선교보고서

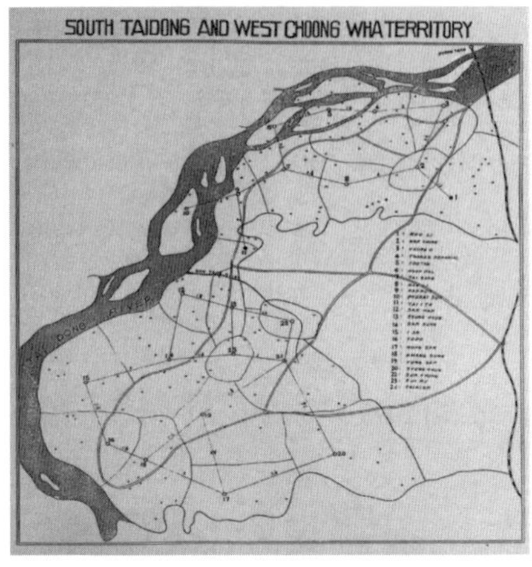

1937년 선교지부의 책임자로서 미국에 보낸 선교편지다. 숭실의 폐교 상황 및 후계경영 관련 내용 및 경신학원과 대구의 학교들에 관련된 내용이 담겨 있다.

Pyengyang, Korea,

July 17, 1937.

Dear Friends in America:

It is my happy duty as chairman of the mission this year to write you the mission letter. Limited space will require brief statements. Annual Meeting was held in Pyengyang from June 24th to July lst. Although the whole of the forenoon of the first day was used for a prayer and devotional service, the meeting closed on scheduled time. Most of the mission had fears that this session would be a very disturbed one because of its being held in this city that has been the center of strained feelings during the past two years because of the school question, but it went through to the close in a very peaceful way. For this every one had a feeling of thanksgiving to God and special expression of gratitude was made to the city police department for its most considerate treatment.

We have lost several more of our number this year because of retirement.

The Misses Best and Snook and Mrs. Harvey have returned to America but Mr. and Mrs, F. S. Miller are still with us, Mr. and Mrs. Hugh Miller were with us for their Last time as they retire during the coming fall. For health reasons Dr. Moffett of Dr. Gale and Mrs. O. R. Avison were refreshed in a loving memorial service. Note was also made of the death of Mr. John Moore and Mr. Vinton. We are happy in the prospects of having Otto De Camp back with us as a missionary. Lois Blair was appointed by the Board last winter to continue her work in the dormitory of the P.Y.F.S. An unusually large number, a total of about 25, are away this year on furlough The very disturbing school question through the year still occupies the center of the stage. Two Koreans made application to the Board in March for the transfer to them of the three schools in Pyengyang. We had hoped that the Board's decision would reach us before Annual meeting, but the day following a cable was received from the Board saying that the question had been referred to a special committee to report at the September meeting. The mission took the same action regarding the Taiku schools and the Kyungsin school in Seoul that it did through its executive committee last fall regarding the Pyengyang schools; namely, not to take in new student next spring looking forward to closing them a year later. A certain wealthy family in Anak, Whanghal province is very willing to unite with the mission or perhaps take over the Kyungsin school if only consent is given.

The great desire on the part of the Koreana is that the schools be not closed. Severance Medical College is passing through a very distressing time because of a disagreement between the management and especially one of the missionary professors which has led to the president and vice-president tendering their resignations.

Many suggestions for transfer of workers were mede but finally the lines of least resistance were followed by decision only on the permanent residence of Mr. and Mrs, Cook to Chairyung and Mr. and Mrs. A. D. Clark to Chungju. Mr. De Camp is to go to Chungju. Dr. Rhodes was made chairman of the Executive Committee. The Women's Biblical Seminary (formerly called the Higher Bible School) has started a new dormitory to the southwest of the recitation building.

Heydon and Helen Cordelia Lampe and William Bigger are spending some time at their homes. Barbara Genso is returning to teach in the Seoul Foreign School. Mr. and Mrs. (Helen Rhodes) Francis Scott will spend a few weeks at Sorai on their way to their new work in China. The marriage of Edith Philips to Alan Eberhart of S. Pasadena will take place at Sorai during the month of August. Mr. and Mrs. (Laura Phillips) Paul Abbott and son are spending the summer at Sorai. Great excitement prevails in the country because of the disturbed conditions in China. Conditions here have changed very greatly during the past few years and those of us here know that we are continually remembered much in prayer by the friends in America. the in homes.

Yours truly,

E. M. Mowry Chairman

1950년 2월 22일, 당시 국무총리였던 장면 박사가 모의리 선교사에게 훈장 수여를 알리고, 수여식에 참여해 달라고 초청하는 편지다.

KOREAN EMBASSY

WASHINOTON, D. C.

February 22, 1950

Dear Dr. Mowry:

On March First we shall celebrate the Thirty-first Anniversary of the Proclamation declaring Korea's independence from Japan. This day is one of the most memorable in the long history of our people, especially now that the Republic of Korea is a fully constituted Government.

This March First, on behalf of the President, and the Government of Korea, I wish to confer upon you the Decoration of Honor, Third Order (the highest Korean decoration awarded to one not a Korean national), as a token of appreciation for your indefatigable efforts toward winning our independence, and bringing an understanding of Korean culture to the American people.

I sincerely hope that you and Mrs. Mowry will find it possible to be with us on this occasion in order that you may receive the Decoration in person. If however, it should be impossible for you to attend, I would greatly appreciate your suggestion of someone to receive the award on your behalf. I am sending out invitation cards also, but I wanted to write personally to tell you of this, with very best wisnes, I am Sincerely yours,

[서명]

John H. Chang

Korean Ambasador

Dr. Eli M. Mowry
Presbyterian Church
Charlston, Ohio

1954년 삼일절 기념식을 앞두고 한국의 지인들에게 보낸 편지다. 여기서 이차대전 후 한국으로 돌아갈 수 없었던 사실을 애석해 한다는 내용이 들어 있다.

To the Korean Friends meeting on the First of March in celebration of the memorable day when the first steps were taken in an outward way to regain your independence. I send most hearty greetings. Korea has suffered more than any one can tel1, not only during the occupation of the Japanese, but expecially during the past four years. Her suffering men, women and children has pulled at the heart strings of the people of America, and we pray that everything that can possibly be done for her rehabilitation to offset all the failures our own Government has-made that have been very greatly the Cause of this suffering.

It han been a great disappointment to me that we were unable to return to Korea at the close of World War II, 1 would like to feel that I am till living for Korea, and what is impossible for me to do for Korea in any small way, I hope that you friends will de willing. to make every sacrifice possible for the upbuilding of your beloved land and people. May the day soon come when peace shall reign over all Korea and she be a united nation.

Waverly, ohio, January 28, 1954

1919년의 구금과 재판에 관한 모의리 본인의 회고를 담은 편지로서, 딸 루세타의 질문에 응답하는 내용이다. 손으로 친 타자여서 오타가 종종 있지만, 그대로 두었다. 1950년의 서훈 연도를 1949년으로 잘못 적기도 했다.

January 28, 1954

Dear Lucetta

Your letter came yesterday asking for information about March 1,1919. If it were not so far Boston I would like to make the speech myself. But here 1s some information for you.

Some of the older people will know all about the Korean part of it 1n Pyengyang. Since our college was the only college at the time in pyengyang the college fellows were quite active in the demonstrations and of course caught the brunt of the retailiation and brutality of the police. Our academy boys were very much on the black 1ist. Both of these bodies of students were terribly beaten up on the streets, even though they had not been caught in any demonstration. Just the insignia or clothes was enough to set off. the high blood pressure of the police.

Schools had to be closed for two or more weeks. At that time I was principal of four city schools, church day schools, of course, the two Soong Duk boys' Schools and the two SoonHyun girls' schools. As the students could not study every day some of them would come to our house to call or spend some of the time. one of my secretaries was Lee Po Sik. He came every day to do secretarial work, but it seems that he was one of the most wanted. And found it very dangerous to be out on the street going to his home after his afternoon work, and asked to stay at our house till the heat of the persecution was passed, to which I consented, but told him that if police should come after him I could not prevent them.

The Koreans had been publishing a mimeographed news sheet and getting it out to the people. The police were trying hard to find out where 1t was mimeographed, and evidently thought it was being done at our house, one day several of the students were at our houses and as I had a pretty large job to be done I set them all to work. That afternoon the Assistant principal of one of the girls' city Schools came out to talk over some of his problems. After his conference was finished he started home and I went out in the yard with him. As we stood at the top of the hill in the front yard, we saw a large number of police coming down the big street from town. I remarked to him that there must be some more demonstrations that day again. We stood there for a while and then they began pouring in both gates, the one in front of the Single Ladies' house and the one in from the main street at the garden. The chief man came to me and asked whether I was worry, and said they had come out to search our house. I told them that they did not need it for they had their procurator with them. So they went in and I stayed out. The boys in the house when the saw the police fled, some out back over the wall behind the house and one in the basement and one in the bathroom. Those that they caught, together with the Assistant Principal of the school they tied up and led them off to the police station.

While we were eating supper a couple policemen came to the house and said the chief of police wanted me to come down as he wanted to ask some question about the searching of the house that afternoon. I had not been well, bad cold, for several days and asked him if they could not ask the questions at the house, but he said the chief wanted me at the station and that Dr. Moffett had been asked to come down also. So we went together.

We were put in a room and began talking to each other. A policeman came in and told us not to talk. Dr. M. wanted to know what that meant, whether we were under arrest. The man said he would go and find out whether we could talk or not. He came back after a while with the permission. I again sat alone for several more hours. Finally, a man came in and said I was to go to prison, which rather took me by surprise and I said I wanted to know why I was to go to prison. He told me to shut up. I said I wanted to see Dr. Moffet and he said that Moffet had gone home along time ago. So I was marched off to prison.

The police an got the prison keeper out of bed. All my possessions in my pockets were taken from me and I was escorted to my cell. The cell had been cleaned but the bedclothes were quire dirty. The next morning some of the Soong Sil students in passing in the hallway saw me and the word soon passed all through the prison that I was there. So they told me after they got out. I refused to eat the prison food and finally they allowed a couple means a day to be brought in to me from our home, and they sent in a folding cot with clean bedclothes after a couple days.

I was taken out for examination every day or two, and I found that they were trying to find out and make me say that I had a mimeograph machine at our house where the news sheet was printed. Very fortunately I did not have one at the house or any where else. After ten days or more I was taken to the court house for a trial. A fine of a certain amount was placed on me and a certain period of hard labor in prison. I now forget how much. Had a very fine Christian lawyer from Tokio. The case went up to seoul. Everything was cut of the sentence except that I was to pay a fine of 50 yen. Which was paid to close the matter. Everybody felt that the Japs would have been glad to have got rid of me, but after the thing was started they had to carry on in some way.

The police evidently had made up their mind that they were going to show the Koreans that we Americans were subject to their law the same as Koreans, and because of the outward esteem we had of the Koreans while the Japanese had but little more than disrespect and hatred. So they decided that they were going to put us down in the eyes of the Koreans. They had decided to get me in prison before the search of the house: for the Koreans who were in the cells across from mine said after they got out that that afternoon the prison people scrubbed the cell, etc. And the Koreans said to themselves that some high gentleman must be coming in. The next morning they found me there. They treated me pretty decently: allowed me to have a Bible, but evidently investigated it thoroughly before they gave it to me. For at the trial I was asked why I had cut out some of the verses, evidently thinking that I considered them subversive and had already cut them out. It happened to be a Bible that I had used in seminary and had cut out passages to paste in note books.

It was a hard experience to go through, but I am not sorry that it happened to me. The Korean friends have been very appreciative of what I did in korea, based very greatly on the suffering that I underwent together with them.

And the citation and decoration of Tai Kook Third Class, that was bestowed on me together with several other people who had helped in the Korean Independence movement at the Korean Embassy in Washington in 1949 sent out here by president Rhee, was given because of this experience, I suppose, more than for anything else I did in korea.

At that time I was thrilled beyond words to express at the thought that finally Korea had an Ambassador in Washington. The Ambassador was kind enough to me at that time to have me stay with him over night ay the Embassy.

● 딸에게 보낸 투옥 사건의 회고

1954년 1월 28일.

사랑하는 루세타에게,

어제 너의 편지를 받았단다. 1919년에 있었던 삼일운동에 대해 알고 싶다고 했더구나. 사실 보스턴에서 그리 멀리 있는 게 아니라면, 직접 가서 이야기를 해 줄 수 있었을 텐데 아쉽구나. 대신 약간의 설명을 보내마.

나이가 지긋한 사람들 중에는 평양에서 한국 사람들이 어떤 역할을 했었는지 잘 아는 이들도 있을 것이다. 당시 우리 학교는 평양에 있는 유일한 대학이었고, 그래서 우리 학교 학생들은 시위에 매우 적극적이었지. 그러다보니 자연히 경찰의 잔인한 보복의 직격탄을 맞았어. 우리 중학교의 소년들 역시 요주의인물들이었단다. 이 두 학교의 학생들은 길거리에서 무차별적으로 얻어맞곤 했지. 시위에 참여하다 걸린 게 전혀 아닌 데도 말이다. 모자나 옷에 새겨진 학교 마크를 보는 것만으로도 경찰의 혈압이 올라가는 데는 충분했던 셈이지.

학교는 두어 주 정도 문을 닫을 수밖에 없었단다. 당시 나는 초등학교 네 곳, 그리고 교회의 주간 학교들, 두 개의 소년학교와 두 개의 여학교 교장 역할을 하고 있었어. 매일 공부하는 것이 불가능하게 되자, 학생들 중 일부는 우리 집을 찾아오거나 우리 집에서 시간을 보내곤 했지. 내 비서(secretaries) 노릇을 하던 학생들 중에 이보식이라는 이가 있었다. 그는 매일 집으로 와 나를 도와주곤 했는데, 하필 그 사람이 가장 핵심적인 지명수배 대상이었지. 그래서 그는 오후 일을 마치고 나서도 집에 가려고 바깥 거리로 나서는 게 매우 위험하다는 사실을 알았어. 그래서 경찰의 박해가 좀 잠잠해질 때까지 집안에 머물게 해 달라고 부탁하더구나. 나는 그렇게 하라고 승낙했지. 하지만 만약 경찰이 잡으러 온다면 그건 막을 수 없다고 말했지.

한국 사람들은 등사기로 비밀 선전물을 만들어 사람들에게 뿌리곤 했었단다. 경찰은 그 문건들이 어디서 등사되는지 알아내려고 무지 애를 썼는데, 분명 우리 집에서 그 일들이 이루어진 것이 틀림없다고 생각한 것이지.

어느 날 여러 명의 학생이 우리 집에 와 있었어. 처리해야 할 일거리가 꽤 큰 게 있어 모두에게 할 일을 맡긴 참이었지. 그날 오후 한 여학교(girl's City Schools)의 교감이 자기와 관련된 이런저런 문제를 의논하려고 찾아왔어. 의논이 끝난 뒤 그는 집을 향해 나섰고, 나도 그와 함께 바깥 마당으로 나왔단다. 그런데 우리가 앞마당의 오르막 끝자락에서 있을 때, 많은 읍내에서 경찰들이 행길을 따라 오는 것이 보였어. 오늘 또 더 많은 시위가 있었던 모양이라고 내가 그에게 말했지. 우리는 한동안 그 자리에 서 있었어. 그런데 경찰들이 양쪽 문을 향해 우리 집 안으로 들어오기 시작하는 것이 아니겠니. 하나는 독신 여성들의 거처(Single Ladies house) 쪽의 문이고 하나는 큰길에서 정원으로 들어오는 문이었어. 그 중 우두머리로 보이는 사람이 나에게 다가와 내가 모우리 씨냐고 묻고서는, 우리 집을 수색하러 왔다고 말하더구나. 나는 그에게 그들이 미국 영사관에서 발행한 영장(permit)을 갖고 온 게 아니라면 집안으로 들어갈 수 없다고 말했지. 그들은 검사(procurator)가 있어서 영장이 필요 없다고 하더구나. 그렇게 그들은 집안으로 들어갔고, 나는 밖에 그대로 서 있었지. 집안에 있던 학생들은 경찰을 보자 달아났지. 어떤 친구는 집 뒤의 담을 넘었고, 하나는 지하에, 그리고 하나는 화장실에 숨었어. 결국 잡힌 학생들은 학당의 교감과 같이 포박되어 경찰서로 연행되었어.

저녁을 먹고 있는데 경찰 두 명이 집으로 찾아와 경찰서장이 좀 내려와 달라 한다고 말하더군. 그날 오후 가택 수색에 대해 몇 가지 물어볼 것이 있다는 거야. 나는 심한 감기로 며칠 동안 몸이 안 좋았던 참이라, 대신 집으로 와서 물어보면 안 되겠느냐고 그 경찰관에게 물었지. 하지만 그는 서장이 나를 경찰서로 오라 했다고, 그리고 마펫 박사에게도 내려와 달라는 요구를 했다고 말하더구나. 그래서 우리 두 사람이 함께 경찰서로 갔지.

우리는 어떤 방으로 들어가게 되었고, 서로 이야기하기 시작했지. 경찰 하나가 오더니 이야기를 하면 안 된다고 말하더군. 마펫 박사는 그게 무슨 뜻인지 알고 싶었어. 혹시 우리가 체포된 것인지 말이야. 그 경찰관은 그러면 이야기를 주고받아도 되는지 자기가 가서 알아보겠다고 하더구나. 한참이 지나서야 대화를 나누어도 좋다는 허락을 해 주더군. 그리고 또 한참 뒤, 그러니까 두어 시간 후에, 나는 한 방에 그리고 마펫 박사는 다른 방으로 옮겨졌어. 다시 몇 시간 동안 나는 혼자 앉아 있었지. 한참 만에 한 사람이 와서 내가 감옥으로 가게 될 것이라고 말하더구나. 나는 깜짝 놀라서 내가 왜 감옥으로 가야 하는지 알고 싶다고 했지. 그는 조용히 하라고 하더구나. 내가 마펫 박사를 만나고 싶다고 했더니, 마펫 박사는 한참 전에 벌써 집으로 갔다고 하더구나. 그리고 나는 감옥으로 이끌려 갔단다.

그 경찰은 간수를 침대에서 나오게 하더구나. 내 호주머니에 있던 모든 물건들은 다 압수되고 나는 감방으로 이끌려 갔지. 감방은 청소가 되어 있었지만, 침구는 매우 더러웠어. 다음 날 아침 숭실 학생 몇 명이 복도를 지나가다 나를 보았고, 내가 들어왔다는 소식이 금방 감옥 내에 퍼졌어. 그들이 감옥에서 나온 뒤 나한테 해 준 이야기야. 나는 감옥에서 주는 식사는 안 먹겠다고 했고, 결국 하루 두 끼는 집에서 가져올 수 있도록 허락해 주었어. 그리고 이틀 뒤에는 깨끗한 침구가 깔린 간이침대도 넣어주더구나.

나는 매일 혹은 이틀에 한 번 꼴로 불려나가 심문을 받았지. 나는 그들이 우리 집에 등사기가 있었고 거기서 선전물이 만들어졌다는 사실을 확인하려고, 그리고 나를 그렇게 자백하도록 만들려고 무지 애를 쓰고 있다는 것을 알게 되었어. 다행히 우리 집에나 다른 어디에도 등사기는 없었어. 한 열흘이나 더 지나서 나는 재판정으로 나가 재판을 받게 되었지. 얼마의 벌금이 부과 되었고, 얼마간의 중노동 형이 선고되었어. 그게 얼마였는지 지금은 잘 기억이 안 나는구나. 나의 변호사는 동경에서 온 매우 훌륭한 기독교인이었어. 바로 항소를 했지. 그 다음의 재심에서는 형량이 줄어들었어. 또 한 번 상고를 했고, 사건은 서울까지 갔어. 결국에는 50원의 벌금을 내야한다는 것 말고 다른 모든 선고는 파기되었단다. 그 일을 끝내려고 그 벌금은 냈지. 다들 일본으로서는 나와 관련된 상황이 종료되어 다행이라 느꼈지만, 일단 일이 시작된 이상 어떤 식으로든 계속 끌고 나갈 수밖에 없었을 것이야.

경찰로서는 미국인들 역시 한국 사람들과 다를 바 없이 자기네 일본의 법 아래 있다는 사실을 보여주겠다고 마음을 먹은 것이 틀림이 없어. 한국 사람들이 우리는 존중하는 것이 분명한데 반해, 자기들은 사실상 멸시와 증오의 대상이 되고 있으니까 말이야. 그들은 우리 집을 수색하기 전부터 이미 나를 구금하려고 마음을 먹었어. 내 방 맞은 편 방들에 수감되어 있던 한국 사람들이 나중에 감방에서 나온 뒤에 그렇게 말을 해 주더구나. 그날 오후 감옥의 사람들이 감방을 쓸고 닦고 했대. 한국 사람들 사이에서는 어떤 지체 높은 신사가 들어올 거라고 수군거렸다더구나. 그리고 다음 날 내가 들온 걸 본 거지. 그들은 나를 꽤 점잖게 대해주었어. 다른 사람이 물을 더럽히기 전에 먼저 욕조에서 씻을 수 있도록 해 준다거나 하는 식으로 말이야. 나중에는 성경책도 볼 수 있게 해 주었어. 물론 나한테 건네주기 전에 샅샅이 조사했던 게 명백하지만 말이야. 왜냐하면 재판 할 때 왜 내 성경책에서 이런저런 구절들이 잘려져 나갔는지 물었었거든. 그들은 분명 그 구절들이 전복적인 것으로 보일까봐 내가 미리 잘라냈을 것으로 생각했겠지. 사실 그 성경은 내가 신학교 시절 사용하던 것이었어. 없어진 구절들은 내가 공책에 갖다 붙이려고 오려냈던 구절들이었고.

견디기 쉬운 경험은 아니었지만, 그런 일이 생긴 것에 대해 섭섭한 마음은 없어. 나의 한국인 친구들은 내가 한국에서 했던 일에 대해 매우 고마워하고 있거든. 무엇보다도 내가 그들과 함께 겪었던 고생을 생각하면서 말이야.

그리고 이승만 대통령은 한국의 독립운동을 도왔던 다른 여러 사람들과 함께 나에게도 건국180훈장 태극장(3등)을 서훈하고 워싱턴의 한국 영사관을 통해 이를 보내 주셨는데, 내가 한국에서 했던 다른 어떤 일보다 바로 이 경험이 큰 이유가 되었다는 게 내 생각이야. 그 때 나는 드디어 한국도 워싱턴에 대사를 두고 있다는 사실에 말로 표현할 수 없는 흥분을 느꼈지. 한국 대사는 친절하게도 대사관에서 자기와 함께 하루 밤을 묵을 수 있도록 배려해 주었지.

모의리 선교사의 소천을 알리는 미국 북장로교 해외선교부 동아시아 지부의 서신

THE UNITED PRESBYTERIAN CHURCH IN THE UNITED STATES OF AMERICA

Commission on Ecumenical Mission on and Relation

475 Riverside Drive, New York, New York 10027 Room #932

Octobar 28, 1971

TO ALL RETIRED MISSIONARIES FROM KOREA

Dear Friends:

Word has been received of the death of Dr, Eli M, Mowry on October 17. 971 in Columbus, Ohio at the age of 91. Dr. Mowry served in Korea for 40 years and retired in January, 1950.

Leaving for Korea in 1909, Mr. Mowry lived in Pyengyang, taught at Union Christian College (1ater relocated in Seoul and known as Soong Sil and recently e-named Soong Jun) of which he was later dean and President. He had charge of rural churches and founded several day schools in connection with them. In 1962 the Korea Government presented him with a citation and medal in recognition of his contribution to the independence movement in Korea against the Japanese.

He is survived by his wife, Lois Mowry, by a son, David T. Movry, and by two daughters, Luoetta Mowry and Mrs. Marvin Stein. Mrs. Mowry will be living with Luccetta at 11 Westward

Road, Wellesley, Massachusetts 02181.

We give thanks to God for the life and work of Eli M, Mowry.

Sincerely yours,

L. Newton Thurber

Secretary

East Asia Office

동료 선교사였던 마포삼열(Samuel A. Moffet)의 아들인 마삼락(Samuel H. Moffet)에게 보낸 것으로, 모의리 선교사가 소천하기 일주일 전에 쓴, 그의 마지막 글이다. 오타가 매우 많고, 서명에서도 힘겨운 느낌이 물씬 풍긴다. 또한 추신은 행간을 맞추지 못해 첫 두 줄이 부분적으로 겹쳐져 있다. 느낌을 살리는 면에서, 최대한 원래 편지 그대로 옮겨 적었다.

229 E.Nor th Street
Waverly,Ohio 45690
October 10,1971

Dear Sam:

It is taking me a long time to a answer your letter, but here I am. And here I am back at Waverly where we 1ived for 7 years as pastor of the church.

Especially Dave and Lucetta thought that we ought to get away from Ohio Ave., Columbus. Their desire was that we go into the retirement house, Westminster Terrace, in Columbus, but the cost there was so excessive that I felt that I could not manage it for more than three years and after that l, relying on my own resources, whold habe to go to the poor house. There is a retirement village here in Waverly, where the people live in the old part of town where we would be nearer shopping places and easier to get household help. So here we are kust one block from whene we lived, and one block from a chain grocery, a half block from the bank, a block from the church, etc. And fortunately we were able to get a very fine household helper whp has had sine experience in caring for sicj people, and a very good household keper. Moved down here a month ago and have gotten pretty well settled, and are beginning to feel that we are on the brink of just having nothing to do but take it easy. Waverly is 65 miles south of Columbus and so in rather inconvenient for Da ve or Lucetta when they come by air.

I am enclosing a picetu e that perhaps Chin Kying may be able to use. It seems to be the only one that we have. Chin Kyung had written to me several times about his projectbut had never asked for a picture. An autobiographical sketch of my life was prepared two years ago by the Brookwood Church, in which are a couple pictures, larger than this one and I had thought of sending you one of these, and will do so if Keil thinks he would like larger one.

He said that he was planning to come to this country to make some inventti-gayon about his father with those who knew him or from some records tthat might have been made. On one letter he asked about the members of the firsst choir at Central Church. Tell him that I got a list of the names from oneof the members of the choir now living in Waskington, and if he wants it I will send it to him - That is I will if I can find it after the mix up of everything in moving..

I do not know whether I should be divulging Dave's situation or not. Four years ago Mickey refused to return to live in Japan, and after about a year it ended in divorce. Last summer Dave became engaged to a member of the Akerican Embassy in Tojio, a very prominent woman who had been in the Embassy for 8 years wouking witht he Jap ense women, and they areto be married in Waashington next Saturday. I plan to go to the wedding. You remember that Miriam lives in Washington and Lucetta will also be present, as will Dave's older daughter from Wisconsin.

We are both fairly well, I much better than is Lois. Because of her condition we have to stay pretty well put, but it is batter to live in our house than in the Westminster Terrace,

Lo ve to both of you from both of us

[서명]

Eli

I have found the names of the choir and enclosing it Excuse typing mistakes. Eyesight is so poor that I cannot see them. So I let you worry through them

마삼락(Samuel H. Moffet)이 모의리 여사를 위해 적은 추도문. 1950년 은퇴했다는 설명이 그 때 평양을 떠났다는 말로 오해될 소지가 있고, 모의리 선교사가 독립운동에 직접 가담했다는 설명 역시 사실과는 다소 거리가 있다.

MEMORIAL MINUTE for MRS. MARY LOIS MOWRY (Mrs. Eli)

The Mission records with sorrow the death of Mrs. Mary Lois Mowry (nee Thomas), widow of the Reverend Eli Mowry.

Dr. and Mrs. Mowry arrived in Korea on October 2, 1909, and were assigned to Pyongyang station where they lived and worked during their more than 40 years of service for Korea. They retired in 1950. Mrs. Mowry taught at the Women's Biblical Seminary and organized its self-help department in 1930, serving as department superintendent. She was also on the faculty of the Seung Eui Girls Hugh School now located in Seoul, and was placed in charge of its Industrial department. At various times she served as needed as a volunteer teacher in the school for missionary children, the Pyeng Yang Foreign School.

She was a quiet, self-effacing Woman devoted not only to her own students but also to those of her husband, who was a professor, and for a time, in1928, Acting President of Soongsil College (now Soong Jun University) Located in Seoul). The Mowry home was always open to students.

In 1919 Korean students fleeing the Japanese police terror sought refuge in the Morwy house. Mr. and Mrs. Mowry did not tum them away. For this Mr. Mowry was arrested and became the only foreigner imprisoned for direct participation in Korea's Independence Movement. The sight of Mrs. Moury faithfully carrying food and clothing to a foreigner who had been put behind bars for the Korean nation made an indelible impression on the whole country.

The Mowrys have three children: Dr. Lucetta Mowry is a professor and head of the Department of Bible and Religion at Wellesley; Dr. David Mowry, for years head of Monsanto in Japan, is now in Washington, D.C.; and Mrs. Miriam Mowry Stein is with her husband, attached to the Department of State.

Mrs. Mowry died in Ohio June 26, 1975. "Precious in the sight of God is the death of his saints"

- Samuel H. Moffett

모의리 선교사의 손녀(아들 David의 딸)인 Lynn Cox가 1997년 숭실대학교 100주년 기념식 참석 차 한국을 방문한 후, 자기 할아버지의 선교활동과 관련하여 언론사와 인터뷰한 기사다. 모의리와 관련된 대부분의 언론 기사가 그렇듯, 이 인터뷰에도 사실과 사실 아닌 이야기들이 섞여 나온다. 언론 기사의 한 전형적 사례로 소개한다.

Korea Quarterly, Spring, 1998.

A North Korean Missionary Remembered :
Reverend Eil Mowry

BY ANDREA LEE

Twin cities local Lynn Cox traveled to Korea in late '97, embarking on what she called "a spiritual journey across time memory."

According to Cox, her trip to Seoul was meaningful to her on many levels. Although Lynn's father and grandfather had many ties to the Korean people, Lynn herself had limited knowledge of its people and customs. She described her recent trip as "awesome and deeply moving".

Her family's connection to Korea was missionaries. "My father, David Mowry, grew up in North Korea, and my grandfather, the Reverend Eli Mowry, served as a missionary to Korea and later as the president of the Soong Sil Christian College located in Pyongyang," she said. "After Korea separated, the college reopened its doors in Seoul. To celebrate the one-hundredth anniversary of the school, family members of former presidents were invited to a special celebration. My grandfather was one of the men honored, and I was excited to go and learn more about Korea."

Rev. Mowry served as president at the college starting the Japanese occupation. Shortly after his appointment, the college closed due to Japanese pressure to force all citizens to worship the Emperor. They just didn't think it was safe to keep it open.

Cox remembers her grandfather with great pride; "[he] was a well-loved, heroic man who put himself at personal risk in order to protect his student." During Mowry's term as president, Soong Sil's students began demonstrating to show their displeasure with the Japanese occupation.

"When the Japanese soldier came to arrest the students, my grandfather hid some of them in his own home. He was arrested and spent some time in prison." In honor of his brave efforts, Reverend Mowry received numerous awards during his lifetime, including a 1950 citation from South Korea's former president, Syng Man Rhee.

During the hundredth anniversary celebration, Lynn recalled feeling deep stirrings of emotion. The Seoul National Symphony accompanied the renowned Westminster choir as they performed Beethoven's 9th, "Joyful, Joyful We Adore Thee." Soon after, the Korean National Anthem was played, and Lynn was "struck by the overwhelming dedication and love for country on the faces around me. I knew that my grandfather and father had heard this song many times. It was moving and beautiful to hear it during the ceremony. Music had played a central role in my grandfather's ministry. In fact, to this day, my grandfather is known in Korea as the "Father of the Choir"."

"The remembrance ceremony lasted two a half hours. I enjoyed an elaborate meal and listened to various speeches honoring Soong Sil's past. Near the end of the celebration, some rocks were presented to the college, apparently recently taken from North Korean soil. These small stones symbolized Soong Sil's roots; perhaps one day, the college would again be open to North Korean young people," she said.

During her trip, Cox also had a chance to visit the Demilitarized Zone (DMZ) which separates the two Koreas, the closest she would get to her grandfather's former home and workplace. Cox had many impressions of the DMZ: "the stoic guards, the long conference table set in the center of the border building, and the North Korean propaganda blaring over loudspeakers are the things I remember most about my visit to the 38th parallel." Cox also was struck by the "palpable political tension hanging thick in the air. It was stifling not only to me, but to the other travelers on the bus as well."

Lynn has returned Korea with a greater knowledge of Korea and its people. She has delved deeply into her family history and has come away enriched. To remember her journey fully, Lynn kept a journal of her experiences. In her last entry, she writes; "I'm grateful that the next Mowry generation can begin to understand and carry on the work, hopes, and dreams once started by my grandfather in his 30 years in missionary work, including his risk-taking to be involved in human justice and independence issues. May I in some way pass it on."

● 모우리 선교사의 일심 판결문 및 관련 법령

(Enclosure No.1 with despatch No.40, May 5, 1919-Seoul)

TRANSLATION OF ARTICLES OF JAPANESE CRIMINAL CODE UNDER WHICH MR. MOWRY WAS CONVICTED

(From de Becker's THE CRIMINAL CODE OF JAPAN)

Article 103. Persons who have harboured or concealed, or have assisted the flight of an escaped prisoner, or an offender who has committed an act rendering himself liable to be criminally punished by a penalty graver than fine, shall be punished with penal servitude for a period not exceeding two years or a fine not exceeding two hundred yen.

Article 55. In cases where several successive acts all constitute the same offence, such consecutive acts shall be dealt with as forming one offence.

(Enclosure No.2 with despatch No.40, of May 5, 1919-Seoul)

TRANSLATION

Criminal Case No. 299, of 1919.

Decision

Case of Eli Miller Mowry, age 39, domiciled at Mansfield, Ohio,

U.S.A., and residing at Shonyori, Heijo Prefecture, South Heian Province.

Having completed, with the participation of Procurator K, Endo, of the Government General of Chosen, the examination of the criminal case brought against the above named person on the charge of harboring criminals, decision is given as follow:-

TEXT.

The defendant is sentenced to penal servitude for six months.

REASONS.

The defendant is a clergyman of the Presbyterian denomination of the Christian church, and has been working since 1911 as a teacher in the Sung Sil Private University, established by the denomination of which he is a member at Shinyori, Heljo Prefecture. He has been acquainted with Yi Po Sik, a fourth year student, Kim Tai Sul, a third year student , Yi Kyum Ho, a second year student, all of the University mentioned, and Kil Chin Kyung and Yi In Sun, both graduates of this year from the Sung Sil Private Middle School, established by the same denomination at the place mentioned above. The defendant has allowed these persons to call at his house. On March 1, 1919, interested persons among the Christians of the Presbyterian denomination at Pyeng Yang gathered together on the compound of the Sung Duk Private School at Chang Tai Chai, in Heijo Prefecture, a large number of christians and students. At that time, as the ceremony of the proclamation of the independence of Korea, there was read the proclamation in connection with the independence of Korea which had been signed by Son Pyung Hi and others, altogether thirty three. Copies of this proclamation and Korea flags were distributed among the crowd, and explanations and speeches were made regarding the independence of Korea. The above named five men supported the movement and were present at the ceremony mentioned; and they also shouted "mansei" for the independence of Korea with the crowd marching through the street Heijo, and thereby disturbing public peace. Knowing that they were being searched for very strictly by the Heijo Police Station as criminals who had violated the Peace Preservation law, and thinking that if they could conceal themselves in the house of the defendant, who was their acquaintance, they would not be arrested as the defendant was an American citizen, they went to the house of the defendant in Shinyori, Heijo Prefecture, and asked to be hidden. The defendant, notwithstanding that he knew that these men were being searched for by the police authorities for having taken part in the present movement for the independence of Korea, directly assented to their request; and, continuing in his criminal intent, he supplied food and bedding to Yi Po Sik from March 5 to March 14, and to Kil Chin Kyung from March 7 to March 9, and supplied bedding to Yi In Sun from April 1 to April 4, 1919, to Yi Kyum Ho from the night of April 1 to April 2, and Kim Tai Sul from April 2 to April 4, permitting them to remain concealed in his house.

The facts of the above mentioned crime are affirmed by the following summaries of evidence:-

The defendant stated in court that he did not know that Yi Po Sik, Kim Tai Sul, Yi Kyum Ho, Kil Chin Kyung, and Yi In Sun, were being particularly searched for by the police, but that he did know that those students of Sung Sil University and Sung Sil Middle School who had been connected with the independence movement were generally being strictly searched for by the police authorities; that, though he guessed that the five men mentioned asked for lodging in order to escape arrest, yet, it being hard to refuse them, he hold them that he would receive them as guests but that, should anything happen to them, he would not be able to afford them any special protection. Having informed them to this effect he gave them the desired lodging. The defendant further stated that, as it was not the case that he had connected to a request for lodgings on the part of men who stated that they had committed a crime and were being searched for by the police, and as it was laos[sic] not the case that he had afforded them any special protection when the police officers came to make the arrest, he considered that his action could not be deemed a crime. With the exception of the above explanation the defendant acknowledged the facts as stated in the decision.

In the protocol of the first examination of Kim Tai Sul, he stated that on March 1, 1919, he took part in the ceremony of the proclamation of independence at Sung Duk School and marched through the street of Heijo with the crowd shouting "mansei" for the independence of Korea. However, learning afterwards that he was being watched by the police in order to effect his arrest, and having no place in which to stay, he informed the defendant of his condition and asked for lodgings. From April 2, 1919, he remained in the house of the defendant without leaving the place.

In the protocol of the first examination of Kil Chin Kyung, he stated that on April 1, 1919, he took part in the ceremony of the proclamation of independence at Sung Duk School, shouting "mansei" with the crowd, and afterwards marched through the streets of Heijo with the crowd, putting up flags and shouting "mansei" for independence. Having learned that many of his fellow students were placed in custody at the Police Station, he thought that if he should conceal himself in the foreigner's house where no police officers could enter, he would be safe. Accordingly, he went to the house of the defendant, with whom he had long been acquainted, and ask for lodging, to which the defendant assented. This was done as he (Kil Chin Kyung) knew that he was being watched by the police in order to effect his arrest, and he lay concealed in the house of the defendant from March 7 to March 9.

In the protocol of the first examination of Yi kyum Ho he asserted that he had stayed in the house of the defendant day and night for the ten days following March 5,1919, and that the defendant knew that he (Yi kyum Ho) would be in danger of arrest by the police should he go out.

In the protocol of the second examination of the said Yi Po

Sik, he stated that he had participated in the ceremony of the proclamation of independence at Sung Duk School on March 1, 1919, shouting “mansei” for independence with the crowd.

In the protocol of the first examination of Yi In Sun, he stated that since March 1, 1919, he had been participating in the movement for independence and that he had learned that the Police Station was continually on the watch for him trying to arrest him. Accordingly, having no place to stay, and thinking that as the defendant was a foreigner he might furnish him lodging should be ask for it and that it would be safer for him to hide himself in a foreigner's house he requested the defendant on April 1, 1919, for lodgings and on the defendant's consenting he stopped in the house of the defendant from that day to April 4th without going out of doors except to the lavatory.

In the protoool of the seoond examination of the said Yi In Sun he stated that he had participated in the ceremony of the proclamation of independence at Sung Tuk School on march 1, 1919 shouting "mansei" for the independence of Korea, and afterwards marched through the streets of Heijo shouting "mansei" with the crowd.

In the protocol of the second examination of Yi Kyum Ho, he stated that he had participated in the ceremony of the proclamation of independence at Sung Duk School on March 1, 1919, shouting “mansei” with the crowd, and that, after the ceremony was over he marched through the streets of Heijo with the crowd shouting “mansei”.

In the protocol of the third examination of the said Yi Kyum Ho, he stated that as police detectives were searching for him to arrest him, and, as he thought there would be no fear of his being arrested if he should stay in a foreigner's house, he went to the house of the defendant on April 1, 1919, and ask for lodging for the night. As the defendant, though appearing to suspect that the lodging was requested for the purpose of concealment, gave his consent thereto, he remained in the defendant's house over night.

In the protocol of examination of Kim Chung Tak, he stated that on March 1, 1919, 1200 or 1300 Christians held a ceremony of the proclamation of independence on the compound of Sung Tuk school making speeches on the independence of Korea and shouting "mansei". Afterwards the crowd gathered in front of the Heijo Police Station and shouted "mansei" continuously; and the crowd in disobedience to the orders of the police to stop or disperse grew more and more tumult[u]ous, until nightfall, when on the appearance of the troops they dispersed.

As, on considering the law, the action of the defendant falls within the purview of articles 103 and 55 of the Criminal Code, and, as penal servitude has been chosen from among the punishment set forth in the law, due allowance being made for the limitation of such punishment, the defendant is sentenced to the punishment of penal servitude for six months.

Decision is accordingly given as in the Text.

April 19, 1919. HEIJO LOCAL COURT: K. HORIBE,
Judge of Government General of chosen.
SHUNSUKE CHIYO Secretary of Court of
Justice of Government Seneral of Chosen.

The above is a copy.

April 24, 1919 HEIJO COURT OF RERVIEW: CISEI OUCHI
Secretary of Court of Justice of Government
General of Chosen.

사무엘 마펫의 (모우리) 재판 경위 진술서 및 진술서와 함께 보낸 서울 주재 미국 총영사관 Leo Bergholz의 전문(電文)

미국총영사관, 서울, 조선 1919년 4월 17일.

동경 주재 미국대사관의 롤런드 모리스 대사 귀하,

대사님께,

어제 보내드린 전보에서 미국 북장로교 선교부 소속 선교사인 일라이 밀러 모우리 목사의 재판이 15일 화요일에 개정되어 같은 날 종결되었다는 사실을 말씀드렸습니다. 그는 그의 집에서 선전문을 등사하도록 허락해 주었고, 한국인 정치범들을 숨겨주었다는 죄목으로 1919년 4월 4일 체포된 바 있습니다. 지금은 그 재판 경과에 관한 보고서가 마련되어 보내드리고자 합니다. 이 보고서는 번하이젤 목사와 더불어 그 사건의 재판을 참관했던 사무엘 마펫 목사가 기록한 것입니다. 모우리 씨에 대한 심리를 끝내면서 검사(procurator)는 육개월의 금고를 구형하였습니다. 담당 판사는 선고를 19일 토요일로 미루었습니다. 이 날에는 커티스(Curtice) 영사가 미국 영사관 대표로 참석하게 될 것이며, 또 서울의 명망 있는 변호사 오쿠부 씨가 모우리 씨의 변호사로 출석해서, 만약 유죄 판결이 내려질 경우 새로운 재판과 보석을 요청하게 될 것입니다. 마펫 씨의 보고서로 미루어 보건데, 모우리 씨는 법적 도움을 받을 기회가 없었던 것으로 보입니다. 월요일 아침 모우리 씨와 마펫 씨에게 그 다음날 오전 10시에 재판이 열릴 것이라는 통보를 받긴 했지만, 이 짧은 시간 내에 유능한 변호사의 도움을 확보하기는 어려웠습니다. 법적 도움을 확보하기 위해 모우리 씨 편에서 재판의 연기를 요청할 수도 있었겠지만, 그렇게 하지는 않았습니다. 항소심에서는 모우리

씨가 동경의 변호사 우사와 씨의 도움도 받게 될 것입니다. 모펫 씨는 어제 전화를 걸어와 모우리 씨에게 3개월 형이 선고될 것이라는 소문이 법원 주변에 돌고 있다는 이야기를 전해 주었습니다.

본 재판에 관한 보도가 실린 오늘 아침 서울신문의 기사 발췌문도 함께 첨부하였습니다. 건승을 기원합니다.

총영사 Leo Bergholz

첨부:

1. 모우리 씨의 재판에 관한 마펫 씨의 보고서

1919년 4월 15일 평양 지방법원에서 열린 모우리 목사에 대한 재판 보고서[214]

"4월 10일 목요일에 이타노 검찰관으로부터 나는 11일에, 모우리 부인은 12일에 모우리 목사님을 면회해도 좋다는 허가를 받았습니다. 이와 더불어 나는 조사가 아직 끝난 것이 아님을 알게 되었습니다. 따라서 나는 조사가 끝나고, 만약 공판을 위해 그가 계속 구금해 둘 경우 이를 알려달라고 요청하였습니다. 11일 모우리 목사를 보았고, 15분 내지 20분 정도의 대화를 할 수 있었습니다. 그러나 이 사건에 대해서는 어떤 대화도 허용되지 않았습니다. 담당 형사는 모우리 목사가 경성으로 이송되어 조사를 받을 수도 있다고 넌지시 알려주었습니다. 12일에는 모우리 부인이 그를 면회하였는데, 이 때 또 한 번 그가 오래 구금되어 있지는 않을 것이라 암시가 있었습니다. 14일 월요일 오후에 감리교 병원으로부터 전화를 받았습니다. 헌병 하나가 찾아와 모우리 목사의 재판이 15일인 내일 10시에 열릴 예정이라는 사실을 나에게 전해달라고 말했다는 것입니다. 직접 전해들은 것도 아닌데다, 너무 촉박한 통지여서 그 이야기를 거의 믿을 수가 없었습니다. 그러나 15일 아침 열 시가 되기 전 번하이셀(Bernheisel)과 나는 법원으로 갔고, 그날 아침 공판이 열린다는 사실을 알게 되었습니다. 10시가 조금 지나 우리는 법정으로 들어갔습니다. 그 곳에는 재판을 맡은 호리베 판사와 검찰관 엔도와 함께, 통역사와 서기가 벤치에 앉아 있었고 그 뒤로 군 장교 몇 명이 서 있었습니다. 모우리 목사는 아래쪽에 앉아 있었고 6명의 헌병과 경찰관이 경비를 서고 있었으며, 일본인 기자 세 명, 그리고 30~40명 정

---

214) 이 번역본은 위 각주 141에 소개된 자료에 실린 번역본을 다소 수정하고, 누락된 부분은 새로 번역하여 보충한 전체 보고서의 완역이다. 번역이 달라진 부분에 대해서는 몇 가지 주목할 만한 부분에만 각주를 달았고, 자세한 비교는 생략하였다.

도의 조선인과 일본인 방청객이 있었습니다.

모우리 목사님에게 기립하라는 요청이 있었고 판사는 통역사를 통해 심문을 진행하였습니다."

질문: 이름이 무엇이죠?

답: E. M. 모우리입니다.

질문: 나이는 어떻게 됩니까?

답: 39세입니다.

질문: 직업이 무엇입니까?

답: 선교사입니다.

질문: 거주지가 어디입니까?

답: 평양 신양리입니다.

질문: 미국의 본 거주지는 어디입니까?

답: 미국 오하이오 주의 맨스필드입니다.

그 다음 아래와 같은 혐의 내용이 낭독되었다. "당신은 경찰이 아래 거명한 학생들을 추적 중이라는 사실을 알면서도 이들을 당신의 집에 머물 수 있게 허락하였다: 이금호와 김태술(金泰述)과 이인선(李仁善)은 4월 2일부터 4일까지, 이보식(李輔植)은 10일 동안, 그리고 길진경(吉鎭京)은 수일 동안."[215]

질문: 한국말을 이해합니까?

답: 꽤 하는 편입니다.

질문: 한국에서 재판을 받는 데 대해 반대가 있습니까?

답: 없습니다.

215) 마펫의 보고서와는 달리, 『3.1운동 자료집』에는 이금호, 김태술, 이인선 세 사람 관련 내용이 문장 제일 뒤로 옮겨져 있다. 편집의 결과로 보인다.

질문: 훈장을 받은 일이 있습니까?

답: 없습니다.

질문: 달리 처벌을 받은 적이 있습니까?

답: 없습니다.

질문: 종교가 무엇입니까?

답: 기독교입니다.

질문: 교파가 어떻게 됩니까?

답: 장로교입니다.

질문: 어떤 학교들을 다녔습니까?

답: 초등학교, 중학교(=고등학교), 오하이오 주의 우스터 대학, 그리고 펜실바니아 주 피츠버그에 있는 웨스턴 신학대학원을 다녔습니다.

질문: 재산은 얼마나 있습니까?

답: 약 2,000 원 정도입니다.

질문: 가족은 어떻게 됩니까?

답: 아내와 두 명의 아이가 있습니다.

질문: 가족이 여기 함께 살고 있습니까?

답: 그렇습니다.

질문: 언제 한국에 왔습니까?

답: 1909년도입니다.

질문: 무슨 목적으로 왔습니까?

답: 선교사로 왔습니다.

질문: 곧바로 한국으로 왔습니까?

답: 그렇습니다.

질문: 곧바로 평양으로 왔습니까?

답: 그렇습니다.

질문: 평양에 온 이후 당신의 직업이 무엇이었습니까?

답: 숭실학교(Syoong Sil School)에서 가르치는 일입니다. (기독교연합대학)

질문: 교회와는 무슨 관련이 있습니까?

답: 교회와는 특별한 관계가 없습니다.

질문: 학교와는 어떤 관계입니까?

답: 숭실학교의 선생이고, (평양의 소년 초등학교인) 숭덕학교의 교장, 그리고 숭현학교(평양의 여자 초등학교)의 교장입니다.

질문: 숭실학교에서는 얼마 동안 가르쳤습니까?

답: 1911년부터입니다.

질문: 줄곧 가르쳤습니까?

답: 미국에서 지낸 한 해를 제외하고는 그렇습니다.

질문: 대학과 학교에서 모두 가르쳤습니까?

답: 대학에서만 가르쳤습니다.

질문: 무엇을 가르쳤습니까?

답: 생물학, 생리학, 지리학과 영어를 가르쳤습니다.

질문: 신학교에서도 가르쳤습니까?

답: 아닙니다.

질문: 숭덕학교에서도 가르쳤습니까?

답: 네, 영어를 조금 가르쳤습니다.

질문: 이 보식을 압니까?

답: 네.

질문: 그를 가르친 적이 있습니까?

답: 네.

질문: 그와 특별히 친밀한 관계입니까?

답: 네. 나의 조수입니다.

질문: 얼마나 오랫동안 그랬습니까?

답: 약 6년 동안입니다.

질문: 언제까지 그랬습니까?

답: 체포될 때까지 그랬습니다.

질문: 그의 학비를 대 준 일이 있습니까?

답: 네. 약 5년 동안 그랬습니다.

질문: 길진경을 압니까?

답: 네.

질문: 피고와 무슨 관계입니까?

답: 아주 잘 아는 사이이고, 그의 형과는 아주 친한 친구 사이입니다.

질문: 그 형의 이름이 무엇입니까?

답: 길진형입니다.

질문: 그의 집에 간 적이 있습니까?

답: (답을 듣지 못했음.)

질문: 그의 학비를 대 주거나 특별히 가르친 적이 있습니까?

답: 그렇지 않습니다.

질문: 이금호를 압니까?

답: 네.

질문: 그를 특별히 가르친 적이 있습니까?

답: 네.

질문: 두 사람은 특별히 친한 관계인가요?

답: 네. 하지만 특별한 관계는 아닙니다.

질문: 그가 당신의 집을 찾아온 것이 맞습니까?

답: 네.

질문: 이인선을 압니까?

답: 네.

질문: 그와 특별한 관계인가요?

답: 그는 나의 학생이었고, 학교, 그리고 함께 다니는 중앙교회를 통해 잘

아는 사이가 되었습니다.

질문: 그의 학비를 대주거나, 특별히 가르친 적이 있습니까?

답: 없습니다.

질문: 그가 당신의 집을 방문한 사실이 있습니까?

답: 네.

질문: 김태술을 압니까?

답: 네.

질문: 그도 피고의 조수 노릇을 했습니까?

답: 네.

질문: 그의 학비를 대 준 적이 있습니까?

답: 조수로서 급료를 주었을 뿐입니다.

질문: 얼마나 주었습니까?

답: 시간 당 10전씩 주었습니다.

질문: 그에게 무슨 일을 시켰습니까?

답: 여러 가지입니다. 악보를 번역하고 복사하는 일입니다.

질문: 그는 낮에만 피고의 집에 있었습니까, 아니면 저녁에도 있었습니까?

답: 의례히 그렇게 하곤 했습니다.

질문: 언제 당신의 조수가 되었습니까?

답: 첫 달 약 10일 무렵부터입니다.

질문 : 3월 1일에 숭덕(崇德)학교에 갔었습니까?

답 : 아니요.

질문 : 고종의 추모예배에 참석하였습니까?

답 : 아니요.

질문 : 당신이 교장으로 있는 학교에서 모임이 있다는 걸 몰랐다는 말인가요?

답 : 모임이 있다는 것은 알았지만 초대를 받지 않아 가지 않았습니다.

질문 : 학생들이 예배를 위해 운동장을 쓰는 것을 요청하였고, 당신은 이

를 허락한 것이 맞습니까?

답 : 그런 적 없습니다.

질문 : 당신은 그 일과 아무런 관련이 없습니까? 아니면 다른 사람에게 그 일을 맡게 하고 허락해 준 것입니까?

답 : 저는 아무 상관이 없습니다. 책임을 맡은 사람이 있지만, 그 담당자가 허락해 준 것인지는 모릅니다.

질문 : 예배 후에 독립운동과 관련된 모임이 있었다는 사실을 알고 있었습니까?

답 : 네, 그날 오후에 알았습니다.

질문 : 기독교 신자들과 학생들이 독립운동 모임을 위해 거기서 만났다는 사실을 들었습니까?

답: 들었습니다.

질문 : 그들이 독립선언서를 낭독하고 연설을 하고, 조선의 기를 높이 치켜들고 한 사실들을 들었습니까?

답 : 네, 들었습니다.

질문 : 그들이 '만세'를 부르며 거리로 나간 것을 알고 있었습니까?

답: 네, 그에 대해 듣기도 했고, 보기도 했습니다.

질문 : 이런 순서로 일이 진행될 것(order of exercise)이라는 사실을 알고 있었습니까? 『3.1운동 자료집』은 괄호 내 표현을 "활동조직"으로 번역했지만, 문맥 상 만세운동이 실행(exercise) 되는 순서(order)에 관한 질문으로 보인다.

답 : 아닙니다.

질문: 누구에게서 이런 일들에 대해 들었습니까?

답: 너무 많은 사람들에게서 들은 것이라 어느 한 개인을 특정하기는 곤란합니다.

질문: 학생들한테 들었습니까, 아니면 외국인이나 기독교인들에게 들었습니까?

답: 그들 모두에게서 들었습니다.

질문: 거리로 나와 시위를 본 것이 몇 시였습니까?

답: 오후였고, 대학으로 이어지는 대로에서 보았습니다. 시내로 들어갔지만, 거기서는 못 보았습니다.

질문: 이름이 언급된 다섯 학생들이 "만세" 외치는 것을 본 적이 있습니까?

답: 없습니다.

질문: 그들이 그랬다는 이야기를 들은 적이 있습니까?

답: 없습니다.

질문: 만세를 불렀기 때문에 경찰이 그들을 찾고 있다는 사실을 알았습니까?

답: 몰랐습니다. 이들 다섯에 대해서 어떤 특별한 이야기도 들은 게 없습니다.

질문: 시위에 참여한 모든 학생들을 경찰이 찾고 있다는 사실을 들어 알고 있었습니까?

답: 그렇습니다. 하지만 어디서 들었는지는 모르겠습니다.

질문: 언제 들었습니까?

답: 학교 문을 열기로 되어 있는 4월 4일에 들었습니다. 모든 학생들이 검거될 거라는 말을 나라하시 씨가 했다고 그렇게 들었습니다.

질문: 모든 학생들을 검거될 것이라는 말을 나라하시 씨로부터 들었습니까?

답: 직접 들은 것이 아닙니다. 그날 선생들의 대화 중에 그의 입에서 그런 보도가 나왔다는 이야기가 있었습니다.

질문: 그 말은 대학과 학교 학생들 모두에게 해당되는 말이었습니까?

답: 네. 나는 그렇게 생각합니다.

질문 : 3월 5일 이보식이 와서 당신의 집에 머물러도 되겠는지 물었습니까?

답 : 그가 우리 집에는 있기는 했지만, 그 이유를 말하지는 않았습니다. 그리고 그가 무슨 말을 했는지는 모릅니다.

질문 : 다른 데 갈 데가 없으니 거기에 있게 해 달라고 부탁한 것입니까?

답 : 그가 정확히 무슨 말을 하였는지 기억이 나지 않습니다.

질문 : 3월 5일부터 14일까지 그가 당신 집에서 숙식을 하였습니까?

답 : 네.

질문 : 당신은 그가 당신 집에서 잘 수 있도록 이불 같은 것들을 주었습니까?

답 : 네.

질문 : 그가 하루는 이 방에서 자다가, 다음 날은 다른 방에서 지냈습니까?

답 : 네.

질문 : 그 학생은 나가지 않고 집에만 있었습니까?

답 : 아닙니다. 나갔습니다.

질문 : 낮에도 밤에도 말입니까?

답 : 그런 것 같습니다.

질문 : 이보식은 숨어 있었다고 했습니다. 당신도 그 사실을 알았습니까?

답 : 나에게는 그렇게 말하지 않았습니다만, 어느 날 사실이 그렇다는 생각을 했습니다.

질문 : 당신은 그가 피신 중이라고 추측하면서도 그를 데리고 있었던 것입니까?

답 : 그저 집 주인으로서 그를 우리 집에 온 손님으로 데리고 있었을 뿐입니다. 그리고 만약 뭔가 해서는 안 될 일을 한다면 보호해 줄 수 없노라고 말하였습니다.

질문 : 당신의 말은, 그 학생이 피신 중이라고 추측했으며, 그러나 그를 보호해 줄 수 없다고 말하고는 그를 데리고 있었다는 것입니까?

답 : 네.

질문 : 길진경이 집으로 온 것이 3월 7일 밤입니까?

답 : 날짜는 잘 모르겠습니다.

질문 : 당신은 그가 체포되지 않으려고 도피 중인 것을 눈치 챘습니까?

답 : 네.

질문 : 그가 머물도록 허락하였습니까?

답 : 손님으로는 받을 수 있지만 보호해줄 수는 없다고 말했습니다.

질문 : 그의 어머니가 그가 걱정이 되어 당신 집으로 보냈고, 그리고 당신은 머물러도 좋다고 허락을 한 것입니까?

답 : 짐작은 하였지만 사실을 알지는 못했습니다.

질문 : 그가 들어올 때 겁에 질린 모습이었습니까?

답 : 아닙니다. 그가 온 것은 이른 시각이었고, 저녁이 되어서야 자고 가고 싶다고 말했습니다.

질문 : 어머니와 살고 있는 그가 서양인의 집에 온 것을 보고서 뭔가 있구나 하는 생각이 들지 않았습니까?

답 : 네. 조선인들은 종종 우리 집에서 자고 가곤 합니다. 단지 때가 때인 만큼 그저 짐작만 할뿐입니다.

질문 : 이보식과 길진경이 한 방에서 잤습니까?

답 : 네.

질문 : 길진경에게 음식을 주었습니까?

답 : 네.

질문 : 남학생 3명이 모펫 씨의 빈 집에서, 그리고 신학대학원에서 뭔가를 등사했다는 사실을 알고 있었습니까?

답 : 아니요.

질문 : 그 사실을 몰랐다면, 이 학생들이 이 공고문을 비밀리에 유포했으며, 경찰이 이들의 뒤를 쫓고 있었다는 사실은 알고 있었습니까?

답 : 경찰이 그런 사람들을 체포하려고 한다는 것은 알았지만, 이 세 명의 학생들이 그랬다는 사실은 모르고 있었습니다.

질문: 경찰이 특별히 그런 사람들을 쫓고 있었다는 걸 알고 있었군요?

답: 아닙니다.

질문: 경찰이 특별히 그런 사람들을 뒤쫓고 있다는 사실을 못 들었습니까?

답: 그렇습니다. 모르고 있었습니다.

질문: 이 세 명의 남학생들이 4월 1일 당신의 집에 왔습니까?

답: 어느 날 그들이 왔지만, 날짜는 모르겠습니다. 어느 날 이인선과 이규범이 와서 자고 가고 싶다고 했고, 나는 그렇게 하라고 했습니다.

질문 : 경찰이 이들을 쫓고 있었다는 것을 짐작했습니까?

답 : 짐작은 하였지만 그날 저녁은 별 생각이 없었습니다. 다음날 그것에 대해 생각해 보았고, 그들에게 잠은 재워줄 수 있지만 그들이 뭔가 해서는 안 되는 일을 하고 있다면 보호해 줄 수 없노라고 말했습니다.

질문 : 그들에게 이불과 먹을 것을 주었습니까?

답 : 이불만 주고 먹을 것은 주지 않았습니다.

질문 : 이인선의 말에 의하면, 그는 4월 1일에 당신에게 갔고 당신은 그가 피신 중이라는 것을 알면서도 자도 좋다고 허락해 주었습니다. 또 2일에는 그가 체포를 피해 도망 중이라는 사실을 당신에게 말하였다고 하였습니다. 그리고 김태술은 4월 3일 도리스 양 집에 있다가 당신의 집으로 와 머물게 해달라고 부탁하였습니다. 맞습니까?

답 : 이인선에게는 머물도록 허락하였지만 김태술은 아닙니다. 그리고 이인선은 체포를 피해 도망 중이라는 사실에 대해서는 아무런 말도 하지 않았습니다.

질문 : 김태술이 쫓기고 있다는 것을 알면서도 머물도록 한 것입니까?

답 : 구체적으로 김태술이 쫓기고 있다는 사실은 몰랐습니다.

질문 : 짐작은 하였겠지요?

답 : 네, 겁먹은 모습을 보고 그렇게 짐작하였습니다.

질문: 그들이 1일, 2일, 3일을 당신 집에서 잤습니까?

답: 그렇습니다.

질문: 두 명은 서재에서 잤습니까?

답: 그렇습니다.

질문: 3일에는 두 명이 침실에서 잤습니까?

답: 그렇습니다.

질문: 그들에게 침구와 먹을 것을 주었지요?

답: 침구는 주었지만, 먹을 것은 안 주었습니다.

질문: 덮을 것만 주었다는 말입니까?

답: 그렇습니다.

질문: 그들은 어디서 밥을 먹었습니까?

답: 모릅니다.

질문: 같은 집에 있었는데 어떻게 모를 수 있습니까?

답: 알지 못했습니다.

질문: 밥은 먹어야 했을 것 아닙니까?

답: 모르겠습니다. 어쨌든 우리 집에서는 아닙니다.

질문: 집에 조선인 요리사가 있습니까?

답: 그렇습니다.

질문: 그 사람이 누구입니까?

답: 김영집입니다.

질문: 그는 당신 집 가까운 별채에 살고 있습니까?

답: 그렇습니다.

질문: 그가 학생들에게 먹을 것을 주었습니까?

답: 모르겠습니다.

질문: 요리사에게 급료를 지불하지만 식사를 제공하지는 않습니까?

답: 그렇습니다.

질문: 세 학생은 요리사로부터 음식을 받았습니다. 알고 있었습니까?

답: 아닙니다.

질문: 그가 ....? (질문이 들리지 않음)

답: 모릅니다.

질문: (질문을 제대로 듣지 못함)

답: (답변이 잘 들리지 않았지만, 손님들이 너무 많다는 식의 이야기를 했고, "나는 ... 않았습니다" 하는 말이 있었음)

질문: 이금호에게 먹을 것을 주지 않았습니까?

답: 주지 않았습니다.

질문: 그렇다면 당신은 경찰이 이들 다섯 학생을 체포하려고 한다는 사실을 짐작했으며, 그들이 당신의 집에 재워달라고 부탁했을 때 동정하는 마음에서 머물게 해 준 것으로 보입니다. 당신은 미국사람이니까, 이들 다섯 명과는 친인척 관계는 아니겠지요?

답: 아닙니다.

질문: 그들은 당신의 지인들이고 학생들입니까?

답: 그렇습니다.

그 다음 통역관은 학생들에게서 증거로 확보한 진술서를 다음과 같이 간략하게 읽어내려 갔습니다.

김태술은 4월 ___일에 이인선과 함께 당신 집에서 잤다고 진술하였다. 이인선 역시 자신이 경찰에게 쫓기고 있었으며, 거기서 자도 되냐고 물어 보았고 당신이 이를 허락하였다고 진술하였다. 길진경은 거기서 이틀 밤을 지냈고 이보식을 보았으며, 그와 함께 잤다고 진술하였다. 길진경은 모우리 집을 찾아갔는데, 자기가 도망하는 중이라는 것을 아는 것 같았다고 진술하였다. 이보식은 모우리 목사가 자기가 피신중이라는 사실을 분명 짐작했을 것이고, 자기는 3월 모모(某某)일 거기 있었다고 진술하였다. 이금호는 모우리 집에서 4월 달에 하룻밤을 지냈고, 자기가 도망 다닌다는 것을 당신이 얼추 알고 있었다고 진술하였다. 이금호는 또한 이인선과도 같이 있었다. 이보식은 3번째 심문에서 자기는 작은방에서 길진경은 침실에서 잤다고 진술하였다. 길진경은 작은방에서 하루를 자고 그 다음 이보식과 침실에서 잤다고 진술하였다. 이금호는 4월 1일에 거기서 잤다고 진술하였다.

그러고는 판사는 심문을 계속했습니다. 이 증거에 의하면, 당신은 학생들이 거기서 자도 좋다고 허락해 주었습니다. 당신이 법을 어기지 않았다는 것을 보여줄 무슨 증거가 있습니까?

답 : 나는 그들을 손님으로 머물게 하였을 뿐이지, 그들을 도피자로서 숨겨준 것은 아닙니다. 나는 그들을 숨겨주기 위한 어떤 노력도 하지 않았고, 그렇게 할 수 없다고 그들에게 말했습니다. "나는 여러분들이 무슨 나쁜 일을 했는지 아는 바 없습니다. 그리고 여기 있는 동안 어떤 잘못된 일도 해서는 안 됩니다. 나는 여러분을 숨겨줄 수도 지켜줄 수도 없습니다."

질문: 그렇다면 당신은 그들이 범죄를 저질렀다고 말하고 숨겨달라고 부탁했다면 그건 범죄가 되지만, 그렇지 않다면 죄가 아니라는 뜻입니까?

답 : 만약 경찰이 이들을 체포하려고 한다는 것을 알면서도 이들을 숨겨주었다면 잘못일 것입니다. 그러나 나는 이들이 범죄자라는 것을 몰랐습니다. 만약 누군가 이들을 체포하러 왔는데 내가 그들을 숨겨주었다면 잘못이었을 것입니다.

질문 : 경찰이 와 이들을 체포하려고 했을 때도, 당신이 그들은 숨겨준 것은 아니기 때문에 죄가 없다는 생각이군요. 변론 차원에서 추가로 하고 싶은 이야기가 있습니까?

답 : 지금으로서는 없습니다. 이 문제와 관련해서는 더 할 말이 없습니다. 그러나 독립운동과 관련하여 한 말씀드리겠습니다. 저는 이 운동과 아무런 관련이 없습니다. 또 미국인으로서 그 운동에 어떤 식으로도 관여할 수 없다고 그들에게 이야기하였습니다.

질문 : 더 할 말이 있습니까?

답 : 조선인들이 독립운동에 대해 물었을 때, 나는 그것과 관련하여 아무 말도 할 수 없고 어떤 조언도 해 줄 수 없다고 말하였습니다.

질문: 당신의 조선 이름이 무엇입니까?

답: 모의리(Mo O Ri)입니다.

이어서 검찰관이 일어나서 다음과 같이 말하였습니다. "증거와 당신의 진술을 취합해 보면, 당신은 모든 학생들이 체포 대상이라는 사실을 당신이 부분적으로 알았거나, 당신의 집으로 피해 들어온 학생들이 도망 중이라는 사실을 눈치 챈 것으로 보입니다. 학생들은 숨겨달라고 부탁했다고 말하고 있는데, 당신은 보호해 달라는 부탁인 줄은 잘 몰랐다고 말하고 있습니다. 이것은 알고 있었던 것과 다름이 없습니다. 물론 죄의 경중이 다르기는 하겠지만, 법을 위반한 것이라는 사실은 달라지지 않습니다. 법률에 따르면 이는 2년 이하의 금고형이나 200엔 이하의 벌금형에 해당합니다. 검사가 구형을 내리는 상황이므로, 『3.1운동 자료집』의 "부과합니다"는 오역이다. 실제 선고는 19일에 이루어졌다.

3월 내내 경성에서 평양에 이르기까지 모든 기독교인들이 시위에 참여했고, 이는 지금까지도 진정되지 않은 채 계속 이어지고 있습니다. 그런 이유로 .... '어떤 사람들이 조선인들을 선동하고 있다'는 소문이 파다합니다. 그들이 실제로 그렇게 해 왔으며, 따라서 그들에게 잘못이 있다고 볼 여지가 충분해 보입니다. 미국의 소유가 된 하와이나 필리핀에서 윌슨 대통령에 반대하는 사람들이 독립을 위해 소요를 일으켰고, 거기 있는 일본인들이 이들을 숨겨 주었다고 합시다. 그렇다면 미국의 관리들은 어떻게 하겠습니까? 일본인들이 범죄자를 숨겨준 사실이 범죄가 될 것입니다. 설사 그게 잘못인 줄 당신이 몰랐다 해도, 이 경우는 죄가 있다는 사실이 분명합니다. 이 사안에 관해서는 기독교에 혐의를 묻지 않을 수 없습니다. 그리고 당신은 독립을 위해 소요를 일으킨 이들을 숨겨 주었습니다. 당신의 범죄는 중대합니다만, 한편으로는 도망으로 갈 곳이 없는 학생들과 직원들을 받아주었다는 점에서 인간적인 온정(인심)을 베풀어 준 것이기도 합니다. 이에 6개월의 금고형을 구형합니다. (당신은 이것이 가벼운 형량이라고 생각해야 합니다). (이 마지막 문장은 확실치 않다).

그리고 통역관이 말했습니다. "검찰관이 한 말을 이해하였습니까?"

답 : 네, 그런대로 정확하게 이해하였습니다. (대강 들었소) 『3.1운동 자료집』에는 "대강 들었어"라고 낮춤말로 음역되었지만, 문맥 상 "대강 들었소"라는 경어 표현이 더 정확해 보인다.

질문 : 변론을 위해 덧붙일 말이 있습니까? 모우리 목사는 분명 6개월 선고 구형에 대한 통역관의 말을 잘못 알아듣고 이렇게 물었습니다. "어떤 결정이 내려졌습니까? 6개월로 결정된 것입니까?

질문: 당신은 당신이 무죄라고 생각합니까?

답 : 내가 학생들을 숨겨줄 의도가 없었다고 말한 만큼, 나는 아무런 범죄도 저지르지 않았습니다. 만약 경찰이 이들을 체포하려고 한다는 사실을 알고서도 이들을 숨겨주었다면, 그건 잘못일 것입니다. 그러나 나는 전혀 이런 사실을 알지 못했습니다. 그리고 거기서는 누구도 그들을 체포하려고 하지 않았습니다.

질문: 당신 이름의 E. M.은 무엇을 줄인 것입니까?

답: Eli Miller입니다. 나의 법적 이름은 Eli Miller Mowry입니다.

그리고 판사가 말했습니다. "이것으로 재판을 마치겠습니다. 판결은 19일 10시에 있겠습니다."

그리고 경찰은 모우리 목사의 머리와 얼굴 위로 용수를 씌운 후 데리고 나갔습니다. 우리는 곧바로 검찰관 이타노(Itano)에게 가서 일본법에서는 재판 전 변호사를 선임할 기회가 없는 것인지 물었습니다. 법정에 있던 그 검찰관과는 다른 사람이었습니다. 그는 이렇게 대답했습니다. "변호사를 선임할 권리가 있습니다. 그래서 제가 어제 오후 당신에게 연락해서 오늘 재판이 열린다는 사실을 알려드린 것입니다." 우리는 그에게 모우리가 오늘 재판이 열린다는 사실을 언제 알았는지 물었고, 그는 "어제 오후"라고 대답했습니다. 또 우리는 변호사 선임 여부에 대한 모우리의 생각을 물었었는지도 질문했습니다. 이에 대해 그는 "아닙니다. 중대한 사건이 아니면 변호사를 선임하지 않는 것이 관례입니다" 하고 답변하였습니다. 우리는 재판 일정이 너무 급하게 잡혀 모우리가 변호사를 선임할 기회가 없었다고 말하자, 검찰관은 재판연기 신청을 할 수는 있었다고 대답하였습니다. 우리는 그 점에 대해 어떤 정보도 받지 못했다고 대답하고, 일본법에 재판을 다시 하는 조항이 있는지 물었습니다. 그는 이렇게 대답했습니다. "없습니다. 그러나 판결이 난 후에 항소할 수 있고, 그 때 변호사를 선임할 수 있습니다."

우리는 목사님이 무죄를 선고받으면 변호사 선임기회가 없었던 것이 상관이 없지만, 그러나 목사님이 유죄가 되면 문제는 달라진다고 대답하였습니다. 우리는 이 사건에 대해 변호사 선임이나 재판연기 요구나 다른 어떤 것도 모우리 목사님과 상의할 수가 없었다고 얘기하였습니다. 왜냐하면 면회 때 사건에 대한 이야기는 못하도록 하였기 때문입니다. 검찰관은 목사님을 계속 구금된 상태로 두지 않기 위해, 그를 배려해서 재판을 빨리 진행시킨 것이라고 언급하였습니다. 그 후 우리는 전신국으로 가서 총영사에게 이러한 사실들을 전보로 보냈습니다."

1. Portrait 사진

2. 여권사진 (© 옥성득)

3. 1915 평양 선교사 사진. 뒷줄 제일 왼쪽 과 그 앞에 모의리 부부 (© 옥성득)

4. 교장사진

5. 마을교회

6. 토마스기념교회

7. 결혼50주년 가족사진

8. 소래 선교사 여름 휴양지

9. 관악대

10. Women at a Bible Conference

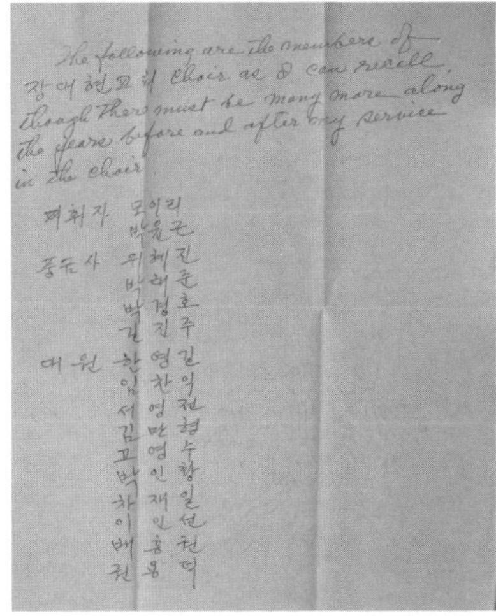

The following are the members of 장대현교회 Choir as I can recall, though there must be many more along the years before and after my service in the choir.

지휘자 모이리
박윤근
풍금사 위혜진
박래준
박경호
김진주
대원 한영길
임찬익
서영전
김만협
고영수
박인항
차재일
이인선
배홍천
권용덕

11. 장대현교회 성가대원 명단 자필 메모 (81쪽 참고)

12. 용수 방갓 사진

\- 7 -

independence of Korea and shouting "mansei". Afterwards the crowd gathered in front of the Heijo Police Station and shouted "mansei" continuously; and the crowd in disobedience to the orders of the police to stop or disperse grew more and more tumultous, until nightfall, when on the appearance of the troops they dispersed.

As, on considering the law, the action of the defendant falls within the purview of Articles 103 and 55 of the Criminal Code, and, as penal servitude has been chosen from among the punishment set forth in the law, due allowance being made for the limitations of such punishment, the defendant is sentenced to the punishment of penal servitude for six months.

Decision is accordingly given as in the Text.

April 19, 1919. HEIJO LOCAL COURT:

K. HORIBE,

Judge of Government General of Chosen.

SHUNSUKE CHIYO,

Secretary of Court of Justice of Government General of Chosen.

\--------------------

The above is a copy.

April 24, 1919. HEIJO COURT OF REVIEW:

CISKI OUCHI,

Secretary of Court of Justice of Government General of Chosen.

\- 234 -

13. 모우리 1심판결문

Translation of Judgment of Rev, E.M. Mowry.

Original domicile. Mansfield, Ohio, U.S.A.

Residence. Pyeng Yang, Korea.

In regard to the accusation of the concealment of culprits Mr. Yendo, Procurator, having thoroughly examined the accused, gives sentence as follows:

Main Sentence.

The accused is sentenced to six months penal servitude.

Reasons.

The accused is a minister in the Presbyterian Mission, and a professor of the Soong Sil College established by the Mission.

Yi Posik, a senior, Kim Taisul, a junior, Yi Kyunho, a sophomore, and Kil Chunkyung and Yi Insyun of the Soong Sil Academy being his friends, were free to go in and out of his house. These five students on March1st met together with a certain number of Christians of the Presbyterian Church in Pyeng Yang, in the grounds of the Soong Tuk school, aiming at the declaration of Independence of Chosen. After reading it they distributed Korean flags and circulars signed by Son Reiki and thirty-three others. At this time they agreed upon the independence movement of Koreans, and presented themselves at the mass-meeting to declare the independence of Chosen. In a procession they shouted "mansei", so that they disturbed the public peace of Pyeng Yang.

Since the movement unexpectedly happened, these students knew the police would be hunting for the offenders of the peace. And as Mr.Mowry is an American, they asked him one after another to let them hide there for a while, thinking they should be safe from arrest if in his house. In spite of his knowing that they had engaged in the independence movement which lately occurred, and for which the authorities were trying to catch them, Mr.Mowry gave them a place in which to hide thus giving them an opportunity for continuing their unlawful acts. So they were sheltered in his house one after another in succession; Yi Posik from March 5th to the 14th, Kil Chunkyung from March 7th to the 9th, food and bedding being provided; and Yi Insyun from April 1st to the 4th, Yi Kyunho from April 1st to the 2nd, Kil Taisul from April 2nd to the 4th, bedding being provided.

Pyeng Yang, Korea. April 10, 1919.

Aran Horibe, Judge.

14. 1심판결문 호리베 (날짜에 오타)

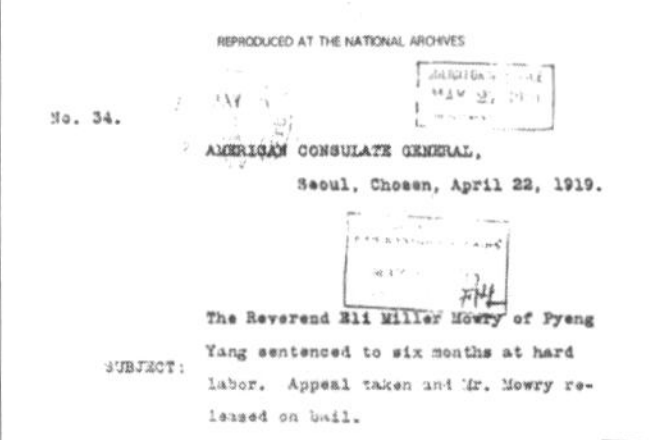

No. 34.

AMERICAN CONSULATE GENERAL,

Seoul, Chosen, April 22, 1919.

SUBJECT: The Reverend Eli Miller Mowry of Pyeng Yang sentenced to six months at hard labor. Appeal taken and Mr. Mowry released on bail.

File

INDEX BUREAU 395.1116/91

The Honorable

The Secretary of State,

Washington.

Sir:

Referring to my despatch No. 31 of April 17, 1919, reporting that the trial of the Reverend Eli Miller Mowry of Pyeng Yang had unexpectedly been held in the forenoon on the 15th instant without an opportunity being given him to engage counsel, I now have the honor to inform the Department that on Saturday, the 19th instant, Mr. Mowry was sentenced to six months imprisonment at hard labor. He at once took an appeal and has now been released on bail, which was in the sum of ¥300. ($149.55).

Mr. Curtice tells me that Mr. Okubo, the attorney of Seoul who was present with him in court when the sentence was delivered, gave it as his opinion that, so far as he could judge from what he had heard of the case, the verdict should have been one of acquittal. The trial,

Mr.

\- 216 -

15. 1심판결 후 베르그홀츠가 미 국무성에 보낸 전문

\- 2 -

Mr. Curtice states, was held in Japanese and Korean, whereas it should have been in Japanese and English that is, the questions put to Mr. Mowry by the court should have been in the English language.

I understand that Mr. Fusaaki Usawa, a well known attorney of Tokyo, who with Mr. Okubo will represent Mr. Mowry at the trial on appeal, will probably arrive from Tokyo on the 25th instant. As soon as he has had an opportunity thoroughly to go into the case I shall promptly advise the Department of his views regarding it. I may add that I am keeping the Embassy at Tokyo fully advised of the situation.

I have the honor to be, Sir,

Your obedient servant,

Consul General.

16. 1심판결 후 베르그홀츠가 미 국무성에 보낸 전문

DIVISION OF
FAR EASTERN AFFAIRS

395.116/114
No. 6.

January 29, 1920.

Subject: Final decision of the Supreme Court with regard to the Mowry case.

From the American Consulate General at Seoul, Chosen, December 20, 1919.

The Consul-General reports on the decision of the Supreme Court with regard to the above case.

In its final decision the Supreme Court stated that although the evidence produced in the original decision was not sufficient to establish that the defendant had direct knowledge that the persons he concealed were guilty of a major offense, it was sufficient, in the opinion of the court, to prove he definitely knew they were evading arrest and were liable to arrest for major as well as minor offenses;and,therefore, the Court so decided.

Attention is called, in the report, to the fact that undoubted difficulties arose partly from the differences in the system of legal procedure, giving rise to various texts, the exact bearing of which it is not easy for the foreigner to

17. 최종판결문

to grasp, and partly from the indefiniteness of expression in the original texts, which renders it difficult to translate the same into intelligible English.

The final decision of the Supreme Court holds that, in the absence of direct evidence, the Court is justified in drawing conclusions from the evidence and circumstances of the case as a whole. Its decision leaves no further recourse, it is stated, and Mr. Mowry has, therefore, an interval of 30 days in which to elect his choice of penalties - a fine of ¥ 100 or imprisonment for 30 days. The Consul-General is informed on the highest authority that the penalty imposed will not interfere with Mr. Mowry's rights as a teacher.

The Consul-General is convinced that substantial injustice has been done Mr. Mowry in that it was evident that he was ignorant of the laws relating to his conduct and entirely innocent of any intention of evading the law, or assisting others to evade it.

The report is concluded with the statement that it is the intention of Mr. Mowry to pay the fine.

HLB NE

It seems to me that Mowry knew he was concealing persons who were evading arrest. Shall we let the matter rest? R.H.

18. 최종판결문

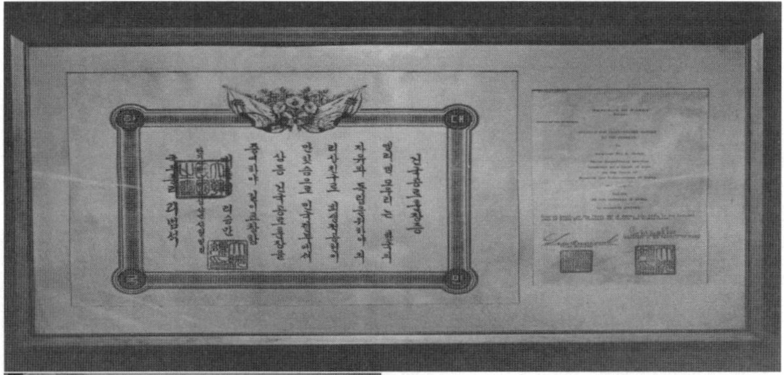

19. 건국공로훈장증

20. 68년건국훈장 든 부부

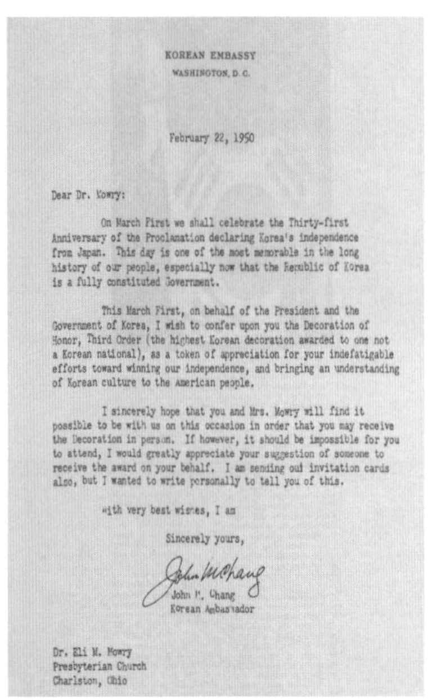

KOREAN EMBASSY
WASHINGTON, D. C.

February 22, 1950

Dear Dr. Kowry:

On March First we shall celebrate the Thirty-first Anniversary of the Proclamation declaring Korea's independence from Japan. This day is one of the most memorable in the long history of our people, especially now that the Republic of Korea is a fully constituted Government.

This March First, on behalf of the President and the Government of Korea, I wish to confer upon you the Decoration of Honor, Third Order (the highest Korean decoration awarded to one not a Korean national), as a token of appreciation for your indefatigable efforts toward winning our independence, and bringing an understanding of Korean culture to the American people.

I sincerely hope that you and Mrs. Mowry will find it possible to be with us on this occasion in order that you may receive the Decoration in person. If however, it should be impossible for you to attend, I would greatly appreciate your suggestion of someone to receive the award on your behalf. I am sending out invitation cards also, but I wanted to write personally to tell you of this.

With very best wishes, I am

Sincerely yours,

John M. Chang
Korean Ambassador

Dr. Eli M. Mowry
Presbyterian Church
Charlston, Ohio

21. 장면총리의 서훈 초청편지

崇大學報

紀念辭

前5代學長 牟義理박사夫婦來韓

獨立된 땅의 하늘은 더욱 곱다

10月7日來韓第一聲…

韓國獨立運動의 恩人

跳躍의 來日을

22. 67년 내한 시 숭대학보 기사 스크랩

東亞日報

萬歲소리 지금도 귀전에 獄苦함께 치른 三一의 同伴者

혹독했던 日警의 매질

韓國선물에 싸여 은퇴生活

23. 69년 동아일보 인터뷰기사

24. 기념오벨리스크

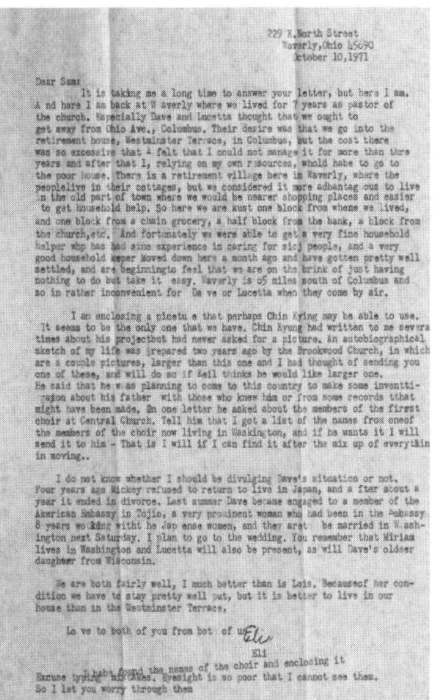

229 E.North Street
Waverly,Ohio 45690
October 10,1971

Dear Sam:

It is taking me a long time to answer your letter, but here I am. A nd here I am back at W averly where we lived for 7 years as pastor of the church. Especially Dave and Lucetta thought that we ought to get away from Ohio Ave., Columbus. Their desire was that we go into the retirement house, Westminster Terrace, in Columbus, but the cost there was so excessive that I felt that I could not manage it for more than thre years and after that I, relying on my own resources, whold habe to go to the poor house. There is a retirement village here in Waverly, where the peoplelive in their cottages, but we considered it more adbantag ous to live in the old part of town where we would be nearer shopping places and easier to get household help. So here we are kust one block from whene we lived, and one block from a chain grocery, a half block from the bank, a block from the church,etc. And fortunately we were able to get a very fine household helper whp has had sine experience in caring for sicj people, and a very good household keper Moved down here a month ago and have gotten pretty well settled, and are beginningto feel that we are on the brink of just having nothing to do but take it easy. Waverly is 65 miles south of Columbus and so in rather inconvenient for Da ve or Lucetta when they come by air.

I am enclosing a picatu e that perhaps Chin Kying may be able to use. It seems to be the only one that we have. Chin Kyung had written to me severa times about his projectbut had never asked for a picture. An autobiographical sketch of my life was prepared two years ago by the Brookwood Church, in which are a couple pictures, larger than this one and I had thought of sending you one of these, and will do so if Keil thinks he would like larger one. He said that he w as planning to come to this country to make some inventti-gation about his father with those who knew him or from some records tthat might have been made. In one letter he asked about the members of the firsst choir at Central Church. Tell him that I got a list of the names from oneof the members of the choir now living in Waskington, and if he wants it I will send it to him - That is I will if I can find it after the mix up of everythin in moving..

I do not know whether I should be divulging Dave's situation or not. Four years ago Mickey refused to return to live in Japan, and a fter about a year it ended in divorce. Last summer Dave became engaged to a member of the Akerican Embassy in Tojio, a very prominent woman who had been in the Embassy 8 years wouking witht he Jap ense women, and they aret be married in W ash-ington next Saturday. I plan to go to the wedding. You remember that Miriam lives in Washington and Lucetta will also be present, as will Dave's oldeer daugheer from Wisconsin.

We are both fairly well, I much better than is Lois. Becauseof her con-dition we have to stay pretty well put, but it is better to live in our house than in the Westminster Terrace,

Lo ve to both of you from bot of us

Eli

Eli

I habe found the names of the choir and enclosing it

Excuse typing mistakes. Eyesight is so poor that I cannot see them. So I let you worry through them

25. 마삼락에게 보낸 마지막 편지

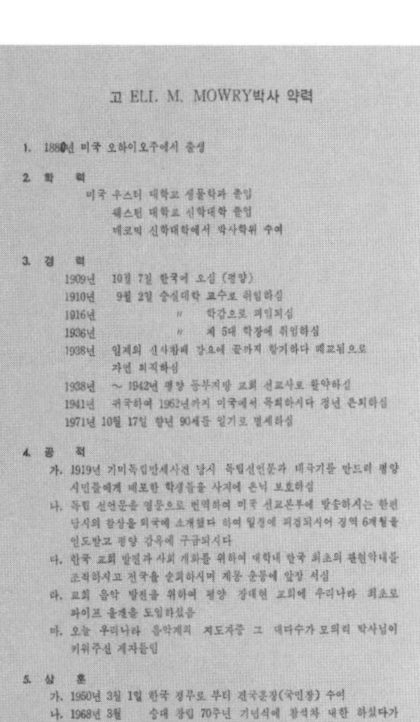

고 ELI. M. MOWRY박사 약력

1. 1880년 미국 오하이오주에서 출생

2. 학 력

미국 우스터 대학교 생물학과 졸업
웨스턴 대학교 신학대학 졸업
에코익 신학대학에서 박사학위 수여

3. 경 력

1909년 10월 7일 한국에 오심 (평양)
1910년 9월 2일 숭실대학 교수로 취임하심
1916년 〃 학감으로 피임되심
1936년 〃 제 5대 학장에 취임하심
1938년 일제의 신사참배 강요에 끝까지 항거하다 폐교됨으로 자연 퇴직하심
1938년 ~ 1942년 평양 동부지방 교회 선교사로 활약하심
1941년 귀국하여 1962년까지 미국에서 목회하시다 정년 은퇴하심
1971년 10월 17일 향년 90세를 일기로 별세하심

4. 공 적

가. 1919년 기미독립만세사건 당시 독립선언문과 태극기를 만드러 평양 시민들에게 배포한 학생들을 사저에 은닉 보호하심
나. 독립 선언문을 영문으로 번역하여 미국 선교본부에 발송하시는 한편 당시의 참상을 외국에 소개했다 하여 일경에 피검되시어 징역 6개월을 언도받고 평양 감옥에 구금되시다
다. 한국 교회 발전과 사회 계화를 위하여 대학내 한국 최초의 관현악대를 조직하시고 전국을 순회하시며 계몽 운동에 앞장 서심
라. 교회 음악 발전을 위하여 평양 장대현 교회에 우리나라 최초로 파이프 올갠을 도입하셨음
마. 오늘 우리나라 음악계의 지도자중 그 대다수가 모의리 박사님이 키워주신 제자들임

5. 상 훈

가. 1950년 3월 1일 한국 정부로 부터 건국훈장(국민장) 수여
나. 1968년 3월 숭대 창립 70주년 기념식에 참석차 내한 하셨다가 귀국하신후 건국 공로 훈장(단장) 수여

26. 추도예배 순서지 내지

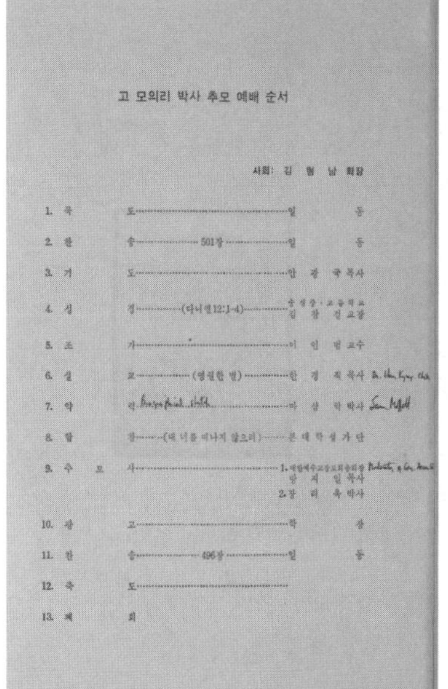

고 모의리 박사 추모 예배 순서

사회: 김 형 남 회장

1. 묵 도 ……………… 일 동
2. 찬 송 …… 501장 …… 일 동
3. 기 도 ……………… 안 광 국 목사
4. 성 경 …… (다니엘12:1-4) …… 숭실중·고등학교 김 창 건 교장
5. 조 가 ……………… 이 인 범 교수
6. 설 교 …… (영원한 별) …… 한 경 직 목사
7. 약 력 ……………… 마 삼 락 박사
8. 합 창 …… (내 너를 떠나지 않으리) …… 숭 대 학 생 가 단
9. 수 모 사 ……………… 1. 대한예수교장로회총회장 방 지 일 목사 2. 장 리 욱 박사
10. 광 고 ……………… 학 장
11. 찬 송 …… 496장 …… 일 동
12. 축 도 ………………
13. 폐 회

27. 추모예배 순서지 내지 좌

The late DR MOWRY - MEMORIAL SERVICE
고 모의리 박사 추모예배

Nov. 29, 1971
때 : 1971년 11월 29일 11시
Westminster Chapel, Soongsil College
곳 : 웨스트민스터 채플

숭 전 대 학
Soongjun College

28. 추모예배 표지

모의리

초판발행일 2020년 6월 30일
지 은 이 권연경
발 행 인 황준성
펴 낸 곳 숭실대학교 지식정보처 중앙도서관
서울 동작구 상도로 369
등 록 제14-2호(1982.1.25)
TEL : 02-820-0739
FAX : 02-817-5297
http://press.ssu.ac.kr
인 쇄 처 열린문화(02-2278-1791)
값 15,000원
ISBN 978-89-7450-393-2